Alexander Moszkowski

Der Sprung über den Schatten

Verlag
der
Wissenschaften

Alexander Moszkowski

Der Sprung über den Schatten

ISBN/EAN: 9783957002266

Auflage: 1

Erscheinungsjahr: 2014

Erscheinungsort: Norderstedt, Deutschland

Hergestellt in Europa, USA, Kanada, Australien, Japan
Verlag der Wissenschaften in Hansebooks GmbH, Norderstedt

Der Sprung über den Schatten

Im gleichen Verlag erschien:
Das Buch der 1000 Wunder
von
A. Fürst und A. Moszkowski
Zwanzigste Auflage

Der Sprung über den Schatten

Betrachtungen auf Grenzgebieten
von
Alexander Moszkowski

Albert Langen, München

Fritz Mauthner
zugeeignet

Inhalt

	Seite
Zum Geleit	9
Die ewige Wiederkunft	17
Das Geheimnis der großen Zahl	35
Das Laboratorium des Lukrez	49
Die entlarvte Natur	64
Das Glück in mathematischer Beleuchtung	70
Der Projektilzug	80
Zwischen Bergson und Laplace	88
Zukunftskino	105
Klavier und Maschine	123
Ein verlorenes Paradies	139
Wo sitzt die Kultur?	159
Wie groß ist die Welt?	169
Die Annäherung	175
Der Alpdruck	182
Die Hemmung und die Förderung	189
Gedanke, Blitz und Chronometer	195
Der unsterbliche Cajus	202
Das Relativitätsproblem	209
Die Heimat der Größen	246
Vom hohen Berge	265

Zum Geleit

„Wenn Gott in seiner Rechten alle Wahrheit, und in seiner Linken den einzigen immer regen Trieb nach Wahrheit, obschon mit dem Zusatze, sich immer und ewig zu irren, verschlossen hielte, und spräche zu mir: Wähle! — ich fiele ihm mit Demut in seine Linke und sagte: Vater, gib! Die reine Wahrheit ist ja doch nur für dich allein!"

In diesem Wort unseres Lessing liegt der Vorspruch für jedes Beginnen des Verstandes, der nach fernen, fliegenden Zielen hinstrebt; den die Unendlichkeit eines Weges nicht davon abschreckt, ihn zu beschreiten. Seine Lockungen sind das nie zu erreichende, nie zu vollendende, das Jenseitige, das von keinem Diesseitigen an magnetischer Kraft übertroffen wird.

Für dieses Streben besitzen wir ein einfaches, seit Urzeit bekanntes Symbol: Den Sprung über den eigenen Schatten.

Ob der Denker des Altertums am fliegenden Pfeil hinter das Geheimnis der Bewegung zu kommen sucht, ob er das All in das Nichts der Atome auflöst, ob ein Galilei das Buch der Natur in Kreisen und Dreiecken entsiegeln will, ja wo immer in der Erscheinungen Flucht ruhende Pole gesucht werden, — die Gedankenbewegung ist und

bleibt der Schattensprung; — aussichtslos, wenn man auf
ein in fester Lehre vortragbares Endergebnis rechnet, —
notwendig und verheißungsvoll im Sinne der Anstrengung
des Gedankens, der es immer wieder mit Lust unternimmt,
über die Unmöglichkeit hinwegzugelangen.

Man könnte auch andere Bilder und Gleichnisse heran=
ziehen: Das Emporziehenwollen der Leiter, auf deren
Sprosse man steht, das Verlangen des Gehirnes, sich selbst
unter die Lupe zu nehmen. Tröstliche Unmöglichkeiten; tröst=
lich, weil auch aus ihnen ferne blitzende Lichter entgegen=
schimmern: hat es doch in unseren Tagen ein Forscher, Carl
Ludwig Schleich, ausgesprochen, daß eine Hälfte des Ge=
hirns die andere in jedem Moment zu beobachten imstande
sei! Bisweilen will es wirklich scheinen, als ob in derartigen
Versuchen, das Unvollendbare zu vollenden, Ansätze einer
Möglichkeit liegen könnten.

Tatsächlich werden durch sie Dinge erschlossen, die zum
Rausch hoher Entdeckerfreude berechtigen. Bis wir wahr=
nehmen, daß auch hier nur Endlichkeiten gegen Unermeß=
liches ins Treffen geführt werden. Nichts anderes hat sich
eingestellt, als ein neues fliegendes Ziel. Auch die beob=
achtende Gehirnhälfte macht den Sprung über den Schat=
ten, wie sonst das Gehirnganze. Es bleibt beim „Als Ob",
bei Dingen, die auf ewig zur Fiktion, zur Hypothese, zur
gedanklichen Unmöglichkeit verurteilt sind, und die den=
noch zu Herrlichkeiten geführt haben, die den Stolz der
Wissenschaften ausmachen; dafür zeugen, um aus entlegenen
Gebieten nur einige wenige zu nennen: die neueste Atom=
lehre, die Infinitesimalrechnung, die Relativitätstheorie.

Das „Ignorabimus", das einst Dubois=Reymond in die
Welt hinausschrie, bleibt der verhaltene Unterton in den

Bekenntnissen aller Forscher und Denker, die da wissen, daß sie vorwärtskommen, ohne sich dem großen Unbekannten zu nähern. In einer ungeheuren Springprozession bewegen sie sich, die von Beobachtung zu Beobachtung, von Denkakt zu Denkakt den Sprung über den Schatten wiederholt, über den Schatten, der Wissen von Nichtwissen trennt, über den eigenen Schatten, der dazwischen liegt. Letzten Endes steckt alles in der Zwangsläufigkeit, deren lückenlose Macht uns anhält, den Schatten trotz alledem mit listigem Ansatz für überspringbar zu halten, das Als Ob für Augenblicke gleichzusetzen dem: So ist es! Zwar, über den Schatten kommen wir dabei nicht hinweg und dem Horizont nicht näher; aber wir gewahren dabei eine Vielfältigkeit der Horizonte, die sich demjenigen verschließt, der gar nicht springen will.

Wir gelangen aus Aussichtsstellen, an bestimmte Punkte des Denkweges, die uns ungeachtet der fatalen Schattengefolgschaft als bemerkenswert erscheinen. Wir fangen an, abzumessen und entdecken uns auf seltsamen Gebieten. Und auf diesen Gebieten starren uns, immer im gleichen Horizontabstand, Probleme entgegen.

Wiederum setzt eine Zwangsläufigkeit ein, die uns verbietet, diese Probleme einfach mit müdem Verzicht anzublicken, vielmehr uns zwingt, vorübergehend einen Zustand zwischen lösbar und unlösbar anzunehmen. Wir geraten in eine Hochstimmung des Denkens, die vom Reiz der Bewegung ausgeht und in dem Gefühl mündet: Hier ist es anders! Der mit Problemen umstellte Umkreis sieht anders aus; ja vielleicht spielt hier sogar der leidige Selbstschatten eine andere Rolle.

Wir befinden uns auf Grenzgebieten von schwer bestimmbarem Charakter; auf Hochebenen, die das Verdunsten auch des Unkörperlichen begünstigen. Im Hirn und in den Nerven entwickeln sich Zustände, die ins Erahnen hinüberspielen. Selbst aus der Logik mit ihrem geschlossenen Aufbau von Folgerungen und Schlüssen scheinen Reste der Erdenschwere zu versinken. Das innere Auge gewinnt blitzartige Zuckungen, als könnte es röntgenstrahlig in das Außen dringen. Jener Kreis erscheint uns wie eine Phantasiefigur, die sich in riesigem Bogen um das Alltägliche schwingt, zwischen Möglichkeiten und Unmöglichkeiten hindurch.

Neue Schattenbilder zeichnen sich ab: Die Schatten der Probleme, die dem ahnenden Auge erkennbar werden, wie sie sich über die Flächen der Grenzgebiete hinwerfen. Und die Lust überfällt uns, an den Grenzlinien dieser Schatten hinzuschreiten. Ohne bildhaften Ausdruck: Wir schlagen Themen an, die sich einer systematischen Behandlung sonst entziehen, aber doch zugänglich werden, wenn wir uns nur entschließen können, auf messerscharfe Definitionen und Beweise zu verzichten. Nicht wie die in der Höhle eingesponnenen Menschen bei Plato wollen wir Schatten betrachten: auf freier Höhe, in offenen Grenzländern mit verfließenden Umrissen schauen wir sie an; aus ihren Linien wollen wir etwas von der Wahrheitssonne erahnen, die ihren Eigenglanz verbirgt, aber doch durch Schatten verrät.

Wunderbares begibt sich. Aus Wirbeln widerstreitender Denkstrebungen wagen sich Einsichten empor, die, obschon mit allen Zweifeln durchtränkt, uns mit Seligkeiten bestürmen; Bergpredigten des Denkens, in denen noch andere Beweise gelten, als die in den Lehrbüchern erhärteten und erstarrten. Und mit Wonne pflücken wir an den Schattenlinien gewisse Blüten abenteuerlicher Formung, wenn auch der Botaniker mit dem Schulatlas in der Hand daneben steht und uns erklären will: solche Blüten gibt's ja gar nicht!

*

Wäre ich imstande, das Wesen dieser Grenzgebiete klar aufzuzeigen und exakt zu beschreiben, so hielte ich wohl die Schlüssel zu einigen letzten Fragen in Händen. Wie die Dinge liegen, will ich schon zufrieden sein, wenn es mir gelingt, meinen Lesern eine Ahnung von der Existenz solcher Gebiete zu vermitteln; eine Ahnung von der Möglichkeit gewisser Denkfelder, die gleichzeitig vielen Disziplinen angehören und keiner, wo Leben und Kunst mit Physik und Metaphysik, mit Mathematischem und Erkenntnistheoretischem in einem Nebel zusammenfließen und die Nadel jedes Kompasses, dem du dich anvertrauen möchtest, wirbelnd im Kreise herumschwingt.

Aber nicht auf die bestimmbare Richtung, sondern auf die Freiheit der Bewegung kommt es an, und diese bleibt gewährleistet: denn dieses herrenlose Grenzgebiet ist größer als alle Gelände, die von der angebbaren Wissenschaft und Kunst fest besiedelt sind. Und es lohnt sich schon, einmal darauf zu spazieren, schon um der Geräumigkeit willen, die es uns eröffnet. Es ist ein Gebiet für die Intuition, deren Reize und Macht, lange verkannt, heute mehr und mehr zur Geltung gelangen.

Freilich fehlt es da auch nicht an Gegenstimmen, und unter ihnen gibt es mißtönende. Kritik wird geübt an Forschungswegen, die von den Sohlen fremdländischer Denker berührt wurden. Und dabei werden Bereiche in die Betrachtung gezogen, die von den Dingen, wie sie uns hier vorschweben, weltenweit entfernt liegen. Es erscheint geboten, die Grundverschiedenheit dieser Bereiche besonders zu betonen, da die vorliegende Schrift uns auch mit solchen Fremdbürtigen in Beziehung setzen wird:

Ich betrat die „Grenzgebiete" zu allererst in einer Zeit, die zu innerer Sammlung Muße gewährte, als noch keine Glocke Schicksalsstunde läutete, noch keine Fanfare dem Weltkrieg voraustönte. Wir alle haben seitdem sehr viel umgelernt, neue Werte gepflanzt, alte entwurzelt, und so mußte ich auch gewisse Anschauungen nachprüfen, die hier als Lehrmeinungen vorgetragen und beurteilt werden. Diese Anschauungen setzen voraus: den ewigen Kampf der Geister, nicht minder aber auch den von äußeren Fehden unberührten Burgfrieden innerhalb der Wissenschaft und Kunst. Ich bekenne also, daß für mein tiefstes Bewußtsein das alte Ideal des unverbrüchlichen Zusammenhanges aller Denkforschung und Kunstgestaltung noch fortlebt; ragt hier irgendwo ein politischer Schatten hinein, so muß dieser zu allererst übersprungen werden. Wer könnte sein Vaterland lieben, ohne ihm alle kosmischen Fernblicke zu wünschen? wer wollte sich von dem Grundbekenntnis trennen, daß nichts so sicher die Gewalt vaterländischen Geisteslebens verbürgt, wie die Weite seiner Horizonte, daß jedes Übergreifen der Verbitterung auf das Neutralgebiet der Einsicht und der musischen Formung diese Horizonte verengen müßte?

Wenn ich aber außerstande bin, eine völkisch abgeteilte Wissenschaft unter die sinnvollen Möglichkeiten zu rechnen, mir eine auf Landesfarben abgetönte Physik, Astronomie, Algebra vorzustellen, so darf ich mich auch nicht dazu verstehen, rein kritische Erörterungen über fremde Forscher nach neugewonnenen politischen Erfahrungen nachträglich umzufärben. Dies gilt beispielsweise in Ansehung einer Persönlichkeit, von deren Leistungen auf diesen Blättern die Rede ist, in der Abhandlung „Zwischen Bergson und Laplace". Im Verlauf des Krieges hat es Bergson über sich gewonnen, aus den Hochebenen der Erkenntnis herabzusteigen in die Niederungen, wo die Sphärenharmonie verstummt und der Lärm regiert. Begäbe sich mein Buch auf ähnliche Gebiete, so würde ich ihm die zweckdienliche Antwort nicht schuldig bleiben. Aber in dieser Schrift bin ich lediglich Erkenntnistheoretiker und darf mein Urteil über Ergebnisse der Bergsonschen Lehre ebensowenig abändern, wie meine Ansicht von der Darwinschen Theorie, den Gesetzen Newtons oder der Geometrie des Descartes. Möge er selbst seine Schwenkung vor seinem Gewissen verantworten, er, der doch auch deutschem Denken so viel verdankt, er, der vordem selbst so eifrig am weltbürgerlichen Garn gesponnen hat und — beiläufig bemerkt — in einem an mich gerichteten Briefe auch meine eigenen Studien als für ihn wertvolle und neue Blicke verheißend in Aussicht nahm. Gehört die Verleugnung fortan etwa zum Wesen des Bergsonismus, so bleibe sie auf ihren Herd beschränkt. Ihr Übergreifen auf andere wäre eine Gefahr, ihre Rückwirkung auf früher gewonnene Ergebnisse ein philosophischer Widersinn. Ich habe daher der erwähnten Abhandlung das Fortbestehen auf Grenzgebieten gestattet, ohne dem Groll die Befugnis eines Zensors einzuräumen.

Ich will aber auch mit dem Bekenntnis nicht zurückhalten, daß dieses Buch von dem, was mir auf der Feder saß und sitzt, nur Stichproben gibt; nämlich genau soviel, als sich mir bis heute einer allgemein volksverständlichen Einkleidung fügen wollte. Das Maß dafür konnte mir nicht verloren gehen. Ein Teil der Aufsätze erschien zuerst vor einem Teil-

nehmerkreis, der mir aus der Entfernung in den Arm ge=
fallen wäre, wenn ich mich in meinen Betrachtungen allzu=
sehr ins Schwierige verloren hätte. So ist das Ganze, wie
schon angedeutet, kein System geworden, sondern eine lose
Folge von Ansagen auf Feldern mit wogenden Schatten und
huschenden Lichtern.

Die ewige Wiederkunft

Wirbeltanz der Atome

Vor einem Menschenalter war es, in Sils=Maria. Zwischen Weinen und Jauchzen fühlte sich Friedrich Nietzsche von einer neuen Offenbarung entbunden, der bedeutsamsten seines Denkerlebens: „Wenn dieser augenblickliche Zustand da war, dann auch der, der ihn gebar, und dessen Vorzustand und so weiter zurück; daraus ergibt sich, daß er auch ein zweites, drittes Mal schon da war, ebenso, daß er ein zweites, drittes Mal da sein wird, unzählige Male vorwärts und rückwärts. Das heißt: es bewegt sich alles Werden in der Wiederholung einer bestimmten Zahl vollkommen gleicher Zustände." Das Unendliche hatte sich vor ihm aufgetan. Ewiges und Erfülltes floß für ihn zusammen. Gelöst lag das Problem vor dem Weitblick des Jauchzenden. Dasselbe Problem soll hier von einem anderen Standpunkt aus gesehen und erörtert werden. Wir werden dabei schnell genug in Verflechtungen geraten, die dem einsam Wandernden in Graubünden ferner lagen als jede Rückkehr des Gleichen.

Denn schon im ersten Anlauf stoßen wir hier an einen der Grenzfälle, wo der berüchtigte „Satz vom Widerspruch" (eine der schlimmsten Geißeln in der Folterkammer der Logik) sich mit sich selbst in Widerspruch stellt. An einen der Punkte, wo das einsetzt, was man das „polare Denken" nennen darf: nämlich die Spaltung des Denkens in zwei einander schnurstracks entgegenlaufende Vorstellungen; so daß wir jede dieser beiden Vorstellungen gegenwärtig haben, mit dem Bewußtsein ihres unüberbrückbaren Abstandes; daß wir von beiden besessen sind, hilflos von der einen in die andere taumeln und sozusagen beide zugleich für die allein richtigen und für die allein falschen halten. Ein schauriger Prozeß, der, wie ich schon hier sagen möchte, sich überall ohne Ausnahme einstellt, wo wir den Versuch machen, über die platte Alltäglichkeit hinaus irgend etwas zu Ende zu denken, wo wir also philosophieren.

Wir können uns eine Endlichkeit des Raumes ebensowenig vorstellen wie eine Unendlichkeit. Stellst du dir den Raum als endlich vor, so spürst du sofort, daß du damit eine unsinnige Grenze setzest, von der die Vorstellung nichts wissen will, die unbedingt durchbrochen werden muß. Versuchst du, dir die Unendlichkeit vorzustellen, so merkst du augenblicklich, daß du dabei nur mit einem Allgemeinbegriff, mit einem Widerspruch, mit einem unbegreiflichen Wort spielst, daß die Vorstellung als solche dich im Stich läßt; daß sie nicht weiter reicht als bis ins Ungeheure. Die Anstrengung ist darauf gerichtet (und kann auf nichts anderes gerichtet sein), dieses Ungeheure zu multiplizieren; mit Tausend, mit Million, mit Trillion. In uns entsteht ein rechnerischer Vorgang, der sehr viel Anstrengung, sehr viel Willen, aber gar kein Begreifen einschließt. Es ist nur noch der Widerspruch gegen die erste Denkform, die uns zwingt, aber nichts, was in den Intellekt eingeht. Wir verschieben die Grenze mit den endlichen Betätigungen unseres Verstandes, sie wird für uns fließend, hinausrückend, vor uns fliehend, sie verliert sich irgendwo in einen Nebel, der außerhalb der Denkmöglichkeit liegt. Am Ende stellen wir uns auch in der Verzweiflung, der Unendlichkeit beizukommen, einen endlichen Raum vor. Es ist die Denkpolarität in reinster Gestalt. Man kann aus beiden Anschauungsformen nicht hinaus, in beide nicht hinein und sitzt zwischen ihnen wie in der Zwangslage des Prokrustesbettes. Noch grausamer wird diese Qual, wenn wir vom unerfüllten zum erfüllten Raum übergehen, wenn wir etwa versuchen, uns die Anzahl der Weltkörper, der Körper überhaupt, vorzustellen. Hier hat die Verzweiflung der Denklage einen unserer schärfsten Denker, Eugen Dühring, direkt zu einer Gewaltmaßregel gegen den eigenen Intellekt getrieben. Er fordert „das Gesetz der bestimmten Anzahl", was im letzten Grunde nichts anderes bedeuten kann als die Endlichkeit der Substanz. Das ist ein Ukas wie etwa der folgende: Es ist verboten, über eine Trillion hinauszuzählen. Ein Ukas, der das Denken wie mit dem Fallbeil abschneidet und vielleicht ein dogmatisches oder pädagogisches Gesetz gibt, aber keinen erkenntnistheoretischen Wert. Wir anderen wollen an die Trillion immer noch und immer wieder eine Null hängen und kommen von der Vorstellung nicht los (die keine Vorstellung ist, sondern nur ein Denkzwang), daß der unendliche Raum von einer unendlichen Körperzahl erfüllt ist. Wiederum nur aus dem Zwang des Widerspruchs: weil jede noch so große Körperzahl uns als eine Null erscheint gegenüber der Möglichkeit, weil wir den Gedanken nicht zu fassen vermögen, daß die körperliche Natur irgendwo begrenzt sei, und weil uns, sobald wir unsere Vorstellung körperlich betonen, die Annahme der unendlichen Stoffmenge immer noch erträglicher scheint als das unendliche Vakuum.

Im Banne dieses Denkzwanges operieren wir also im dreidimensionalen Raum mit der unvorstellbaren Menge der Körperunendlichkeit, die einfach unendlich wäre, wenn sie uns in einer Linie angeordnet erschiene, zweifach, wenn wir sie in einer Ebene annehmen würden, und dreifach unendlich in der gegenwärtigen Wirklichkeit unseres Denkens, in die uns wiederum die Unvorstellbarkeit eines begrenzten Raumes hinausjagt.

Der polar entgegengesetzte Denkzwang nötigt uns, jeden einzelnen Körper unaufhörlich zu zerkleinern, zu zerschneiden, in der Hoffnung, irgendwo eine begriffliche oder sachliche Grenze zu erreichen. Will der Verstand beim ersten Verfahren unaufhaltsam über sich hinaus, so kriecht er jetzt ebenso hartnäckig in sich hinein: und alsbald zeigt sich eine weitere Polarität, da uns bei dieser Zerkleinerungarbeit die blanke Null so unannehmbar erscheint wie jede noch so kleine Größe, die noch nicht Null ist. Besitzt das von der Gedankenschneide abgesplitterte Teilchen noch irgendwelche Ausdehnung, so liegt kein Grund vor, das Schneiden aufzugeben. Man kann weiter zweiteilen, britteln, ohne je aufzuhören. Haben wir es aber tatsächlich bis auf Null heruntergebracht, so prallen wir vor einem Fehler zurück, der uns am Schluß der Verrichtung angrinst: denn wir begreifen nicht, können niemals begreifen, daß sich aus lauter Nullen, sei es auch aus unendlich vielen Nullen, etwas Greifbares aufbauen soll.

Die theoretische Physik hat sich, um dieser unheilvollen Polarität zu entfliehen, zur Annahme einer Vermittlung entschlossen, die in den Grundsätzen der Molekulartheorie und der Atomlehre festgelegt ist. Der reine Verstand will auch das „Atom", das nach der Wortdefinition „atomos", Unteilbare, weiterzerschneiden; der physikalische Verstand beruhigt sich beim sehr Kleinen, sobald die Hypothese, die dieses Winzige umschließt, ausreicht, um physikalisch und chemisch brauchbare Resultate zu liefern. Die Natur, so wird angenommen, setzt diesem Verfahren irgendwo einen unbesieglichen Widerstand entgegen; in Stoffpunkten, die zwar keine mathematischen Punkte sind, aber sich, vermöge ihrer vollkommenen Gleichartigkeit und absoluten Härte, allen weiteren Angriffen entziehen. Wir behalten also im Atom eine Rechnungsgröße übrig, die sich mit Zahlen aufs Papier bringen läßt, eine Gegenständlichkeit, die zwar unterhalb aller Vorstellung liegt, aber doch vor dem Verschwinden geschützt ist. Wir haben nur nötig, einen Bruch aufzuschreiben, in dessen Zähler sich ein Milligramm befindet und dessen Nenner aus zweiundzwanzig Ziffern besteht, so gelangen wir an ein Gewichtchen, das dem Atom des Wasserstoffgases entspricht. Vor der anschaulichen Vorstellung verkriecht sich solches Atom bis zur Unauffindbarkeit; es mag sich der Größe nach zu einem Tropfen verhalten wie ein Apfel zum Erdplaneten; immerhin bleibt es eine endliche Größe, die im Zug solcher Betrachtung einen unleugbaren Vorteil gewährt. Denn wenn wir nun sagen: „Die unendliche Welt der Körper besteht aus Atomen," so erhalten wir zwar eine neue ungeheure Multiplikation, aber nicht eine neue Unendlichkeit zu den bereits erkannten; es bleibt vielmehr bei der dreifachen Unendlichkeit, in die sich die Wirklichkeit der Atome einzuordnen hat.

Die Atomlehre bietet uns die weitere Erleichterung, daß sie uns aus der anschaulichen Erfahrung nicht ganz so unerbittlich herausreißt wie die Zwangsvorstellung des unendlichen Raumes samt den sie erfüllenden Körpern. Wenn

wir einen Tropfen Säure in tausend Wassertropfen ver=
dünnen, einen Tropfen des verdünnten Stoffes wiederum
in tausend Wassertropfen lösen, so gelangen wir schon bei
der siebenten oder achten Operation an die Grenze, die durch
jene Hypothese festgehalten wird. Und wenn wir uns auch
das erzielte Ergebnis, das mit dem Bruchteil eines tril=
lionstel Milligrammes rechnet, nicht vorzustellen vermögen,
so bleiben wir doch im Rahmen einer gewissen Begreiflich=
keit, wir brauchen unserem Zählsinn nicht so Gewalt anzu=
tun wie bei der völlig jenseitigen und doch völlig unver=
meidlichen Anschauung des Unendlich=Großen.

Die augenblickliche Lagerung der an Zahl dreifach unend=
lichen Atome bedingt den Zustand der Dinge, die gegen=
wärtige Weltlage in allen Einzelheiten. Sie bedingt ihn,
aber sie erschöpft ihn noch nicht. Denn die Atome sind in
Bewegung; und erst die Summe aller dieser Bewegungen,
dynamisch ergriffen in diesem einen unteilbaren Moment,
ergibt die tatsächliche Weltbedeutung dieses Augenblickes mit
allen seinen mechanischen und seelischen Notwendigkeiten.
Kein Gott rettet uns hier vor der Schwierigkeit, zwei neue
Unendlichkeiten hinzuzudenken; die eine umschließt die Be=
wegungsrichtung jedes Atoms, die andere die Geschwindig=
keit oder das Maß der Beschleunigung für jeden einzelnen
Massenpunkt. Wir gelangen also zu fünf Unendlichkeiten,
die wir „in Rechnung" stellen müssen, wenn wir den Zu=
stand der Dinge festhalten und aus ihm einen zukünftigen
erahnen wollen. Das hat sich nun allerdings Nietzsche mit
seiner Träumerei von der ewigen Wiederkehr beträchtlich er=
leichtert; richtiger: ihm ist gar nicht eingefallen, solche Viel=
fältigkeit zur Grundlage der Betrachtung zu machen. Auf
seinen Spaziergängen bei Sils=Maria erschien ihm einfach

das Weltgebäude als ein Wirbeltanz von Partikelchen, und er schloß mit der schönen Zuversicht des prophetischen Dichters, daß die Anfangsfigur dieses Tanzes wohl irgendeinmal wieder auftauchen müsse. Nicht mit einer Silbe geht er auf die Grundfrage ein: ob die Möglichkeiten der Zeit, selbst einer unendlichen Zeit, ausreichen, um die gehäuften Unendlichkeiten der Atombewegungen restlos abzuwickeln.

Eine Promenade im Oberengadin mag angenehmer und stimmungsvoller sein als ein Quergang durch arithmetische Schwierigkeiten. Um Nietzsches Problem von der Wiederkunft des Gleichen wenigstens als Aufgabe zu erfassen, muß man sich schon entschließen, die ganze Angelegenheit in das Licht der Permutationsrechnung zu stellen. Es handelt sich um ein Rechenexempel von universaler Ausdehnung: eine fünffach unendliche Anordnung von beweglichen Atompunkten und Kräften ist in Variation begriffen; ist es denkbar, möglich oder wahrscheinlich, daß die Anordnung von heute in irgendeiner noch so fernen Zeit wiederkehrt? Populär ausgedrückt: Ist die Zeit mächtig genug, um die Permutationen zu bezwingen, oder wächst die Menge der Permutationen der Zeit über den Kopf? Versuchen wir, uns die Sache dadurch klarer zu machen, daß wir von ganz einfachen Beispielen zu verwickelteren aufsteigen. Statt der Atome wählen wir handliche Körper, und aus den ungezählten Myriaden greifen wir eine bescheidene Anzahl heraus: die drei Elfenbeinkugeln auf der engbegrenzten Billardfläche. Mitten im Spiel fragen wir, ob diese bestimmte Stellung der drei Kugeln ein beispielloser Einzelfall sei oder wiederkehren könne. Hier brauchen wir uns in keine Unendlichkeit zu verirren, denn das Handlungsgelände ist begrenzt, die Kugeln berühren die Unterlage nicht in einem Punkt, sondern in einem klei=

nen Kreis, jede Beziehung ist in endlichem Sinn erfaß=
bar; und so gelangen wir (einstweilen noch ohne Rechnung)
zu dem Ergebnis: Ja, diese Stellung kann wiederkommen,
wenn der Zufall gut mitspielt, noch in derselben Partie, sonst
vielleicht erst nach Wochen und Monaten; wir werden aber
auch den Gedanken nicht abweisen, daß trotz der Enge des
Problems die beiden Spieler die Wiederkehr dieser einen
bestimmten Stellung vielleicht niemals mehr erleben wer=
den.

Dieses Billard soll sich zu einer Welt auswachsen. An
der Kugelgröße ändern wir nichts; aber wir verbreitern die
grüne Fläche ins Unabsehbare und verlegen die Banden be=
liebig über die Siriusfernen hinaus. Und nun legen wir den
zwei Dämonen, die diesem interessanten Spiel auf geräumi=
ger Unterlage obliegen, wiederum mitten in der Partie die
Frage vor: Kann diese Stellung wiederkehren?

Ich erwarte von den Nietzsche=Anhängern ein herzhaftes
Ja. Denn noch sind wir nicht über das Drei=Körper=
Problem hinaus, noch haften wir an den zwei Ausmaßen
der Ebene; wir erschöpfen noch nicht einen Tropfen der Mög=
lichkeiten, von denen die „Ewige Wiederkunft" einen Ozean
darstellt. Aber ich glaube annehmen zu müssen, daß dieses
erwartete „Ja" schon etwas schüchterner klingen wird. Denn
hier könnte sich zum Beispiel die Erwägung einschleichen,
daß das Dreieck der Ausgangsstellung, das wir mit kurzen
Seiten in Erdnähe annehmen wollen, sich im Fortgang des
Spiels beständig erweitert, so daß der Größe der Zeit gar
keine andere Aufgabe zufiele, als die Abstände der Kugeln
in ihrer Ruhelage beständig zu vergrößern. Wir hätten dann
in der Unendlichkeit der Zeit nicht, wie Nietzsche hoffte, das
sichere Mittel zu einer Herbeiführung der Wiederkehr, son=

bern im Gegenteil die zuverläffige Bürgfchaft, daß die drei Kugeln niemals wieder in die urfprüngliche Lagerung zurückkehren werden. Gerade die Zeit ift es, die fie daran verhindert, und zwar um fo ficherer, als die drei Abmeffungen, Länge, Breite, Zeit, in denen fich die Mechanik des Spiels abrollt, nicht das geringfte Intereffe haben, irgendwann und irgendwo auf ihre Unendlichkeit zu verzichten. Nietzsches Löfung verfagt alfo fchon bei drei Körpern in der Ebene.

Aber einen Einwand könnte der Nietzfche-Bekenner noch machen: er könnte behaupten, daß neben den felbftverftändlich auseinandertreibenden Wirkungen jenes Spieles noch zentripetale Kräfte tätig feien; denen müffe man nur Zeit genug laffen, dann würden fie fchon einmal die bis in alle Fernen auseinandergefprengten Körperchen wieder hübfch in die erfte Ordnung zufammenbringen. In diefem Einwand lauert die Allwelthypothefe der Attraktion. Sie ift im Zuge diefer mechanifchen Betrachtung finnlos, da wir über die Beziehung der Kräfte von Atom zu Atom nur das Eine mit Sicherheit wiffen: daß die Gefetze der Attraktion im Lehrgebäude der Atomiftik ihre Gültigkeit verlieren. Trotzdem wollen wir den Einwand gelten laffen und uns mit diefem Zugeftändnis rein auf die permutatorifche Aufgabe zurückziehen. Sie lautet nun: Ift es möglich, zwifchen den in der Weltmechanik denkbaren Permutationen und der zu ihrer Erfüllung notwendigen Zeit einen Vergleichsmaßftab zu finden?

Die fünffache Unendlichkeit

Hier foll nun endlich einmal die wachfende Zahl ihre Rechte üben. Abermals wählen wir unfere Atome aus der anfchaulichen Welt: zehn Perfonen eines Stammtifches, die sich vorgenommen haben, jeden nächsten Abend in veränderter Reihenfolge zu sitzen. Wann erleben sie die Wiederkunft des Gleichen? Der alten Tafelordnung? Das kann ja wohl nicht so lange dauern; bei Zehnen ist die Reihe doch schnell herum. Dennoch: sie werden sich gedulden müssen. Das Experiment erfordert rund 9900 Jahre. Wenn sie im Schwarzen Walfisch zu Askalon ihre erste Wirtshausrechnung mit Keilschrift auf Ziegelstein beglichen hätten, blieben immer noch ein paar Jahrtausende übrig; und wenn sie heute ihre Permutation beginnen, so dämmert eine neue Eiszeit über die Erde herauf, bevor sie die Wiederkunft des Gleichen erleben. Da haben wir in ganz schwachem, ganz elementarem Anfang die Beziehung zwischen Vertauschung weniger Elemente und der Zeit. Wir merken schon hier, daß die Elle erheblich länger wird als der Kram; will sagen: die Zeit streckt sich ins Ungeheuerliche, während die Elemente noch in Verhältnissen stecken, die man an den Fingern abzählt.

Steigern wir ein wenig: bis zu den 32 Schachfiguren, bis zu den 52 Kartenblättern. Hier geraten wir hart an die Grenze, wo uns die Arithmetik im Stich läßt. Die Frage nach den verschiedenen Stellungen auf dem engen Schachbrett wäre wohl rechnerisch noch zu beantworten. Fragen wir aber, wie viele verschiedene Spiele denkbar seien (was, dem Sinne nach, unserer Atomfrage genauer entsprechen würde), so erhebt sich bereits das Gespenst des „Ignorabimus". Vielleicht gibt es Schachspieler, die da allenfalls noch eine Endlichkeit voraussehen; die von mir Befragten sind aber der Meinung, daß keine Zeit ausreichen würde, alle Möglichkeiten des Spiels zu erschöpfen. Was ich als die vierte und fünfte Unendlichkeit bezeichnete, wird hier durch einen neuen Faktor ersetzt, durch die aus dem Spielgesetz abgeleitete Sinnbeziehung der Figuren, die eine neue Klasse von Möglichkeiten außerhalb der Arithmetik schafft. Eine Wiederkunft des Gleichen ist also bei 32 bewegten Atomen in ebener Anordnung auf Feldern kaum noch zu erwarten.

Die Anzahl der möglichen Kartenverteilungen unter vier Whistspieler ist ungefähr 50 000 Quadrillionen. Größten Spielfleiß vorausgesetzt, würden hierzu 30 000 Billionen Jahrtausende erforderlich sein. Und diese Jahrtausende schrumpfen zu Minuten zusammen, wenn man die Aufgabe erweitert, wenn man den ausdauernden Herren zumutet, sich nicht mit den Mannigfaltigkeiten der ersten Verteilung zu begnügen, sondern wirklich alle möglichen Whistspiele zu erledigen. Abermals wächst die Zeit ins Jenseitige; und die 52 Atome liefern nie wieder das gleiche Erlebnis.

Eine der beliebtesten Querfragen altgriechischer Philosophie hing eng mit unserem Problem der Permutation zusammen. Um die Existenz einer planmäßig schaffenden Göttlichkeit zu beweisen, stellte man die Frage: Ist es denkbar, daß ein Gedicht wie die Ilias aus dem Zufall einer Buchstabenbegegnung hervorgegangen sein könnte? Die Lächerlichkeit der Annahme lag auf der Hand. Und doch steckt in dieser ersichtlichen Absurdität noch der Schimmer einer arithmetischen Möglichkeit. Ja, wenn Nietzsche als Mathematiker so gewaltig gewesen wäre wie als Phantast, so hätte er den Ansatz zu dieser Berechnung aufschreiben können. Denn die Ilias ist im letzten Grunde wirklich nur das Beispiel einer Permutation, und aus allen möglichen Buchstabengruppen muß sich auch der in Verse gegliederte Zorn des Achilleus mit allen hexametrischen Fortsetzungen als ein Sonderfall herausrechnen lassen. Wann dieser Sonderfall eintreten könnte, wenn die Buchstaben den Wirbeltanz der Atome mitmachten? Nun, die Anfänge solcher Gebuldspiele haben die Arithmetiker bereits beschäftigt. Um von der Buchstabenfolge „Révolution Française" auf das Anagramm „Un Corse la finira" zu stoßen, muß man nur die genügende Zahl von Variationen zur fünfzehnten Klasse bilden; der schöne Hexameter „tot tibi sunt dotes, virgo, quod sidera coelo" hat sogar die Gefälligkeit, in seinen massenhaften Wortpermutationen 3312 Versetzungen zu gestatten, die wiederum einen Hexameter liefern. Und die gar nicht seltenen Wortrhythmen, die, vorwärts und rückwärts gelesen, identisch klingen (Beispiel: Signa te, signa, temere me tangis et angis), führen wirklich im Bann unübersehbarer Permutationen zu einer Wiederkunft des Gleichen. So gesehen, erscheint also die Ilias tatsächlich als ein Anagramm aus einem Buchstabenchaos. Wenn man aber dieses Anagramm auf die Zeit projiziert, muß man sich mit Ewigkeitsgebuld waffnen; jedenfalls hat sich der Philosoph von Sils=Maria die von ihm erträumte Wiederkunft als in rascherem Tempo möglich vorgestellt.

Aber die Zufalls=Ilias ist ein Kinderspiel auch nur gegen einen Zufallstropfen im Weltmeer. Und hundert Ozeane erreichen noch nicht eine der Unendlichkeiten, deren Permutation in Frage kommt, wenn an die wirkliche Wiederkunft des Gleichen, im Sinn des Weltgeschehens, gedacht werden soll. Wir haben uns vergegenwärtigt, daß schon aus Winzigkeiten an Ziffern, sobald sie in den Wirbel der Permutation geraten, Ungeheuer entstehen, die mit keiner ausdenkbaren Zeit zu bewältigen sind. Und nun wollen wir uns der Tatsache erinnern, daß wir es hier schon in der Grundlage der Berech=

nung, ehe noch die erste Veränderung vorgenommen wird, mit einer fünffachen Unendlichkeit an Atomen, Richtungen und Beschleunigungen zu tun haben.

Immerhin droht mir noch der Einwand der „ewigen Zeit". Damit glaubt der Wiederkünftler einen unbesiegbaren Trumpf in der Hand zu haben. Die Zeit, denkt er, ist schließlich so lang, daß sie mit allen Unendlichkeiten fertig werden muß. Das ist aber genau so, als ob sich die punktierte Unendlichkeit der Linie mit der punktierten Unendlichkeit des Raumes messen wollte. Innerhalb der Unendlichkeiten herrscht eine Rangordnung, die sie noch viel unerbittlicher scheidet als irgendwelche Vorschrift für das Große und Kleine in begrenztem Bereich. So gewiß schon die Ebene an Einheiten unendlichfach mächtiger ist als die Linie, so gewiß erdrücken die fünffachen Unendlichkeiten, die hier erst die Grundlage der Operation bilden, jede Zeit, jede Ewigkeit, die doch nur eine eindimensionale Unendlichkeit darstellt. Die Parallele vom Fußgänger und Siebenmeilenstiefler bietet uns nur ein ganz unzulängliches Bild des Unterschiedes im Zeitmaß; denn eher vermöchte eine Schnecke den Lichtstrahl zu überholen, als der Zeitlauf die Permutation. Stellen wir uns die Zeit als mit einem Willen begabt vor, so will sie mit dem Danaidensieb die bewegte Flüssigkeit des Universums ausschöpfen; mit ihrer armseligen, einfach und geradlinig gestreckten Ewigkeit bleibt sie um Welten hinter ihrer Aufgabe zurück, und je weiter sie vorschreitet, um so hoffnungsloser entfernt sie sich von der Lösung des Problems: einen früheren Zustand des Weltbildes herbeizuführen. Wie dieses Weltbild sich darstellt, heute, jetzt, ist es ein Einziges, ohne Vorläufer, ohne Nachfolger. Nie zuvor war die Konstellation der gegenwärtigen gleich oder auch nur ähnlich, in keiner

Zukunft kann sie sich wiederholen, und wenn eine Unsterblichkeitlehre sich auf die „Wiederkunft" stützen will, so wirft sie ihren Anker ins Bodenlose*).

Die Idee einer Weltformel, die den Augenblickszustand alles Geschehens als eine Lagerung bewegter Teilchen auffaßt und in einem System von Differentialgleichungen erfassen möchte, ist von Laplace. Die differentialen Verschiebungen in der Zeit entsprechen unseren Permutationen. Wäre es möglich, diese nur in mathematischer Phantasie bestehenden Gleichungen zu integrieren, so würde sie auch im Integralergebnis die Nicht-Wiederkunft als eine beweisbare Sicherheit ergeben. Und das ist ein Glück für den Kosmos, für die Menschheit. Denn Nietzsches Traum, der ihm selbst als der Höhepunkt seines Denkens, als ein Trost, eine Hoffnung, ein sublimer Rausch erschien, wäre in seiner Verwirklichung der Gipfel aller Schrecken, aller Trostlosigkeit.

Nehmen wir ihn einmal für erfüllbar. Stellen wir uns blind gegen die Tatsachen, taub gegen den Verstand, reißen wir uns mit einem Ruck von unseren atomistischen Betrachtungen los, treten wir mit Nietzsche auf die Plattform der Wiederkunft. Was glauben wir dann? Um jede Verschleierung auszuschließen, gelte uns sein eigenes Orakel: „Hüten wir uns, zu glauben, daß das All eine Tendenz habe, gewisse Formen zu erreichen, daß es schöner, vollkommener, komplizierter werden sollte! Das ist alles Vermenschung! Anar-

---

*) Wer in solchen Problemen über die Denkschablone hinaus will, wird sich früher oder später auf Wegen entdecken, die unser Fritz Mauthner geöffnet oder gezeigt hat. Für einen Teil dieser Sätze fühle ich mich einem Abschnitt in Mauthners gewaltigem Wörterbuch der Philosophie verpflichtet. Beim Artikel „Apokatastasis" fand ich Richtlinien, denen ich anzuspüren hatte, um zu den hier vorliegenden Tempovergleichungen zu gelangen.

chie, häßlich, Form sind ungehörige Begriffe. Für die Mechanik gibt es nichts Unvollkommenes. Alles ist wiedergekommen: der Sirius und die Spinne und deine Gedanken in dieser Stunde und dieser dein Gedanke, daß alles wiederkommt." Also das Leben eine Repetieruhr, die Weltseele ein Wiederkäuer, das Universum ein Kinotheater, das seine Vorstellung abschnurrt und, wenn es die letzte Nummer abgerufen hat, wieder den ersten Film auf die Walze steckt. Ich bekenne mich zu der Überzeugung, das Weltbild müsse, infolge der Raumüberwindung, einer fortschreitenden Verlangweiligung anheimfallen. Wenn Nietzsche recht behielte, müßte ich hinzufügen: Für so langweilig hätte ich es doch nicht gehalten! Im Rausch seiner Eingebung stellt er sich vor: diese Promenade mit ihren theoretischen Wonnen werde sich erneuen, seine Erfinderfreude, sein Entdeckerruhm, die gehobene Stimmung dieses Tages inmitten einer gewaltigen Natur, die ihm zuruft: Du bist ewig! Nur diese Stimmung und diese Freude? Nein: auch alles Mißbehagen, alle Gleichgültigkeit, aller Kummer der abgelaufenen Bahn; jeder Ärger der Professur, jede Verstimmung durch den Verleger, jeder lästige Brief, jeder Fehler im Korrekturbogen, jedes Leibschneiden und Zahnweh, jeder Flohstich im Nachtlager und jedes Hühnerauge. Und so im Kleinsten wie im Größten: unzählige Renaissancen und Rückfälle in die Barbarei, unzählige Reformationen und Dreißigjährige Kriege, alle Not der Massen und alles Elend des Einzelnen in unaufhörlicher Abhaspelung.

Mit ungeheuren Räumen dazwischen, in denen das Unbekannte vorgeht, versteht sich, in denen sich alles das ereignet, zu dem uns die spärlichen Taten der bekannten Weltgeschichte keinen Vergleich bieten. Denn bevor eine bestimmte

Atomgruppierung wieder eintritt, müssen erst alle möglichen vorher durchprobiert sein. Was stellen die möglichen vor? Nichts anderes als sämtliche Geschehnisse, von denen wir nichts wissen, die aber einer möglichen und also im Kreis dieser Betrachtung unvermeidlichen Anordnung der kleinsten Teilchen entsprechen; zum Beispiel: die Perser siegreich bei Marathon und Varus im Teutoburger Walde, Cäsar als Eroberer von Japan, die Entdeckung des Südpols durch Kolumbus, Pilatus als Papst in Avignon, Krösus in Monte Carlo sein Geld verspielend, Semiramis als Suffragette in London, Lucullus in der Berliner Volksküche, alles Unermeßliche, nie Gewesene und Widersinnige, alles Denkbare und Undenkbare, über jede Phantasiegrenze Hinausschweifende, was trotzdem im Wirbeltanz der Atome einmal Wirklichkeit werden müßte, bevor Das wirklich werden könnte, was dieser Tanz uns als das Bekannte vorgestellt hat. Und er selbst, der große Hellseher vom Engadin, würde sich für diese Möglichkeiten der Kombination bedankt haben, die in seinem Gedankengange irgendwann zur Form der Wirklichkeit gedeihen müssen: Nietzsche im Duell mit Zarathustra, Nietzsche als Kopist beim Heiligen Augustinus, am Galgen, Nietzsche zwölfmal verheiratet. Man müßte einen Streifen von der Länge der Milchstraße zur Verfügung haben, um auch nur in Stichworten einen Teil der blöden Abenteuer zu notieren, die sich erfüllen müßten, ehe eine genau logische Wiederkehr zustande käme. Unter diesen Abenteuern würde ich mich selbst finden, wie ich auf seinem Lieblingsstern, dem Sirius, sitze und mir den Kopf zerbreche, um für das Nietzsche-Archiv einen Beitrag zu stiften. Denn die Atome sind sehr ungefällig und lassen sich viel eher dazu bewegen, aus Buchstabenversetzung eine identische Ilias zu bilden, als dazu, einen identischen Menschenkörper aufzubauen, der genau so lebt und dichtet wie einer, der vor Äonen auf der Erde wandelte.

Die Dogmatik unterscheidet zwischen Wundern contra naturam und extra naturam. Die soeben leise angedeuteten sind contra. Aber auch die extra naturam stehenden sind nur bestimmte Gruppierungen auf irgendeiner Haltestelle der Anordnung. Jede Ausgeburt des hellen Wahnsinns und des verwegensten Aberglaubens, Fegefeuer, Hölle und Teufelsspuk sind mögliche Kombinationen und als Phänomene in Atombegegnungen denkbar; denn es sind anschauliche Vorstellungen, der Beschreibung und Malerei zugänglich wie jede andere Unwahrscheinlichkeit, also nichts als zwar nie erlebtes, aber bestimmt zu erwartendes Stelldichein der kleinsten Teilchen; bestimmt zu erwarten, weil in diesem heillosen Wirbel erst jede andere Figur durchgetobt werden muß, ehe der status quo ante eintreten kann. Wahrhaftig: wenn ich der Berechnung Nietzsches alles zugeben wollte, was ich ihr verweigern muß, zu dieser Lehre möchte ich mich nicht bekennen; der Preis der Wiederkunft wäre mit solchen ungemütlichen Zwischenstadien doch zu teuer erkauft.

Sie würde uns auch zu lange dauern, selbst dann, wenn ich durch einen radikalen Denkakt die ganze Unendlichkeit abschaffte und sie einfach durch eine unermeßliche Endlichkeit ersetzte. Beide sind nämlich nur schlimme Auswüchse und Notbehelfe des Denkens, aus polarem Denkzwang geboren, und ich scheue vor der waghalsigen Annahme nicht zurück, daß beide Vorstellungen im Grunde zusammenfallen, als zahlenspielerische Umschreibungen des sehr Großen. Das Unendliche beginnt nämlich erkenntnistheoretisch gar nicht im Jenseits, sondern diesseits, an der Grenze der nicht mehr aussprechbaren Zahl, mag diese Zahl auch noch in mathematischen Zeichen, etwa in hohen Potenzausdrücken, einer Niederschrift fähig sein. Das aber steht auf einem anderen Blatt und führt zu einer anderen Lehre, an deren Ende man die zwar schrecklichen, aber gut begründeten Sätze finden wird: Das Ziel aller Erkenntnis, die Wahrheit, ist eine anthropomorphe Vorstellung; es ist nur halbrichtig ausgedrückt, wenn man den Intellekt als unzureichendes Werkzeug erklärt; denn die Wahrheit selbst existiert nur im beschränkten Gebiete der mathematischen Identitäten, und jede andere Frage nach der Wahrheit ist in sich selbst sinnlos.

Zu dieser erst in der Andeutung vorhandenen Betrachtung „Denkzwang und Denkfehler" möge diese Studie über die Wiederkunft das Präludium bilden. Sie zeigt auf halbwegs anschaulicher Grundlage das Walten des polaren Denkens, also zweier Denkvorgänge, die aus gemeinsamer Wurzel entquellen, aber mit zwei einander schnurstracks entgegengesetzten Unmöglichkeiten aufeinanderprallen. Deshalb ergibt sich auch das Resultat zwiespältig: als ein negatives, denn die Ewige Wiederkunft ist eine Angelegenheit der Unendlichkeit und deshalb nicht bis zu Ende zu denken; und als ein positives, denn auch in der Form eines Dichtertraumes enthält sie nicht eine Hoffnung, sondern eine Verzweiflung, diese Lehre von der ewigen Wiederkunft, an der nur das Eine etwas taugt, nämlich: daß sie falsch ist.

Das Geheimnis der großen Zahl

Vor meinem Fenster dehnt sich eine dreißig Meter breite Straße in der Ost-West-Richtung. Und gerade gegenüber ist in der Häuserreihe eine Lücke, die den Blick nach Norden freigibt. Überschreite ich die Straße, so bewege ich mich auf dem Berliner Meridian und unternehme den Beginn einer Nordpolarreise: auf dem jenseitigen Fußsteg bin ich dem Nordpol der Erde näher, als zuvor auf dem diesseitigen.

Man wird diese Annäherung als verschwindend klein bezeichnen; und im Verhältnis zu irdischen Reisemaßen bleibt sie wirklich unter der Schwelle der Merkbarkeit. Sie wächst aber in einer anderen Betrachtung. Denn mit demselben Wege habe ich mich auch dem Polarstern genähert; und es unterliegt keinem Zweifel, daß der Grad der ersten Annäherung, der an den Nordpol, um viele, viele millionenmal stärker ausfällt als der zweite. Fasse ich also bei meinem kurzen Marsch quer über die Straße dieses Verhältnis ins Auge, bin ich mir der Relativität dieser Unterschiede bewußt, so kann ich sagen: Nach der Überwindung der Straßenbreite bin ich dem Nordpol beträchtlich nähergerückt. Und mit einiger Phantasie dürfte ich im nämlichen Gedankenzug hinzufügen: Wenn jetzt zufällig ein Nordlicht erstrahlt, so kann ich es besser drüben als hüben beobachten. Ich bin dem Licht wesentlich nähergekommen. Ähnlich sind die Wege überhaupt, die wir mit dem Fernblick auf ein Licht oder eine Erkenntnis beschreiten. Wer unausgesetzt die Kürze des Schrittes mit der Weite des Zieles in Vergleich stellt, muß dem Verzicht anheimfallen. Den aber, der diese Relativität zeitweilig im Bewußtsein spürt, mag die Eigenbewegung selbst mit Zuversicht stärken; sogar mit der großen Ladung von Zuversicht, die man zu einem Flug ins Ganz-Große, Unmeßbare, Unendliche nötig hat. Und zu einem solchen Weitflug wollen wir uns nun rüsten. Sie soll uns auf gewissen Umwegen einem Rätsel näherführen, das wir zwar nicht ergründen und lösen werden, das uns aber wenigstens in seiner Fragestellung etwas versöhnlicher anblicken soll als das Grundproblem in seiner grausamen Urgestalt.

*

Was immer menschlichen Geist bewegt hat und aus ihm entsproß, findet seinen tatsächlichen Ausdruck in Büchern. Und so gelte uns das Buch als die Darstellung alles Denkens, Empfindens, Könnens und Wissens. Setzen wir die Zahl seiner typographischen Stellen, hoch gegriffen, mit einer Million fest, so ergeben alle erdenklichen Permutationen und Variationen innerhalb dieser typographischen Anordnung sämtliche Bücher, die jemals geschrieben und gedruckt wurden, und dazu noch sämtliche, die in aller Zukunft gedruckt werden können. Voraussetzung bleibt nur, daß keine Umsetzung übergangen werde und daß sich keine wiederhole. Denken wir uns dieses in Wirklichkeit unmögliche, in Gedanken aber leicht faßbare Verfahren restlos durchgeführt, so erhalten wir lauter Bücher, die sich irgendworin unterscheiden, und wäre es auch nur in einem Buchstaben, einer Interpunktion, einem Spatium. Zugleich aber erkennen wir, daß die so gewonnene Bücherei absolut lückenlos sein muß, daß kein Buch, einerlei welches Inhalts, in ihr fehlen kann. Denn die Summe sämtlicher Unterscheidungen in der Vielfältigkeit aller druckmöglichen Anordnungen ergibt eben den Inbegriff aller jemals möglichen Bücher.

Man könnte also auf mechanischem Weg, ohne auf eine Überlieferung oder Vorahnung angewiesen zu sein, die gesamte vorhandene und zukünftige Literatur herstellen. Der Druckauftrag freilich würde zu erheblichen Umständen führen. Aber sein Umfang läßt sich ganz genau berechnen: er beläuft sich, wenn wir mit hundert verschiedenen Drucktypen rechnen, auf eine Sammlung von Büchern, deren Anzahl Zehn zur zweimillionsten Potenz beträgt. Ist innerhalb dieser Reihe nur das eine garantiert, daß jedes Buch einer bestimmten, nie mehrfach auftretenden Ausfüllung der Möglichkeiten entspricht, so hat die übernehmende Firma das Problem gelöst. Die fertige Lieferung enthält das „Universalbuch", wie es Kurd Laßwitz genannt hat, das Buch der Bücher, den Inbegriff und die Summe alles Druckbaren. Dieses Universalbuch entspricht, mathematisch gesehen, keiner Unendlichkeit, sondern stellt zunächst eine scharf umschriebene Endlichkeit vor. Ordnet man die Exemplare nebeneinander, so erstrecken sich die Bücherrücken nicht bis in infinitum, sondern irgendwo in weiter Ferne ist Schluß. Wie lange würde man wohl wandern müssen, um die Reihe abzuschreiten? Ein Fußgänger würde es nicht erleben; ebenso aussichtslos wäre der Plan, die Strecke im Schnellzug zu bewältigen. Auch das Zeitmaß einer Kanonenkugel erweist sich der Aufgabe gegenüber als ganz unzulänglich; bleibt also nur der Lichtstrahl, der in seiner Leistung von dreihunderttausend Kilometern in der Sekunde mit der Fahrt längs jener Bücherrücken in irgendwelcher Zeit fertig werden könnte.

Aber auch die Lichtsekunde, die Lichtminute und die Licht=
stunde erscheinen hier noch als völlig unbrauchbare Rech=
nungsgrößen. Und selbst wenn wir das Lichtjahr als Ein=
heit wählen, so erhalten wir immer noch eine völlig un=
aussprechbare, lediglich als Potenzausdruck angebbare Zahl,
die zu üblicher Niederschrift ein Notizblatt von ungefähr zehn
Kilometern Länge beansprucht.

Wird dieses Buch der Bücher nicht als Reihe aufgestellt,
sondern geschichtet und verpackt, so würde ein Hohlraum
vom Durchmesser der gesamten sichtbaren Fixsternwelt nicht
ausreichen, um auch nur einen nennenswerten Bruchteil un=
seres Bücherschatzes aufzunehmen. Wie wir es auch an=
stellen: wir gelangen sofort an das Unvorstellbare, Unaus=
sprechbare, während der Rechner darauf beharrt, die Zahl
der Bücher ganz präzis als $10^{2\,000\,000}$ anzugeben, nicht auf
eins mehr oder weniger; eine begrenzte Zahl, die seiner An=
sicht nach mit dem Unendlichkeitswert nichts zu schaffen hat.

An diesem Punkt meldet sich unser Widerspruch. Denn
der begriffliche Inhalt dieses nach Zahl und Maß noch end=
lichen Universalwerkes ist für menschliches Denken nicht mehr
nur unermeßlich, sondern schlechtweg unendlich.

Daß es alle vorhandene Literatur einschließt, von den ba=
bylonischen Urschriften bis zum letzterschienenen Volkskalen=
der, daß es die Ilias, alle Dramen und Logarithmentafeln,
alle existierenden Romane und Kochbücher, alles bereits für
Schrift und Druck Gedachte als Einzelfälle irgendwo dar=
bietet, würde für diese Anschauung noch nicht genügen. All
das bedeutet nur einen Tropfen im Ozean unseres vorge=
stellten Druckwerkes. Denn dieses erschöpft zugleich Sinn
und Inhalt aller überhaupt möglichen Schriften, bis in die
unendliche Zukunft gerechnet, sämtliche Sinnigkeiten und Un=

sinnigkeiten, die überhaupt in Druckschrift ergreifbar sind, und keines Menschen Gehirn wird auch nur einen Augenblick zögern, dieser Summe den Wert des Unendlichen zuzuerkennen. Anders ausgedrückt: an den Verstand tritt hier die Forderung, über sich hinauszudenken, in unvereinbarem Zwiespalt zu der mathematischen Anschauungsweise, die ihm dergleichen durchaus nicht zumutet, sondern ihm mit dem genauen Potenzausdruck $10^{2\,000\,000}$ eine klar umschriebene Endlichkeit vorspiegelt.

Sollte aber noch der geringste Zweifel darüber obwalten, daß hier ein grober logischer Fehler wirtschaftet, so wird die nachfolgende Überlegung ihn in aller Schärfe bloßstellen. Nicht nur alles begrifflich Ausdenkbare ist der Niederschrift in gewöhnlichen Drucktypen fähig, sondern auch alles künstlerisch Empfundene. Für die musikalische Komposition zum Beispiel bedeutet die Note nur ein sehr bequemes, aber nicht das ausschließliche Vermittlungssymbol. Die Note läßt sich vielmehr in ihrer Höhe, Dauer, Anordnung und Beziehung mit Worten beschreiben, höchst umständlich allerdings, aber doch eindeutig. Und da unser Buch der Bücher sämtliche Wortformungen erschöpft, so wird sich in irgendeinem Bande eine Anordnung vorfinden, die irgendeiner bestimmten Komposition entspricht. Das heißt also: in allen Bänden müssen alle Tonstücke vorkommen, die bereits komponiert sind, und sämtliche in aller Zukunft möglichen; das vollständige, restlos aufgearbeitete Integral der Musik; in Bänden, getrennt durch Siriusweiten von anderen, welche die Weltgeschichte für alle Lebewesen beschreiben, den gesamten Zeitungsinhalt bis zum Welterlöschen umfassen, von jedem Ameisenkrieg strategisch genaue Kunde geben und jede fernste, feinste Verfaserung aller überhaupt jemals möglichen Wissenschaft, Technik, jeder

Wirklichkeit, jeder traumhaften Unmöglichkeit, jeder Mitteilbarkeit auf Blättern verewigen; auf endlichen Blättern, mathematisch genommen, auf unendlichen, in reiner Anschauung betrachtet, die mit aller Macht die Vorstellung einer begrenzten Kunst, Wissenschaft, Geschichte abwehrt und sich mit letzter Anstrengung aus der Umklammerung einer bestimmten Grenze losreißen muß.

Wer hat nun recht? Der Rechner mit seinem genauen Potenzausdruck oder die Anschauung, die im Zug der schweifenden Phantasie keine Grenze anerkennt? Diese Frage findet keine Antwort, da sie in eine transzendente Untersuchung mit einem untranszendenten, diesseitigen Begriff dreinfährt. Wir müssen von dem treuherzigen Glauben loskommen, in jenem Grenzgebiet des Denkens etwas wie ein Recht oder Unrecht zu etablieren. Es handelt sich auch nicht darum, diese Scheidelinie zu ziehen, sondern vielmehr um einen gangbaren Ausweg aus der philosophischen Angst, in die uns jener offenkundige Zwiespalt hineingehetzt hat. Und so flüchten wir denn aus dem Zwang zweier unmöglichen Komponenten in die Resultante, die zwar vorerst auch nicht tröstlicher und einleuchtender erscheint, aber doch einen vorläufigen Ruhepunkt bietet; wir wollen nämlich sagen: für menschliche Denkart greift der hochgegriffene mathematische Potenzausdruck über die Endlichkeit hinaus. Zehn zur zweimillionsten Potenz ist nicht nur sehr groß, sondern ohne weiteres unendlich. Und wiederum kann der Begriff Unendlich fehlerlos durch die sehr große Zahl nicht nur charakterisiert, sondern ersetzt werden. Vertauschen wir beide Begriffe nach Willkür, so begehen wir keine Ungenauigkeit, sondern wir beseitigen im Gegenteil einen Denkfehler, der uns zu einem den Intellekt vergewaltigenden Sprung zwingen will.

Diese Lehre ist waghalsig und gleicht dem draufgängerischen Hieb, mit dem der gordische Knoten nicht gelöst, sondern zerspalten wurde. Aber auf diesem Grenzgebiet findet die Feinmechanik des langsamen Aufbröselns keine Arbeitsstätte. Wo zwei Unmöglichkeiten aufeinanderstoßen, bleibt nichts übrig als ein grundstürzender Akt, der, so unverantwortlich er auch auf den ersten Anhieb erscheinen mag, doch in seinen Denkfolgen sich als der wahre Samariter für das gequälte Gehirn erweisen wird.

Solche Quälerei kann schon da auftreten, wo wir einen einfachen Satz der Schullogik bis in seine Wurzeln verfolgen. Alle Menschen sind sterblich; Cajus ist ein Mensch: also muß Cajus sterben. Es ist nicht eine Vermutung, sondern eine Gewißheit, die den Cajus als einen unter allen zum Tode verurteilt, und die Wahrscheinlichkeit hierfür wird nicht durch die große Zahl, sondern durch das Unendlich ausgedrückt; wenn wir dem Obersatz die axiomatische Wahrheit zuerkennen. Tatsächlich gibt aber der Obersatz nicht eine Vérite éternelle im Sinn Leibnizens, sondern höchstens eine Vérité de fait; das Ergebnis einer langen Erfahrung, die bisher durch keinen Gegenbeweis gestört wurde. In zweihundert Generationen und bei einer Menschenzahl, die in die Milliarden anschwoll, aber noch unter der Billion zurückblieb, ist ein Gegenfall nicht bekannt geworden. Wir begeben uns also in einen Wahrscheinlichkeitsbeweis, wenn wir aus dieser zwar großen, aber begrenzten Anzahl den Schluß auf einen noch nicht bis zu Ende beobachteten Lebenden gestalten. Die biologische Notwendigkeit des Sterbens hat mit diesem Syllogismus nichts zu tun, denn sie ist ja erst aus der langen Erfahrungsreihe entflossen, also selbst ein von einer gewissen Wahrscheinlichkeit abhängiger Schluß des statiſtiſchen Oberſatzes. Mathematiſch korrekt müßte demnach das Schulbeiſpiel lauten: Alle bisher ermittelten Menſchen=ſchickſale haben mit dem Tod geendet; Cajus iſt ein Menſch, folglich beſteht eine große, in Milliarden ausdrückbare Wahr=ſcheinlichkeit für ſeine Sterbenotwendigkeit*). Wenn wir dieſe klarere und wahrere Faſſung zugunſten der reſtloſen Gewißheit ablehnen, daß Cajus ſterben muß, ſo verraten wir hierdurch, daß über die ſcheinbar unüberbrückbare Kluft in unſerer Erkenntnis zwiſchen dem als endlich Feſtſtehen=den und dem als unendlich Geforderten doch ein geheimer Weg exiſtiert; ein Schleichweg, der ſich der mathematiſchen Kontrolle und Beſtätigung entzieht. Durch welche Windun=gen dieſer Weg führt, wiſſen wir nicht. Aber was der In=tellekt will, wenn er ſich des Weges bedient, das ſteht nun feſt. Er will hinüber, hinüber um jeden Preis, ſelbſt um den der mathematiſchen Richtigkeit. Und ſo urteilt er für den Spezialfall der Menſchenſterblichkeit: ich erreiche den wirklichen Unendlichkeitswert mit einer begrenzten Zahl, die unter der Billion liegt. Es gibt hier keinen in Ziffern zu beglaubigenden Reſt. Nicht nur die in den Erfahrungsbereich eingeſchloſſenen Menſchen müſſen ſterben, ſondern alle. Und der einzig nachweisbare Fehler liegt lediglich bei dem, der ſich auf einen Unterſchied zwiſchen einer ſolchen Vérité de fait und einer Vérité éternelle verſteift. Mit der großen Zahl erreiche ich eine ewige Wahrheit.

Wir können ſogar in die Lage geraten, das Vertauſchungs=recht und die Vertauſchungsgrenze in Regionen anzunehmen, die wir in der Praxis des Lebens gar nicht als unermeßlich anzuſehen geneigt ſind. Wer hunderttauſend Mark im Be=

---

*) Der mathematiſche Ausdruck würde lauten: $\frac{n}{n+1}$, worin n die Anzahl aller bisher geſtorbenen Menſchen bedeutet.

sitz hat, wird sich mit seinen zehn Millionen Pfennigen ganz gewiß noch nicht zu den ungeheuer Reichen zählen. Wer sich aber auf eine zehnmillionenfache Erfahrung beruft, lebt im Unendlichen und wird die daraus gezogene Wahrscheinlichkeit so sicher als die absolute Gewißheit ansprechen, daß er den Zweifel daran als hellen Wahnsinn erklärt. Die von Helmholtz erwähnte Erwartung, daß es in den nächsten vierundzwanzig Stunden in Berlin einmal Nacht und einmal Tag werden wird, stützt sich auf ein viel engeres Gebiet von Beobachtungen, als es die allgemeinen Prinzipien der Mechanik tun. Und doch konnten diese allgemeinen Prinzipien der Mechanik (durch das Relativitätsprinzip) erschüttert werden, während sich an die Erwartung des Tagund Nachtwechsels ein Bedenken niemals heranwagen darf. Hier liegt die Beobachtungsreihe sehr tief, kaum bei der dritten Million; wir müssen schon weit über Adams Zeit zurückgehen, um selbst bei dieser geringen Zahl zu landen. Aber wenn wir auch nur über die Erfahrung von dreißig Menschenaltern verfügten, die den Tag- und Nachtwechsel höchstens vierhunderttausendmal lückenlos beglaubigten, so hätten wir schon längst den Evidenzpunkt gewonnen, unabhängig von aller astrophysikalischen Theorie, die ja in dieser Schlußkette nicht als Grund, sondern als Folge auftritt. Während wir also in der Betrachtung des Universalbuches zu unaussprechlichen Ziffern, beim sterblichen Cajus immer noch hoch in die Milliarden hinaufklettern mußten, erhalten wir hier die Vertauschungsgrenze schon in einer sehr bescheidenen, um die Million herumpendelnden Zone; eine trillionenfache, eine unendliche Erfahrung würde unsere Erwartung gar nicht mehr steigern. Mit der Gewißheit, daß es in den nächsten vierundzwanzig Stunden Tag und Nacht werden muß, erhebt der Verstand für diesen besonderen Fall eine Zahl von höchstens sieben Ziffern zu einem Unendlichkeitswert.

Die Kluft zwischen den beiden polaren Vorstellungen Endlich und Unendlich, von denen die eine niemals genügt, die andere niemals durchzudenken ist, zeigt ihre Schrecken vielleicht nur in der Tiefe, nicht in der Breite. Wenn sich der Verstand zum Wagesprung entschließt (und das tut er immer, sobald er nur einen Augenblick von der streng mathematischen Anschauung loskommt), was geht ihn da die Tiefe an? Wie könnte es die Sicherheit seines Sprunges beeinträchtigen, daß ganz unten in unerkennbarer Versenkung ein Monstrum haust, das die scholastische Rechnung mit eins dividiert durch Null bezeichnet? Nur die Breite ermißt er; und mit untrüglicher Gewißheit traut er sich zu, das andere Ufer zu erspringen. Diese Gewißheit, unzählige Male gewonnen und zu einer neuen Erkenntnis organisiert, wird nichts anderes bedeuten als: der Begriff des Unendlichen ist eine täuschende Zwangsvorstellung; nie lebt im Wirklichkeitsdenken etwas Höheres, Transzendenteres als die große Zahl. Und diese große Zahl, abgestuft nach den Bedürfnissen des Falles, tritt mit sämtlichen Wirkungen des Unendlichkeitswertes auf, ist das souveräne Unendlich für den gegebenen Denkakt.

*

Ich glaube nicht, daß die zugrunde liegende Antinomie jemals zu überwinden sein wird. Aber ihre Schroffheit kann gemildert werden, wenn man sich gewöhnt, ein Neutralgebiet anzuerkennen, worin das Unermeßliche, Unbegrenzte und Unendliche einander durchdringen; mit dem Vorbehalt, daß das

Unermeßliche arithmetisch begrenzt sein kann. Hier kommt es nicht darauf an, daß man zählt, sondern wie man zählt. Der arithmetische Ausdruck für eine hohe Potenzgröße, für eine Reihe, ergibt zunächst noch keinen klaren Begriff, stellt vielmehr nur die in Ziffern niedergelegte Abkürzung für ein Postulat vor. Es wird gefordert, eine Rechnung auszuführen, die im grauen Nebel des ungeheuer Großen, vielleicht Unendlichen, jedenfalls nicht mehr Vorstellbaren, ausläuft. Aber das Vorstellbare wechselt nach der Natur des Falles; und hier kann es sich ereignen, daß die arithmetische Diktatur als eine unerträgliche Tyrannei empfunden wird.

Betrachten wir einmal die unendliche Reihe $1/2 + 1/3 + 1/4 + 1/5 \ldots$, die, wie man sich wohl ausdrücken darf, schwach divergent sein muß. Sie erreicht als Summe den Unendlichkeitswert, wenn auch in einem sehr langsamen Tempo. Denn wenn wir sie in Gruppen von 2, 4, 8, 16 usw. Gliedern abteilen, so erkennen wir leicht, daß jede einzelne Gruppe, angefangen von $(1/3 + 1/4)$ größer ausfällt als $1/2$; und da kein Grund vorliegt, mit dieser Einteilung jemals aufzuhören, so bleibt allerdings nichts übrig, als das Ergebnis dieser Reihe für unendlich groß auszugeben.

Dieser Zweifellosigkeit gegenüber regt sich aber im Untergrund unseres Bewußtseins ein Widerstand, wenn wir uns vorstellen, welche Operation auszuführen wäre, um auch nur eine sehr kleine Zahl von positivem Wert zu erreichen. Gesetzt, ich hätte mir vorgenommen, diese Reihe bis zu dem ganz bescheidenen Summenergebnis von 64 hinzuschreiben, so geriete ich damit schon ins Unbegrenzte, jenseits von jeder Möglichkeit und Vorstellbarkeit. Die Reihe würde nämlich, eng geschrieben, einen Papierstreifen von 100 Billionen Kilometern erfordern, einen Streifen, mit dem man das ganze

Sonnensystem bis zur Neptunsferne etwa siebentausendmal einwickeln könnte.

Wir erleben also eine Spaltung des Denkens. Der arithmetisch gehorchende Teil wird vom Divergenzbegriff hypnotisiert, der praktisch erkennende erklärt jene Reihe für minderwertig und in sehr engen Grenzen eingespannt. Ihrer Tendenz, sich auch nur über ein höchst dürftiges Mittelmaß auszuwachsen, steht eine unbesiegliche Trägheit entgegen. Statt irgendwie erkennbar zur Höhe aufzuklimmen, schleicht sie in einer bis zum Erwürgen gepreßten Spirale um den Berg; und ihr Versprechen, die Unendlichkeitsspitze zu gewinnen, erscheint, bürgerlich gesprochen, als eine Flunkerei. Wenn ein Gelähmter uns ansagen wollte, er werde von der Erde zum Mond springen, so wäre die Wahrscheinlichkeit der Erfüllung noch größer als die Aussicht dieser Reihe auf wirkliche Divergenz.

Derselbe Rechner, der die Reihe so hoch einschätzt, behauptet daneben, daß der einfache Ausdruck 9^{9^9}, in Worten neun hoch: (neun zur neunten Potenz), nur eine sehr große Zahl, aber beileibe keine Unendlichkeit darstellt. Und hier klafft der Widerspruch sperrangelweit. Denn dieser Ausdruck schnellt sofort steil an und verliert sich in einer fabelhaften Beschleunigung, mit einer wahren Zahlenorgie ins Unfaßbare. Allerdings kennt der mit Logarithmentafeln arbeitende Mathematiker das Ergebnis. In dekadischem Maß aufschreiben kann er es nicht, und jedes Sprachmittel versagt, wenn er es nennen will. Aber er weiß, daß es aus 369 Millionen und 690000 Ziffern besteht und daß die hingeschriebene Zahl ungefähr von Berlin bis zum Nordkap reichen würde. Und diese Zahlengröße nimmt er für eine Endlichkeit, weil seine Unendlichkeit anders definiert ist. Ihn darf es nicht anfechten, daß die Anzahl der Wasserstoffatome im Atlantischen Ozean eine Null ist gegen den Wert dieser Potenzgröße, ebensowenig wie es ihn berührt, daß jene zuvor genannte Bruchreihe, millionenfach über die Siriusweite verlängert, noch keine dreistellige Zahl, noch nicht den einzigen Wert der ersten Hundert erreicht. Er vergleicht nicht das Phlegma der Reihe mit dem explosivem Temperament der Potenz, er zieht sich auf die Definition zurück und beharrt dabei, den Reihenwert als unendlich, den Potenzwert als endlich auszurufen; in völligem Widerspruch mit allem, was wir aus der Erfahrung, aus der Zählübung, aus natürlicher Größenvorstellung in uns aufbieten können und aufbieten müssen, wenn wir das sehr Große nicht bloß formelhaft umschreiben, sondern in irgendwelcher Anschaulichkeit erfassen wollen. Und dieser Widerspruch läßt sich nicht einfach mit den Verdikten Wahr und Falsch aus der Welt schaffen. Auf dem Grund dieser Definition lauert vielmehr eine arithmetische Schulfuchserei; ein zugleich Okkultes und Pedantisches. Wie der Anspruch auf kirchliche Unfehlbarkeit nicht mit dogmatischen Mitteln bekämpft werden kann, so der auf mathematische Unfehlbarkeit nicht mit rechnerischen. Hier scheiden sich unerbittlich zwei Logiken, wie sie sich im Traumland, im Wunder- und Märchengebiet trennen. Der Hindu-Fabulist erzählt ganz gelassen von einer Schlacht, in der 10 000 Sextillionen Affen gekämpft haben, und hält einen auf der Erde existierenden Wald als Schauplatz für ausreichend; in der Hindulogik etabliert sich da nur ein Abenteuer, aber kein Widersinn; zwei Endlichkeiten, die sich vertragen müssen. Und so umspannt auch der Rechenmeister die fabelhafte 99^9 mit einer endlichen Umhüllung, gegen die seine Speziallogik nichts einzuwenden hat. Demgegenüber stellt er der Reihe, deren

Schneckengang, anschaulich gemessen, so gut wie nichts bewältigt, das Zeugnis der Unendlichkeit aus; in einem Dokument, das ungefähr soviel Wert hat wie der Wechsel auf Sicht, der einem toten Gläubiger zur Begleichung einer Schuld in den Sarg gelegt wird. Auch diese Reihe muß sterben, bevor sie die mitgegebene Verschreibung in bare Unendlichkeit umsetzt. Wann und wo das geschieht, entzieht sich unserer Betrachtung. Es genüge, mit einem Beispiel schärfsten Kontrastes auf ein Grenzgebiet gewiesen zu haben, auf dem sich die Erkenntnistheorie der Zukunft noch sehr kräftig zu tummeln haben wird.

Auf die konkrete Körperwelt übertragen, kann sich die hier angedeutete Lehre vielleicht mit einem anderen Prinzip, dem „Gesetz der bestimmten Anzahl", kreuzen oder tangential berühren. Ihrer inneren Fragestellung nach sind sie jedenfalls miteinander verwandt. Sollte dieses Gesetz dereinst zu der ausdrucksvollen Geste, mit der Eugen Dühring es vortrug, die eindrucksvolle Begründung erfahren, so wird es abermals zu einem Begriffszerfall führen. Denn es wird sich dann nicht mehr um ein Gesetz handeln, sondern um eine wechselnde Denkform, nicht um eine bestimmte Anzahl, sondern um eine unbestimmte, die ins Unermeßliche hinaufsteigt, ohne darum unendlich zu werden; oder am Ende nur um einen begrenzten, diesseitigen Quotienten aus zwei Jenseitigkeiten, von denen die eine im Raum, die andere in uns liegt. Und so könnte schließlich auf ein Divisionsexempel mit einem numerus clausus hinauslaufen, was Schiller als transzendente Anschauung verkündet:

Fürchte nicht, sagte der Meister, des Himmels Bogen, ich stelle

Dich unendlich, wie ihn, in die Unendlichkeit hin!

Das Laboratorium des Lukrez

Eine ultramikroskopische Phantasie

Durch eine Landschaft von schwer bestimmbarem Charakter schritt der Wanderer. Daß sie nicht zu dieser Wirklichkeitswelt gehörte, war ersichtlich, denn obschon mehrere Sonnen am Himmel standen, lag sie in geisterhaftem Dämmer. Aber in diesem verschwimmenden Licht blieben die Bäume und Felsen als scharfumrissene Körper erkennbar, und der Wanderer selbst machte nicht den Eindruck eines dahinseufzenden Schattens, sondern eines rüstig ausschreitenden Menschen. Er trug die Züge des Eleaten Zenon und hätte mit seinem Denkerkopf sehr gut in Raffaels Schule von Athen hineingepaßt. Allein weit entfernt, irgendwelchem klassischen Säulenbau zuzustreben, machte er vielmehr an einem schlichten Landhaus halt und klingelte. Jawohl: klingelte. Und auf dieses Zeichen erschien an der Schwelle der Besitzer des Landhauses, der Römer Lucretius, und lud den Wanderer zum Nähertreten ein:

„Ich bin zwar augenblicklich beim Experimentieren, allein nichtsdestoweniger — deine Störung, preiswerter Zenon, ist mir lieber als die Arbeit. Du triffst zudem gute Bekannte aus klassischen Jahrhunderten: Leucipp, Demokrit und Epikur sind auch drin."

„Da seid ihr alten Atomistiker ja glücklich alle beieinander," sagte Zenon, indem er dem Wirt folgte. Prüfend überflog sein Blick den Raum. Da standen Mikroskope, Retorten, Reagenzgläser, guter Hausrat eines neuzeitlichen Gelehrten. Der Eintretende ergänzte: „Zu meiner Zeit sah es anders aus bei einem Philosophen." Lukrez fing das Wort auf: „Zu meiner Zeit auch noch; aber es hilft nichts, man muß sich modernisieren. All das gehört sozusagen zu den Materialisationsphänomenen, in denen uns die Lebenden mit praktischem Beispiel vorangehen. Die Menschen beschwören Geister, wir lassen die Werkzeuge der Menschen zu uns kommen. Ich sehe bereits die Zeit, da wir als Austauschprofessoren in Berlin dozieren werden. Vorläufig bin ich ganz zufrieden, daß ich mir mit Instrumenten aus dem zwanzigsten Jahrhundert dies Laboratorium einrichten konnte. Sieh mal dort, Zenon, das blanke Gestell, woran eben unser Epikur hantiert: das neueste Instrument von fabelhafter Vergrößerungskraft; ein Ultramikroskop von Zeiß in Jena!"

„Laß mich mal hindurchschauen, lieber Lukrez!"

„Vorläufig nicht. Wir brauchen es gerade zur Kontrolle darüber, ob es mit der Größe und Masse der Atome seine Richtigkeit hat."

Epikur drehte den Kopf am Apparat ein wenig zur Seite und sagte kurz und sachlich: „Es stimmt!"

Demokrit und Leucipp, mit Rechnungen beschäftigt, fügten hinzu: „Wie vorauszusehen war, — es muß stimmen!"

Lukrez strahlte: „Ich hatte ja von Anfang an nicht den geringsten Zweifel; denn im Grunde haben sich eben nur die Methoden geändert, nicht die Anschauungen. Aber es macht uns doch stolz, daß die Prinzipien, für die wir schon vor Jahrtausenden kämpften, heute so glänzend siegen. Unser ganzer Atomismus, den wir aus innerer Intuition schöpften, ist nunmehr klar erweisbar, durch Experiment und Mathematik bis zur Evidenz erhoben. Mit einem Wort: Wir stehen vor dem größten Triumph der Wissenschaft, und dieser Triumph gehört uns!"

Aber der Wanderer Zenon sah nicht im geringsten überzeugt aus: „A priori möchte ich bemerken, daß ihr etwas als erwiesen ansprecht, was nicht nur unbeweisbar, sondern sogar unmöglich ist. Meine Vernunft ist mein Ultramikroskop, und durch dieses sehe ich das genaue Gegenteil der von euch behaupteten Dinge."

„Weil du das Material nicht kennst. Zenon, Vernunftmensch, sei vernünftig und informiere dich systematisch. Setze dich in die Ecke da drüben und studiere vor allem erst die Schriften, die du dort auf dem Bücherbrett findest. Was weißt du von Dalton, von Avogadro, von Boltzmann?"

„Nichts. Brauche ich auch nicht zu wissen."

„Es ist aber zur Verständigung unbedingt erforderlich. Also lies, Zenon. Du hast doch Zeit, nicht wahr? Als geborener Eleat hältst du es wohl bequem vier Wochen auf einem Studiersitz aus."

„Wenn es allein darauf ankäme, vier Monate meinetwegen."

„Um so besser. Und wenn du dort fertig bist, wollen wir dir die Experimente vorführen. Da sollst du dein Wunder und — modern gesagt — deinen Tag von Damaskus erleben!"

*

Nach geraumer Zeit erhob sich Zenon, mit einer gelinden Versteifung in den Gliedern, die erst wich, als er die Länge des Raumes hundertmal nachdenklich durchmessen hatte.

Dann blieb er vor dem Ultramikroskop stehen und blickte hindurch.

„Das sind die sogenannten Brownschen Bewegungen in einer milchigen Flüssigkeit; kannst du die verfolgen, Zenon?" fragte Epikur.

„Ich sehe allerdings ein Chaos wirbelnder Körperchen. Sie schlängeln sich zu Tausenden, zucken blitzartig hin und her, verändern regellos die Richtung wie die Stäubchen im Sonnenstrahle. Es sind offenbar sehr kleine Teile der Substanz in gestörtem Gleichgewicht. Und nun wollt ihr behaupten, daß dies die Atome seien, die unteilbaren letzten Dinge der Wirklichkeit?"

Lukrez erläuterte: „Nicht eigentlich die Atome, sondern die Moleküle, deren jedes eine endliche Gruppe von Atomen darstellt. Die Hauptsache ist, daß diese Moleküle nunmehr aus der Welt des unendlich Kleinen emportauchen in die augenfällige Sichtbarkeit. Unsere Ahnung wird hier sinnlich bewahrheitet. Der Schleier, den die Natur selbst vor den Menschenblick spannte, verbrennt im Strahle des Mikroskops, und der Urgrund wird offenbar, genau wie wir alten Atomisten ihn vorausgesagt hatten."

Zenon: „Du verstehst dich bereits zu einer Einschränkung: das Atom entgeht euch noch, allein das Molekül habt ihr bereits leibhaftig erfaßt und könnt es aus der Flüssigkeit herausfischen."

Lukrez: „Der Ausdruck trifft die Sache. Wir fischen heraus, wenn auch nicht mit der Angel, so doch mit dem Auge. Tatsächlich besitzen diese Dingerchen Haken und Ösen, als klammernde Organe, die ineinander eingreifen, wie ich selbst, weit vorausschauend, im zweiten Buch meines berühmten Werkes de natura rerum verkündete:

„Leicht erkennt man daraus, was lieblich die Sinne be=
rühret,
Müßt' aus glatten bestehn und rundlichen Körpern des
Urstoffs,
Während hingegen was bitter und streng den Sinnen zu=
wider,
Mehr sich verbindet in sich durch hakenförmige Kör=
per."

Zenon: „Sage, Lukrez, du willst also wirklich durch dein Mikroskop in diesem Gewimmel Haken und Ösen erkennen?"

Lukrez: „Das war doch nur bildlich gesprochen. Und ebenso bildlich war es gemeint, wenn ich behauptete, daß wir die Moleküle wirklich sähen. Eigentlich sind es nicht so= wohl die Moleküle, als vielmehr gewisse äußerst winzige harzige Teilchen, Emulsionskügelchen, deren Existenz uns das Vergrößerungsglas verrät. Sie sind groß genug, um durch die Stöße der Moleküle in lebhafte Bewegung zu ge= raten. Das Weitere ist dann Sache einer äußerst verwickel= ten, aber doch trefflicheren Berechnung."

Zenon: „Mit anderen Worten: das thema probandum wird schon wieder preisgegeben, kaum daß es aufgestellt war. Ihr habt nur eine neue Schwierigkeit konstruiert und unterschiebt ihr eine andere Schwierigkeit in der Hoffnung, daß aus dem Zusammenprall beider Schwierigkeiten das große X, euer fabelhaftes Atom, herausspringen werde. Ihr könnt weder das Atom noch das Molekül nachweisen, son= dern ihr schließt aus einem rätselhaften Kugeltanz auf ein primum, auf ein primissimum agens nach der Denkscha= blone: klein, kleiner, am kleinsten. Als ob das Allerkleinste, das ihr erreichen könnt, nicht immer noch ein Fragezeichen hinter sich hätte so groß wie das ganze Universum!"

Demokrit: „Und doch gibt es keine andere Methode, um der Wahrheit näher zu kommen; deinem riesigen Fragezeichen droht eine Antwort von gleicher kosmischer Größe. Die Methode besteht darin, die Wahrheit zu überlisten, wenn wir sie nicht auf geradem Wege überwältigen können. Laß dir das erklären, Zenon: Diese Kügelchen, die wir in den Bannkreis des Lichtes zwingen, sind tatsächlich die Verräter der Ursubstanzen geworden, die wir suchten; so wie ein schaukelndes Schiff am Horizont die Meereswellen verrät, die wir aus so weiter Entfernung nicht mehr wahrnehmen können. Oder noch besser so zu verstehen: wir zeigen dir durch das Fernglas den Tanz der Monde um einen Planeten; da hast du zunächst den Eindruck einer grobsinnlichen Erscheinung. Aber hinter ihr versteckt sich das Walten des feinsten Fluidums. Durch eine Kette scharfsinnigster Überlegungen beweisen wir dir, daß hier der Tanz das Äußerliche ist, das Innerliche indes die kleine Lichtschwingung, von der Millionen auf den Meter und Billionen auf die Sekunde entfallen. Solche Ziffern geben das Maß für den Fortschritt der Erkenntnis. Hier nun stehen die Lichtschwingungen in lehrhafter Parallele mit den Molekülen. Mit der Zange zu greifen sind weder die einen noch die anderen. Aber zu errechnen, graphisch abzubilden sind sie genau. Und wir haben sie errechnet. Wenn ich „wir" sage, so meine ich damit die Atomisten überhaupt. Wir fühlen uns wesenseins mit denen, die nach uns kamen, mit den Genies: Gassendi, Avogadro, Fechner, Mendjelejew, Becquerel, Curie, Vant' Hoff, Planck, Perrin, Einstein, Langevin, deren Forschungen wir überprüft haben."

Epikur: „Mit dem Ergebnis, wie gesagt: es stimmt!"

Zenon: „Die Freude steht dir gut zu Gesicht, Epikur;

du haſt offenbar von der Tafel der Erkenntniſſe ein beſonders ſaftiges Schlemmerſtück genoſſen."

Epikur: „Ein pythagoreiſches Stück: Das Weſen der Dinge iſt die Zahl, das Weſen der Urdinge die gewaltige Potenzenzahl. Exakt geſprochen: Die Zahl der Moleküle in einem einzigen Liter Gas beträgt dreimal zehn zur zweiundzwanzigſten Potenz; eine mit dreiundzwanzig arabiſchen Ziffern zu ſchreibende Zahl, die ſich hoch in die Trilliarden erſtreckt..."

Zenon: „... Und von der ihr euch ebenſowenig irgendein Bild machen könnt wie ich. Eure Phantaſie entzündet ſich an der Billion, an der Trillion, an der Trilliarde; ſie wird getäuſcht, indem ſie an einer vorgeblichen Exaktheit emporklettert, die in Wirklichkeit nichts anderes iſt als ein Sprachungeheuer. Dem Papier, das die Notiz trägt, bedeutet die klar ausgeſchriebene Potenz einen Triumph, eurem Blick eine Augenweide, — dem Verſtand iſt die raſſelnde Zahl lediglich eine Beſchämung, beſtenfalls eine Umſchreibung für ſehr viel, unvorſtellbar viel, alſo eine Tautologie dafür, daß wir nach der Zahl nicht um ein Haar klüger ſind als vor ihr."

Lukrez: „Ich finde, du tuſt der Zahl unrecht. Zum mindeſten hat ſie etwas Berauſchendes, ſie öffnet Weiten und Horizonte, in die man vorher noch nicht geblickt hat. In ihrer Unvorſtellbarkeit ruht ihr geheimer Reiz, und wie wir zuerſt die Natur überliſteten, ſo beſchleichen wir nunmehr die Zahl, um ihren Reiz ſinnlich zu erfaſſen; wie ein Verliebter das Haupthaar ſeines Mädchens durch die Finger laufen läßt als eine Vielheit, deren numeriſcher Zauber ſich ihm in einer Entzückung offenbart. Wir ſtellen uns zum Beiſpiel vor, jener Liter ſei leer, ein vollkommenes Vakuum. Durch eine feine Stichöffnung in der Wand laſſen wir die Luft in das Innere streichen mit dem Auftrag, pro Sekunde zehn Millionen Moleküle in das Innere zu befördern. Wie lange meinst du wohl, Zenon, brauchte die Luft, um den Liter wiederum bis zum ursprünglichen Gasdruck zu füllen?"

Zenon: „Ich bin überzeugt davon, das wird sehr lange währen. Wenn ich dir einen besonderen Gefallen damit erweise, sage ich: ein Menschenalter."

Lukrez: „Weit gefehlt! Hundert Millionen Jahre würde das dauern, nicht einen Tag weniger! Auch das ist unvorstellbar, aber es liefert doch eine anschauliche Ahnung."

Zenon: „Mein Experiment wäre einfacher. Ich erteile der Luft den Auftrag, etliche Trillionen Moleküle pro Sekunde durch die Stichöffnung zu schaufeln, und siehe da, sie leistet das Kunststück in wenigen Minuten. So oder so: Die Trillionen wirst du nicht los, willst sie ja auch gar nicht loswerden. Im Gegenteil, sie machen dich glücklich. Und noch glücklicher wärst du, wenn du noch etliche Nullen anheften und dich bis in die Quadrillionen versteigen könntest."

Lukrez: „Du hast es getroffen, Zenon, und ich kann dir die erfreuliche Mitteilung machen, daß es des Wunsches nicht mehr bedarf, da bereits die Erfüllung vorliegt. Wenn wir nämlich vom Urgrund zum Ururgrund vorschreiten, also vom Molekül zum Atom, so ermitteln wir die Masse des Wasserstoffatoms als eine Größe, die ungefähr dem quadrillionsten Teil eines Grammes entspricht."

Zenon: „Nimm meine herzlichste Gratulation entgegen! Warum sollte ich dir deine Zahlenorgien mißgönnen? Du betreibst sie in deiner Weise so aufrichtig wie jene Romanen, die ihre berittenen Truppen vervielfältigen, indem sie nicht

die Reiter, sondern die Gliedmaßen zählen und einen Kriegs=
haufen nicht auf hundert Mann, sondern auf sechshundert
Beine beziffern, Soldaten= und Pferdebeine imposant zu=
sammengezählt. Freilich sind diese Romanen Stümper gegen
dich, und ihre Einheiten, methodologisch genommen, Kinder=
spielereien gegen deine. Ich gebe ohne weiteres zu, daß eure
Divisoren und Multiplikatoren erschütternd auf mich wir=
ken."

Lukrez: „Ironie, Heftigkeit und Irrtum sind uns eine
gewohnte Trias. In Wahrheit überrumpelt die Größe un=
serer Zahlen nicht sowohl die Vorstellungskraft, als viel=
mehr einen alten Denkfehler, nämlich den, daß von der Quan=
tität keine Denkbrücke zur Qualität führe. Was sich äußer=
lich als eine Zahlenschwelgerei darstellt, umschließt im Kern
eine höchstbezifferte Wahrscheinlichkeit, und in dieser hohen
Wahrscheinlichkeit erkennen wir das arithmetische Gesicht der
Wahrheit. Wir schließen tatsächlich von der Masse auf die
Eigenschaft, und mit der wachsenden Zahl verengert sich die
Fehlergrenze auch für das qualitative Erfassen."

Zenon: „Vermöge eines Prinzipes, das euch immer wie=
der verlockt, einen Denkfehler zu eliminieren, indem ihr einen
zweiten, noch unerkannten, rechnungsmäßig einschmuggelt,
und so fort, ohne aufzuhören."

Lukrez: „Es hört auf. Die Fehler tilgen sich gegenseitig,
und aus dem regressus wird ein progressus in infinitum.
Wir ziehen die Maschen eng und enger, bis aller Zweifel ge=
fangen ist und die absolute Sicherheit hindurchfiltriert. Und
selbst wo wir hypothetische Gerüste errichten, entwickeln sich
hinter ihnen die herrlichsten der Ewigkeit trotzenden Fassaden.
Nimm das Atom für eine Hypothese, das Atomgewicht, das
Verhältnis der Moleküle wiederum als Hypothesen, so bre=

chen wir sie als Hilfskonstruktionen eines Tages ab und zeigen dir den Wunderbau des periodischen Systems der Elemente, der allen Erfahrungen standhält. Mehr als das: Von der Zinne dieses Systems, wie es Mendjelejew entwickelt hat, beherrschen wir die Zukunft der Wissenschaft. Die Atome können wir nicht sehen, aber ihre Eigenschaften voraussagen in Elementen, die noch kein Forscher dargestellt hat, das können wir! Die spätere Erfahrung muß genau das liefern, was die frühere Induktion als zwingend und notwendig vorgebaut hatte. Und sie liefert es wirklich. Es ist so, als ob die Wirklichkeit auf den Befehl des Atompropheten wartete. Der Stein der Weisen ist längst überholt. Er hätte bestenfalls etwas dargestellt, was man schon kannte, das Gold. Wir beschließen theoretisch Metalle, wie das Thallium, Skandium, Germanium, wir verkünden vor der Existenz irgendeiner Probe alle Qualitäten, und später kommt die Wirklichkeit nachgehinkt und bringt die vorausbeschlossenen Elemente Thallium, Skandium, Germanium. Wo in aller Metaphysik hast du ähnliches erlebt? Wo hast du erlebt, daß der Theoretiker erfand, was der Praktiker nachher entdeckte? Aus einer scheinbaren Unmöglichkeit heraus, aus dem Atom, erwachsen hier kristallisch alle Unerschütterlichkeiten der Folgezeiten. Vor unseren Atomrechnungen kapituliert die Natur selbst."

Zenon: „Wenn dir an meinem Staunen gelegen ist — habeas! Du entwickelst mir Phaethonflüge, denen gegenüber ich bekennen muß: ihr fliegt oben, ich stehe unten. Ich müßte nicht aus Elea, sondern aus Böotien sein, wenn ich leugnen wollte, daß aller Glanz der Erscheinung sich an eure Bewegung heftet, während tiefer Schatten meinen Standpunkt bedeckt. Nur daß ich sicherer unten stehe, als ihr oben fliegt;

und daß eine einzige große Erfahrung euch wie der Blitz=
schlag des Zeus aus allen Himmeln schleudern kann. Einst=
weilen fahrt ihr ja noch am Himmelsbogen, verblüfft über
euer eigenes Gelingen, und ihr glaubt den Weg zu meistern,
weil eure Sonnenrosse noch galoppieren. Aber das unheil=
volle Gespenst, das euch bereits die Zügel aus der Hand
gewunden hat, das seht und ahnt ihr nicht. Es ist das Ge=
spenst des Widerspruchs. In allen euren Verkündigungen
steckt die These und die Antithese, das Ding an sich und
dessen Gegenteil: nämlich das Atom, atomos, das unteilbare
Letzte, daß ihr trotzdem wieder teilen müßt, um zu seinen
Eigenschaften vorzubringen. Ein Punkt hat keine Eigenschaf=
ten. In dem Moment, da ihr von Qualitäten, von dinglichen
Beziehungen, von Wirkungen redet, zerspaltet ihr den Punkt
im Körper, während die ganze Beweisführung darauf ange=
legt war, den Körper in Punkte zu zerlegen; zwei Opera=
tionen, von denen jede für sich nur mit Spitzfindigkeit durch=
zudenken, die aber in ihrer Vereinigung eine blanke Sinn=
losigkeit ergeben. Und der Logos wird sich rächen an denen,
welche die Logik vergewaltigen."

Demokrit: „Dazu hätte er schon reichlich Zeit gehabt
von meiner ersten Ansage bis zu Gassendi, von Gassendi bis
zu Fechner, von Fechner bis zu Ramsay. Aber was hat er
getan? Er hat immer nur bestätigt, der scheinbaren Antino=
mie immer neue Stützen geliefert. Auf wieviel verschiedenen
Wegen sind wir dem Atom zu Leibe gegangen, um jedes=
mal auf dieselbe Größenordnung zu stoßen! Gänzlich un=
abhängig, durchaus getrennt in Raum, Zeit und Motivation,
kamen die Zeugnisse von den Brownschen Bewegungen, von
der Spektralanalyse, von der Opaleszenz, von der Elektrizi=
tät, vom Radium und Helium, von der Energiestrahlung,

und alle Zeugnisse trafen in ein und derselben Trilliardenhöhe zusammen."

Leucipp: „Dreizehn verschiedene Methoden wurden beschritten, und dreizehnmal mit derselben Evidenz sprang dieselbe überwältigende Zahl heraus: die Avogadro=Konstante, die über Größe und Gewicht der Moleküle Aufschluß gibt*). So ward die Wahrscheinlichkeit zur Gewißheit erhöht. Die logische Prognose, daß Cajus sterben muß, weil alle Menschen vor ihm starben, ist eine lockere Konjektur gegen die Sicherheit dieser Avogadrozahl."

Lukrez: „Und in ihrer unfaßbaren Größe ruht zugleich ihre Majestät. Was dem von brüllenden Ziffern erschreckten Gemüte als Phantasma erscheint, ist nur der Ausdruck ihrer souveränen Macht und Geltung. Die Zahl in ihrer wuchtigen Größe entspricht der Weite der Schatzkammer, die das Geheimnis der Substanz umschließt; das Molekül auf der Grenze zwischen Körper und Nichts gibt den Maßstab für die Feinheit unserer Konstruktionen. Ihre Verschmelzung legt uns zur Eröffnung jener Schatzkammer den Schlüssel in die Hand. Wir berechnen die innere Struktur der Sub=

---

*) Zum Vergleich seien empfohlen: Jean Perrin: „Die Atome" (deutsche Ausgabe von Lottermoser im Verlage von Steinkopf, Dresden und Leipzig). — A. von Antropoff: „Die chemischen Elemente und Atome im Lichte alter und neuer Forschung" (Vorträge aus der Baltischen Literarischen Gesellschaft, Riga). — Ferner: Van't Hoff: „Die Lagerung der Atome im Raume"(Verlag Vieweg, Braunschweig).— K. Laßwitz: „Atomistik und Kritizismus" (ebenda). — Fritz Mauthner: „Artikel Atom im Wörterbuch der Philosophie" (Georg Müller). H. Vaihinger: „Die Atomistik als Fiktion", in dem Werk „Die Philosophie des Als Ob". — Fechner: „Atomenlehre." — Emanuel Lasker: „Atomstudien" in „Das Begreifen der Welt."

stanzen weit über jede Leistungsfähigkeit des Mikroskopes hinweg; wir zerfällen die Elemente und lassen eines aus dem anderen hervorgehen; wir ermitteln substantielle, atomistische Kernpunkte in den Energien; wir zerstören die alte Mechanik und bauen eine neue Kausalerkenntnis über dem Relativitätsprinzip; wir zwingen die Zeit in die Dimensionen des Raumes; grundstürzend und grundlegend gehen wir vor, wir Atomisten."

Zenon: „Und merkwürdig genug, trotz aller dieser Anstrengungen spart ihr dabei noch Energie. Die schichtet ihr empor zu ungeheuren Stapeln, die faßt ihr in Sammelbecken, aus denen ihr die Welt speist. Nur daß die Rechnung nicht stimmt. Denn das letzte Ziel bleibt unweigerlich ein technisches Werk mit der letzten Aussicht auf einen neuen Geschwindigkeitsrekord, den ihr für einen Glücksrekord nehmt. Indem ihr Substanz und Kraft in Elektronen zerrechnet, mit der Absicht, die Natur zu überlisten, werdet ihr nicht gewahr, daß dabei eo ipso die gegenteilige Wirkung eintritt: die Natur überlistet euch! Sie schiebt euch Trillionen von Rechenpfennigen zu, und ihr bucht sie als bare Münze. Immer wieder reitet ihr euer Paradepferd, die Konstanz der Energie, und übersehet dabei, daß auch Menschheitsglück eine Energie ist, die nicht gleichzeitig erhöht, verbreitert und vertieft werden kann."

Epikur: „Ein Sophisma, Zeno! In diesem Zusammenhange dürftest du nicht von Glück, sondern müßtest von Kultur sprechen."

Zenon: „Und wenn ich nach eurem Rezept die Kultur analysiere und nicht auf Glücksmoleküle stoße, wozu dann die ganze Arbeit? Aber halten wir uns für den Augenblick nicht an Werte, sondern an Worte, reden wir von der Kultur:

Ist der Lebende, weil er drahtlos telegraphiert, kultivierter, als es mein Lehrer Parmenides war? kultivierter als Plato? kultivierter als du selbst, Epikur, der du in deinem Garten zu Athen soviel Strahlen der Einsicht und Lust in einem Brennpunkt zu fangen wußtest?"

Epikur: „Heut weiß ich dennoch, was mir damals im epikureischen Garten fehlte: die Kunst, Erkenntnisse in Schöpfungen zu verwandeln. Das war der Neuzeit vorbehalten; indem sie erkennt, bewältigt sie, schafft sie. Ich ahnte im Atomismus nur die fernen Linien der Forschung, nicht deren Werke, die den Menschen zum Herrn der Energien macht."

Zenon: „Und wiederum sage ich dir: Es stimmt nicht! In unzähligen Fällen ging das Werk vorauf, die Theorie folgte: Heron von Alexandrien konstruierte die erste Dampfmaschine, ohne von dem Bombardement der Gasmoleküle gegen die umschließenden Wände eine Ahnung zu haben. Der Kompaß, die Elektrisiermaschine wurden erfunden, als der Begriff des magnetischen Feldes, der Kraftlinie, des elektrischen Potentials noch nicht existierten. Die selbsttätige Dampfsteuerung war das Werk eines britischen Kindes, das sich mit dieser Erfindung nur die Langeweile vom Halse schaffen, aber nicht den Weg von der Erkenntnis zur Energiebewältigung finden wollte. Der Erbauer des ersten Fernrohrs wußte nichts von Billionenschwingungen des Lichtäthers, die galvanischen Werke erwuchsen nicht als Blüte aus erkannten Gesetzen, sondern aus einem doppelten Zufall unter Assistenz toter Frösche. Im Grunde kommt es aber auch nicht darauf an, in welche Praxis die Erkenntnisse münden, sondern ob sie uns dem Weltgeist näherbringen. Das eben leugne ich gegenüber der atomistischen Kleinarbeit, die im

Exakten nur wiederholt, was uns im Groben die Danaiden schon vorgemacht haben. Als ich vorhin in deinen Büchern blätterte, Lukrez, stieß ich auf den Atomisten Thompson und auf sein Wort: Die Annahme der Atome kann keine Eigenschaft der Körper erklären, die man nicht vorher den Atomen selbst beigelegt hat. Eure Feinmechanik durchläuft also einen circulus vitiosus. Jedes Atom repetiert die Unerklärlichkeit der ganzen Welt, jede hohe Zahl potenziert deren Rätsel, jede Helligkeit interferiert mit anderer Helligkeit und erzeugt eine Finsternis. Zugegeben, daß ihr die Oberfläche des positiven Wissens vergrößert, so wächst damit nur die Oberfläche des Unbekannten, denn beide berühren sich und sind identisch. Wie ich schon in Elea verkündete und Pascal nach mir sehr treffend weitersagte."

Damit verließ Zenon das Laboratorium und wanderte hinaus in die asphodelische Wiese, wo zahllose Taumoleküle in den Gräsern irisierten. Und er empfand sie deutlich als zahllos, hielt es aber für unerheblich festzustellen, ob es sich um Tausende oder um Trillionen handelte.

Die entlarvte Natur

Ein Forscher bereitet zu besonderem Zweck einen Aufguß über gewissen Pflanzenfasern. Nach etlichen Tagen entwickelt sich in der Flüssigkeit ein munter bewegtes, nur in starker Vergrößerung erkennbares Völkchen von Infusorien. Sie scheinen im allgemeinen mit ihrem Dasein zufrieden, nur ein besonders gescheites Wimpertierchen nimmt sich eine Kritik heraus und teilt sie seinen Artgenossen mit: in dem Tropfen sei es zu eng, die Nahrungsverhältnisse ließen zu wünschen übrig, ja ihr eigener Bau mit Häutchen, Wimpern und Geißeln sei eigentlich als verfehlt zu betrachten. Und rückschließend auf die Entstehungsursache kommt der winzige Kritiker zu der Folgerung: da seien gewiß grobe Fehler vorgefallen; und er selbst, der zwerghafte Wimperträger, hätte das alles viel besser gemacht.

Der Vorgang ist unmöglich. Auch das klügste Infusionstierchen findet keinen Gedankenweg von sich zu dem Forscher, der den Aufguß bereitete, zu den Absichten, die ihn leiteten, zu den Entwicklungstatsachen, mit denen er rechnete. Das denkende und kritisierende Infusorium ist ein Unding. Oder doch nicht?? wäre es vielleicht nur ein verkleinertes Abbild des Forschers selbst, der jene Phantasie belächelt und nachher in seiner Vorlesung genau die nämlichen Denkwege einschlägt?

Ja, dieser Forscher begibt sich in den Hörsaal und erörtert dort die Absichten der Natur. Er vergleicht sie mit seinen eigenen und entdeckt Fehler in dem Schöpfungsplan, besonders im Aufbau der Organismen. Er weist nach, wo sie fehlgegriffen und wie man das und jenes hätte besser, folgerichtiger, zweckentsprechender machen können. Das von ihm gern gebrauchte Wort „Allmeisterin" erhält einen ironischen Nebenton. Denn diese Allmeisterin hat Vorschriften des Geschehens aufgestellt, Naturgesetze, die unter der Sonde des Menschenverstandes sozusagen sittliche Schwächen verraten. Der Dozent geht noch weiter: er spricht geradezu von Untugenden der Natur und weist deren Vorhandensein mit erstaunlichem Scharfsinn nach.

Er kann sich dabei auf berühmte Vorgänger berufen, wenn man nämlich den Wortlaut der Großen gelten läßt, die mit der Natur nicht einverstanden waren und sich mit ihr scharf auseinandersetzten. An ihrer Spitze steht der Gewaltigsten einer, vielleicht der größte in der Zusammenfassung naturwissenschaftlicher und philosophischer Erkenntnis: Hermann Helmholtz. Ob er es genau so anthropomorphisch, vermenschlichend, meinte, wie er es sagte, bleibe einstweilen außer Betracht. Aber gesagt hat er es, und sein Wort beansprucht den Wert eines geschichtlichen Urteilsspruchs.

Er erging gegen die Natur als Verfertigerin des menschlichen Auges. Helmholtz leugnete nicht gewisse bewunderungswürdige Eigenschaften dieses Organs, aber heftig bemängelte er den Umstand, daß bezüglich der Hornhaut und Kristallinse keine richtige Zentrierung stattfindet. Und er erklärte: brächte mir ein Mechaniker ein Instrument so voller Fehler und unnötiger Erschwerungen, so würde ich ihm die Tür weisen! Also ein Rüffel in stärkster Form.

Hiernach hat also die Natur entweder nicht genügend Optik studiert, oder sie hat das Studierte nicht recht begriffen, oder sie verfuhr mit unzureichender Geschicklichkeit; falls nicht noch ärgere Sünden im Spiele sind. Denn schließlich hat doch die Mechanikerin Natur als Voraussetzung ihrer Arbeit die ganze Weltmechanik geschaffen, und diese stützt sich auf einen Satz, den Galilei 1638 entdeckt hat: auf das „**Trägheitsgesetz**". Wie schlau! Sie verordnet als durchgreifendes Leitmotiv eine Untugend und nimmt sie für ihre eigenen Gestaltungen in Anspruch. Jenes Gesetz, — auch das ist gesagt worden, — bedeutet nichts anderes als den Deckmantel für jede flüchtige Arbeit in der Weltwerkstatt: Die Natur ist träge, sie scheut die Arbeit, sie gibt sich nicht genug Mühe bei ihren Herstellungen.

Das angeblich verstümperte Auge soll nur einen besonders sinnfälligen Beweis darbieten. Aber auch andere Organe liefern den Anlaß zu trübseligen Wahrnehmungen. Vor allem: die Natur überprüft nicht, was sie einmal gemacht hat, sie erneuert nicht das Erneuerungsbedürftige, verbessert keine Schäden. Wegen dieses Verhaltens hat ihr Metschnikow vom Pasteur-Institut, Mitschöpfer der organischen Immunitätslehre, tüchtig die Leviten gelesen:

Wenn man alten Hausrat übernimmt, so findet man unter noch brauchbaren auch unnütze und sogar gefährliche Stücke; z. B. wir benützen elektrisches Licht und erben eine Lichtputzschere. Der Mensch hat Organe geerbt, die solchen Möbeln gleichen. „**Der Blinddarm ist die Lichtputzschere.**" Die Natur will nicht einsehen, daß sie uns damit nur eine böse Last aufpackt. Sie erschafft immer wieder, aus bloßer überlebter Routine, das völlig zwecklose und störende Organ, das wir, wenn es nur irgend geht, herausschneiden und fortwerfen sollten. Ebenso liegt es beim Dickdarm. Da dieser nicht nur zu nichts dient, sondern täglich ungefähr 120 Billionen Bakterien ernährt, wird er als Mikrobenschützer zum Herd vieler ernster Krankheiten.

Sogar den Magen hielt Metschnikow für das Ergebnis einer Pfuscherarbeit, wenigstens insofern, als auch in ihm die Trägheit und abgestandene Routine fortwirke. „Die Natur will nicht einsehen..." sagte der Gelehrte und überließ es seinen Hörern, die Folgerung auf Unklugheit oder bösen Willen zu ziehen; vielleicht auf beides. Der Professor als Staatsanwalt betont die Tatschuld und läßt die Ausrede auf das Trägheitsgesetz höchstens als mildernden Umstand gelten. Die Natur hätte eben einsehen müssen, was ihm, dem hellsichtigen Metschnikow, so klar vor Augen lag.

Zweifellos hatte die Natur im Anbeginn die Wahl zwischen verschiedenen Arbeitsmethoden. Deren Ergebnis, die wirkliche Welt, ist nach Leibniz die beste unter allen möglichen; Schopenhauer ergänzt: aber immer noch schlechter als gar keine. Der uns zeitlich näherstehende Forscher verfährt radikaler. Er greift bestimmte Organe heraus und erklärt: der wirkliche Dünn= und Dickdarm ist sogar schon der schlechteste unter allen möglichen Därmen.

Und da öffnet sich obendrein noch eine höchst bedenkliche Gegenrechnung. Sie entspringt dem Bewußtsein von den fehlenden Organen. Wie? die Natur hat uns hinausgestellt in ihr Erschaffenes, um dessen Botschaften zu vernehmen, und sie versagte uns hierfür die notwendigsten Mittel und Organe? In unendlichen Schwingungen umgibt uns diese elektro=magnetische Welt, und wir können sie nur auf mühevollsten Umwegen errechnen, erahnen, in unkenntlichen Verkleidungen den mangelhaften Sinnen zuführen, aber nie=

mals in ihrer Urform spüren! Unser auf Optik eingestelltes Auge ist ein blindes Werkzeug im Verhältnis zu dem elektrischen Auge, das uns die Natur verweigerte, unser Ohr ist taub, unser Tastsinn stumpf in dieser elektrischen Unendlichkeit; in ihr sollen wir uns zurechtfinden wie ein in den Himalaja verschlagener Wanderer, der als Wegweiser ein Handbuch vom Thüringer Gebirge mitbekommen hat. Welche unzweckmäßige Knauserei! Niederen Tieren, wie dem Zitterrochen, dem Nilwels, ja sogar dem leblosen Magneteisen ward dieser Sinn zur Orientierung verliehen; und der Mensch braucht den ungeheuren Weg von den altägyptischen Weisen bis zu Guericke und Volta, um sich nur einen kümmerlichen Stecken zur tölpelnden Vorwärtstastung zurechtzuschnitzen!

Also käme auch der Geiz auf die Liste der Natursünden, und dicht darunter die sinnlose Verschwendung, in Keimen, in Räumen, in ungenützten Kräften. Beide zusammen ergeben eine bis zur Spitze getriebene, in allen logischen Zickzacksprüngen taumelnde Inkonsequenz der Natur, die man ja auch schon aus ihrem ureigenen Gesetze ableiten kann. Sie erfand die kürzeste Linie, angeblich als Regel für die Vollziehung größter Aufgaben mit dem kleinsten Kraftaufwand und wurde dafür von Fermat, Maupertuis, Euler irrtümlicherweise belobt; und daneben erfand sie die längste Linie, das Prinzip des größten Umweges, in der Züchtung aller Organismen. Denn wenn nach der Selektionslehre immer nur das passendste Wesen übrig bleibt, und wenn dabei keine einzige Entwicklung ihren Abschluß fand, so beweist das doch nur, daß bisher noch kein einziges Exemplar richtig in die Welt gepaßt hat, daß der Natur bisher alles ohne Ausnahme mißglückt ist. Ob Art, ob Einzelwesen, ob Organ, gleichviel; die Natur hantiert an ihnen mit Geiz, Verschwendung, Grausamkeit, Trägheit und Überstürzung, zeigt immer an einem Prinzip, daß das andere nicht standhält. Millionen von Jahren hat sie verbraucht, um aus einem Pigmentfleck ihr Paradestück, das Auge, zu entwickeln; ein Fehlerwerk, das Helmholtz' Mechaniker in ernste Unannehmlichkeiten mit seinem Auftraggeber verwickelt hätte.

Das Register mit seinen Bekräftigungen könnte über hundert Seiten weit fortgeführt werden. Aber wer ein Buch daraus machen will, vergesse nicht, das letzte Kapitel an den Eingang anzuknüpfen: an das Aufgußtierchen, das sich über den Aufguß beklagt. Denn über den Zirkelschluß gelangen wir nicht hinaus. Sind die Werke verfehlt, so ist es auch der Vernunftmaßstab, den wir in uns vorfinden, und jene erscheinen so, weil wir sie mit einem irreführenden Werkzeug messen. Es bleibt der Sprung über den eigenen Schatten, wenn der Forscher im Unbegreiflichen Vollkommenheiten oder Mängel sucht; nichts anderes ist da zu erspringen, als die Unvollkommenheit des Forschenden. Keiner zuvor und Keiner nachher hat das so kurz und schlagend ausgesprochen wie Goethe mit seinem weltumspannenden Satze: „Der Mensch begreift niemals, wie anthropomorphisch er ist!"

Das Glück in mathematischer Beleuchtung

"Lerne nur das Glück ergreifen, denn das Glück ist immer da!" — Bei aller Wertschätzung Goethescher Lebensweisheit kam mir dieser Befehl in jener Stunde ziemlich läppisch vor. Denn ich hatte soeben wieder einmal gründlich am Glück vorbeioperiert, wie das so in Monte Carlo ehedem zu meinen Lebensgewohnheiten gehörte. Das Glück ist immer da — zweifellos! Es liegt immer auf einer Farbe und auf einer Nummer, und es läßt sich auch ergreifen, wenn man gerade richtig herauskommt. Aber gelernt kann das nicht werden, nicht mit Ausdauer, Talent und Fleiß, von keinem Manne wenigstens, denn dieses Gelernthaben bleibt das vorbehaltene Recht einer Frau, der Madame la Banque, in deren Aktivposten sich meine Einsätze mit schöner Regelmäßigkeit in Dividenden verwandelten.

Vor dem Café de Paris saß ich einst in der warmen Wintersonne und dachte der letzten Serien, die für mich so seriös verlaufen sollten. Es sitzen dort wenige, die nicht an Glück und Unglück denken. "Höchstes Glück der Erdenkinder ist nur die Persönlichkeit!" Wieder so eine liebe Goethesentenz, mit der in Monte Carlo nicht das leiseste anzufangen ist. Also an meiner Persönlichkeit soll ich mich in dieser Stunde der Zerschmetterung erfreuen, an meiner pechbehafteten, immer daneben ratenden, total ausgebeuteten Persönlichkeit. Und gleich im Superlativ als am „höchsten" Glück! Während dieses sich doch ganz klar auf der verdammten Nummer 32 etabliert hatte, die im Laufe einer Stunde achtmal herausgekommen war. Hätte da nur meine Persönlichkeit draufgesessen! Nein, definitiv, davon hat Goethe nichts verstanden, eher schon der Schubertsche Wandersmann: „Da wo du nicht bist," auf dem numéro en plein, wo du nicht setzt, da ist das Glück!

Am nämlichen Tisch nahm ein älterer Herr Platz, der mit seiner gänzlich unmodischen Kleidung nicht recht in diesen Lebenskreis zu passen schien. Mein Name ist Bernoulli, sagte er, und da Sie mich als gebildeter Mensch vermutlich sogleich fragen werden, ob ich mit der berühmten Gelehrtenfamilie gleichen Namens zusammenhänge, so ergänze ich: Daniel Bernoulli, geboren 1700, der glänzendste Vertreter der Bernoullischen Dynastie, sozusagen der gefeiertste Mathematiker meiner Zeit, zehnmal mit dem Preis der Pariser Akademie gekrönt.

Ich hätte nun eigentlich über diesen Anachronismus staunen müssen. Allein man wundert sich nicht an der Riviera. Das Abenteuerliche ist ja hier die Regel. Eine lückenlose Folge von zweiundzwanzig Rouges erscheint im ersten Anblick unwahrscheinlicher als das Auftauchen eines Menschen aus dem achtzehnten Jahrhundert. Wer, wie ich, eine solche unmögliche Serie leibhaftig erlebt hat, der behält keinen Sinn für andere Überraschungen übrig. Ich wunderte mich also nicht im geringsten, sondern fragte einfach: Spielen Sie?

Gewiß spiele ich, antwortete Bernoulli. Ich spiele mit dem Einsatz mathematischer Methoden und gewinne dabei

Überzeugungen, die sich von denen der Mitwelt sehr erheblich unterscheiden. Ich berechne das menschliche Glück und füge hinzu, daß alle Glückswertungen außer der meinigen falsch sind und an einem bösartigen Denkfehler leiden.

Ach, Herr Bernoulli, entgegnete ich, ich weiß, worauf Sie hinaus wollen und möchte Sie bitten, sich nicht zu bemühen. Alle diese Wahrscheinlichkeitsrechnungen sind für mich olle Kamellen. Sie werden mir beweisen wollen, daß kein System standhält, daß die Bank durch das Zéro der Roulette und durch das Refait des Trente et Quarante ein Übergewicht besitzt, das sich mit dem Zwang der großen Zahl unter allen Umständen durchsetzt. Das sind papierene Weisheiten, die theoretisch feststehen mögen, aber vor der Praxis ihren Sinn verlieren. Ich zum Beispiel kann jeder Wahrscheinlichkeit zuwider überhaupt niemals irgend etwas gewinnen. Und durch keinen Beweis können Sie die Möglichkeit aus der Welt schaffen, daß ein Glückspilz mit einer Patrone von fünf Francs die vierzig Millionen der Bank in die Luft sprengt. Er braucht nur soviel Glück zu entwickeln wie ich Pech, dann stößt er sich auch nicht mehr an der Grenze des Maximums; denn Zufall ist alles.

Bernoulli: Wir reden aneinander vorbei. Sie berühren da Dinge, die in das Gebiet der unwahrscheinlichen Wahrscheinlichkeiten fallen, während meine Theorie prinzipiell ganz anders gerichtet ist und das Glück an der Wurzel erfaßt. Stellen Sie sich einmal vor, das Zéro wäre gar nicht vorhanden; dann würden Sie und die Bank nach Allerweltsmeinung unter gleichen Chancen spielen. Sie sind ferner davon überzeugt, daß Sie und jeder Mitspieler im Anfangspunkt, ehe noch eine Entscheidung gefallen ist, von den Wechselfällen am grünen Tisch in gleicher Weise begnadet oder verurteilt werden können. Da eben liegt der Kardinalfehler, den ich schon vor 180 Jahren beseitigt habe und der doch noch immer in allen Köpfen spukt. Nach meiner Theorie stellt der Vermögenszuwachs, obschon er für den Einzelfall berechenbar ist, niemals etwas Absolutes vor. Er muß vielmehr jedesmal als ein Abhängigkeitswert des bereits vorhandenen Stammvermögens betrachtet werden; und zwar als eine abnehmende Funktion, umgekehrt proportional dem vorher vorhandenen Vermögen. Was Sie und mit Ihnen alle aufgeklärten Hasardmenschen herausrechnen, ist nichts anderes als die „mathematische Hoffnung", der ich einen anderen, weit fruchtbareren Begriff entgegenstelle: „die moralische Hoffnung".

Ich: Endlich einmal etwas Moralisches in Monte Carlo!

Bernoulli: Über die Güte des Ausdrucks läßt sich streiten. Aber er ist so in die strenge Literatur übergegangen, und deshalb wollen wir ihn beibehalten. Die moralische Hoffnung also umspannt nicht den ziffernmäßigen Ausdruck des möglichen Glücksfalls, sondern den wirklichen Glückswert, den er just in diesem Augenblick und just für diesen Spieler darstellt. Sie faßt einzig und allein den wirklichen Vorteil ins Auge. Was heißt das: 12000 Francs Gewinn? Ein Vermögen für Sie, eine sehr fühlbare Gefühlssteigerung, wenn Ihre Kasse vorher nur 100 Francs wert war; eine Gleichgültigkeit für Herrn Vanderbilt, der neben Ihnen steht und genau so pointiert wie Sie. Und nun kommt das Erstaunliche: diese umgekehrte Proportionalität, auf der die moralische Hoffnung ruht, ist ebenso der rechnerischen Behandlung zugänglich wie die niedrige mathematische Hoffnung, von der die pöbelhaft elementare Wahrscheinlichkeit einzig Notiz nimmt. Nur daß wir dabei, wie Sie schon ahnen mögen, zu ganz anderen und sehr überraschenden Ergebnissen gelangen werden.

Ich: Einen Einwand, Herr Bernoulli! Ich kann mir Fälle denken, in denen der Vorteil, das Vergnügen am Zuwachs, kurz das, was Sie das Moralische im Spielzufall nennen, von ganz anderen Faktoren abhängt als vom Grundvermögen. Erstlich ist das Stammkapital eines Spielers nur schwer zu definieren. Wenn ich mit 100 Francs im Portemonnaie den Spielsaal betrete und habe dabei 50 000 Francs als Guthaben im Kredit Lyonnais — mit welchem Kapital spiele ich da eigentlich? Auf welche Summe bin ich als Gefühlsmensch abgestimmt? Oder zerfalle ich da in zwei Persönlichkeiten, die eine umgekehrte Proportionalität an sich selber erleben werden? Und ferner: könnte ich nicht, selbst wenn ich die 100 Francs restlos verliere, aus der bloßen Sensation des Spiels mehr Glücksempfindung, also Vorteil ziehen als wenn ich zu Hause in Berlin ein Verlegerhonorar empfange, das ich mir ohne Risiko, aber vielleicht auch ohne prickelnde Aufregung erschrieben habe?

Bernoulli: Sie verwirren die Aufgabe, und Sie brauchen Sie nur noch etwas weiter zu verwirren, um die Unhaltbarkeit Ihres Standpunktes zu begreifen. Nehmen wir einmal einen Untersuchungsgefangenen, der, nach der Münze meiner Zeit gerechnet, 1990 Dukaten besitzt. Mit 2000 Dukaten könnte er einen Beamten bestechen, der ihm die Freiheit verschafft, vielleicht den Galgen erspart. An diesem Plus von 10 Dukaten hängt also seine ganze Existenz, während die nämlichen 10 Dukaten für einen weit ärmeren Zeitgenossen, der etwa den vierten Teil besitzt, nur eine schätzbare Annehmlichkeit darstellen, aber durchaus nicht die letzte Rettung. Oder ein Beispiel, das Ihnen näher liegt. Sie selbst haben einmal, wie ich erfuhr, ein Theaterstück über folgendes Problem verfaßt: Ein reicher Geizhals soll in den Genuß einer Millionenerbschaft unter der Bedingung treten, daß er vorher sein eigenes Vermögen im Laufe eines Jahres vergeudet. Hier sind die Verhältnisse, der Wert und damit alle Proportionalität geradezu auf den Kopf gestellt; denn innerhalb des bestimmten Zeitabschnittes verwandelt sich jeder Geldverlust in einen Vorteil, während jeder Zuwachs eine fatale Verschlechterung der Lage bewirken müßte. Das sind Ausnahmefälle, die man ersinnen und konstruieren kann, um ein an sich klares Lebensprinzip künstlich zu verschleiern. Will man es wissenschaftlich erfassen, so muß man es im Gegenteil von jeder willkürlichen Konstruktionslaune reinigen, damit es in ungezwungener Natürlichkeit hervortritt. Schält man es aber so heraus, so kann kein Zweifel bestehen, daß der wirkliche Wert eines Gewinnes, der persönliche Vorteil, nur dann sich erreichen läßt, wenn man dessen strenge Abhängigkeit vom Grundvermögen in Ansatz bringt. Und hier führt die Rechnung nicht auf die einfache Skala, wie man sie vom Tableau einer Roulette ablesen kann, sondern auf eine logarithmische Beziehung, welche die Wertverhältnisse gründlich verschiebt. Ich will Sie mit einem einfachen Resultat bekannt machen, ohne Sie über die logarithmischen Unbequemlichkeiten zu führen, die als Barrikaden auf meinem Forschungswege lagen. Es sollen also zwei Spieler unter ganz gleichen Chancen gegeneinander operieren; denken Sie sich einen Würfelbecher oder eine Roulette ohne Zéro als Entscheidungsinstrument. Jeder Spieler besitzt 100 Dukaten, von denen er die Hälfte dem Glückszufall anvertraut. Dann besteht sein Besitz vor der Entscheidung aus zwei Werten: aus den ihm sicher verbleibenden 50 Goldstücken und aus der

Hoffnung auf weitere 100. Diese „Hoffnung" ist aber, nach meiner etwas komplizierten und schwierigen Regel berechnet, gar nicht 100, sondern nur 87 Dukaten wert. So daß also jeder der beiden Spieler von vornherein einen Verlust von 13 Dukaten erleidet durch die bloße Tatsache, daß er den Zufall herausfordert und dabei wähnt, daß seinem Risiko von 50 Dukaten das vollgültige Äquivalent gegenüber steht. Dieses Äquivalent steht eben in moralischer Abhängigkeit von der Tatsache, daß er im Verlustfalle sein halbes Vermögen eingebüßt haben wird. Gesetzt, jeder der beiden Spieler besäße vor dem nämlichen Einsatz 200 Dukaten, so erhöht sich hier der Wert der Gewinnhoffnung, weil ihm ein Fehlschlag nur noch den vierten Teil seines Stammkapitals dahinraffen würde. Allein ein Nachteil von 6 Dukaten bliebe immer noch bestehen, niemals würde der moralische Gewinnwert die scheinbar so unzweideutige ziffernmäßige Grenze erreichen, und hieraus ergibt sich, daß zwei Personen, mögen sie beide dürftig bemittelt oder Krösusse sein, in jedem Fall unklug handeln, wenn sie sich zu einem Spiel gegeneinander unter völlig gleichen Chancen verabreden. Aber die Partner haben einander nichts vorzuwerfen: Die Dummheit rechts, die Dummheit links, das Glücksspiel in der Mitten!

Ich: Da hätten wir also zu Ihrer moralischen noch eine Klugheits= und Torheitsmathematik, sozusagen eine prozentuale Einteilung der Spielervernunft. Aber ich muß Ihnen sagen, Herr Bernoulli, das Moralische, das sich bekanntlich immer von selbst versteht, liegt weitab von Ihrem Moralbegriff; und wenn es im Hirn zwei Zentren gibt, von denen das eine den elementaren Spieltrieb, das andere Ihre logarithmisch gewogene Spielklugheit beherrscht, so sehe ich da vorläufig keine Möglichkeit einer Verständigung zwischen diesen beiden Zentren.

Bernoulli: Ich eigentlich auch nicht. Denn wenn es mir auch gelungen ist, einen alten Denkfehler nachzuweisen, so bleibt doch von der Aufzeigung bis zur Ausrottung ein weiter Weg. Im Grunde waltet hier eine psychisch=optische Täuschung, derjenigen vergleichbar, die uns in der Jugend, bei vorwärts gestellter Perspektive, das Leben als ungeheuer lang, im Alter, bei rückwärts gestellter, als sehr kurz vorspiegelt. So zeigt auch jedes persönlich erlebte Spielereignis avant ein ganz anderes Gesicht als après. Nur wäre es sehr unklug, das persönliche Verhalten im Anfang nach derjenigen Perspektive abzumessen, einzurichten und zu beurteilen, die sich am Ende, also nach der Entscheidung, darbietet. Wie auch ein Jüngling sehr töricht handeln würde, wenn er seinen Existenzplan auf die verkürzende Lebensoptik des Greises einstellen wollte. Einem ähnlichen Fehler verfallen aber die Spieler ausnahmslos. Weil sie schon so viele Entscheidungen erlebt, so oft die Perspektive von der anderen Seite erprobt haben, trübt sich ihnen der Blick für die Sachlage, die noch unter dem Zeichen der Erwartung steht. Vielleicht lebt im Unterbewußtsein manches Spielers eine Spur jener logarithmischen Einsicht, vielleicht strebt gar einmal einer bis zur Erkenntnisquelle selbst*). In meinem Text wird

---

*) Specimen Theoriae novae de Mensura Sortis auctore Daniele Bernoulli, 1731; herausgegeben von der Petersburger Akademie der Wissenschaften. Eine erweiterte Ausgabe erschien 1896 bei Duncker & Humblot in Leipzig unter dem Titel „Versuch einer neuen Theorie der Wertbestimmung von Glücksfällen", aus dem Lateinischen übersetzt und mit Erläuterungen versehen von Professor Dr. Alfred Pringsheim; mit einer Einleitung von Dr. Ludwig Fick. Auf diese Abhandlung seien besonders diejenigen

er dann die logarithmische Kurve finden, die auf Grund der ihm vorschwebenden Gewinne die wirklichen Vorteile in Zeichnung symbolisiert. Er wird beobachten, daß diese Kurve auf dem Gewinnast nur langsam ansteigt, während sie auf der Verlustseite im steilen Gefälle niederstürzt, daß also die moralischen Vorteile weit langsamer wachsen als die baren Gewinne, wogegen die moralischen Verluste sich weit rapider verschärfen als die entsprechenden Vorteile. Ja, diese Kurve wird ihm sogar den Begriff einer unendlichen Dummheit nahebringen, die nämlich nach dem klaren Verlauf der Linie dann eintritt, wenn jemand sein ganzes Vermögen auf eine Karte setzt, mag die Gewinnhoffnung auch noch so groß sein. Ganz sinnfällig zeigt sich hier, daß der Klugheitskalkül über die landläufige Wahrscheinlichkeitsrechnung weit hinausgreift, daß sie die Daten dieser Rechnung erst recht eigentlich in den Bereich der Intelligenz erhebt. Die Bank von Monte Carlo überhöht ihre Gewinnaussicht nach dem Grundsatz eines vorsichtigen Kaufmanns, der gute Geschäfte machen will. Aber selbst beim Gleichgewicht aller Chancen müßte man für sämtliche Spieler — in der Vorausrechnung — einen Verlust im Sinne der moralischen Hoffnung herausrechnen, denn meine Kurve lehrt: die Klugheitsgrenze wird erst dann erreicht, wenn der erhoffte Gewinn in barem Wert ausgedrückt größer ist, und zwar durchschnittlich auffallend größer als der Einsatz.

---

verwiesen, denen an einer exakten Beweisführung für die abenteuerlich klingenden Behauptungen in der Dukatenrechnung gelegen ist. Durch die ebenso tiefgründigen wie eleganten Erläuterungen des berühmten Münchener Mathematikers Pringsheim ist das Werk wissenschaftlich noch weiter vertieft, künstlerisch erhöht worden.

Damit erhob sich Bernoulli, um seitwärts zu wandeln und in der Richtung der bergwärts ansteigenden Palmenallee zu verdämmern.

Mir blieb aus dieser Unterhaltung die Gewißheit, daß man die Bank von Monte Carlo, wenn auch nicht als eine moralische Anstalt, so doch als eine eminent weise Anstalt zu betrachten habe. Dann eilte ich zum Telegraphenbureau, um auf dem Wege des Funkspruchs ein neues Betriebskapital in meine Börse zu beschleunigen. Denn ich verkehre sehr gern mit klugen Leuten, selbst auf die Gefahr hin, in der Logarithmenlinie Bernoullis eine schlechte Zensur zu erhalten.

Der Projektilzug

So weit wären wir nun. Das gelöste Problem liegt in Form des „fliegenden Zuges" nach dem Grundriß des Ingenieurs Bachelet vor, und die Mitwelt hat mit gelindem Erstaunen darüber quittiert; so wie man eben heutzutage von einem neuen Rekord anerkennend Notiz nimmt. Ein guter neuer Aktivposten im Konto des zwanzigsten Jahrhunderts. In der Rubrik „schnellste Reiseverbindungen von und nach Berlin", Numero soundso des Reichskursbuches in späterer Friedensausgabe, wird es für eilige Gemüter etliche tröstliche Veränderungen geben: nach Frankfurt am Main eine Stunde, nach Paris zwei Stunden, und wenn der Kellermannsche Tunnel erst fertig ist, nach New York vom Frühstück bis zum Mittagbrot. Wirklich höchst erfreulich für heute, vorläufig. Der nächste Erfinder wird's schon besser machen.

Woran aber nicht jedermann im ersten Anlauf denkt, ist folgendes: es handelt sich hier nicht mehr um eine bloß graduelle Steigerung der Reisegeschwindigkeit; wir nähern uns vielmehr einem kritischen Punkte, der eine prinzipielle Neuordnung der Dinge anzeigt. Denn mit den 550 Kilometern pro Stunde erreichen wir nahezu die Geschwindigkeit der Projektile. Der fliegende Zug gewinnt seine Parallele nicht mehr aus dem Vergleich mit dem Federzeug der Adler,

Rauchschwalben und Brieftauben, sondern er wird ein Mitbewerber der Geschosse. Auf die Sekunde berechnet leistet er 152 Meter, wogegen die schnellsten Vögel mit ihren 60 Metern geradezu als Flugstümper erscheinen. Auch der Kollege Pfeil, der sich von der Armbrust losringt und ehedem den Respekt der Dichter herausforderte, ist längst überholt.

Die nächsten Vordermänner des fliegenden Zuges sind nunmehr der Schall in freier Luft mit 330 Metern und das Haubitzengeschoß mit 220 Metern. Kein Zweifel, daß schon die nächste technische Vervollkommnung diesen geringen Vorsprung überwinden wird. Damit aber treten neue Möglichkeiten auf den Plan, eröffnen sich neue Ausblicke, denen gegenüber der Maßstab des Kursbuches völlig versagt. Da dürfte eine kosmische Betrachtungsweise angebrachter erscheinen.

*

Nehmen wir also den Begriff: Mensch — Projektil als verwirklicht. Die Phantasie braucht sich hierzu nicht mehr anzustrengen, denn wir befinden uns schon heute hart an dieser Wesensgleichheit, und wenn Bachelet senior 550 Kilometer herausbrachte, so wird ein Bachelet junior den fehlenden Rest bestimmt hinzuerfinden. Da ergeben sich zunächst einige Phänomene, die aus dem Rahmen der üblichen Reiseerlebnisse merklich herausfallen.

Also erstens: als Fahrgäste der Zukunft überholen wir den Ton. Stellen wir uns vor, ein kapriziöser Fahrgast habe auf die Plattform des Wagens ein Klavier geschafft und spielte die Reihenfolge der Töne vom Baß zum Diskant, so würde er damit für sein eigenes Ohr eine stumme Musik hervorbringen. Denn die Schallgeschwindigkeit bleibt hinter ihm zurück, und er selbst fliegt seinem Konzert davon. Erst wenn sich das Zugtempo verlangsamt, bringen die akustischen Sendboten zu ihm, allein — o Wunder! — er hört nunmehr etwas ganz anderes; ja das genaue Gegenteil dessen, was er zu hören vermuten durfte. Denn die zuletzt ausgesandten Schallwellen erreichen natürlich sein Hörorgan zuerst; die ersten, räumlich weit zurückliegenden Töne melden sich als die letzten; statt der aufsteigenden Tonleiter, die er wirklich gespielt hat, hört er somit zu seiner Überraschung die absteigende Skala vom Diskant zum Baß. Dieser Schnellzug wirkt also wie ein Phonograph mit verkehrt abgedrehter Schallplatte. Und wenn er, als Luxuszug gedacht, zur Unterhaltung der Fahrgäste wirkliche Musik mitnimmt, so genießen diese von einem gewissen Zeitpunkt an die Vortragsstücke von rückwärts, was bei manchen modernen Kompositionen eine wesentliche Verschönerung des Klangcharakters bewirken wird.

Allein es bedarf gar keiner mitgenommenen Instrumente, um den Insassen höchst auffällige akustische Wirkungen zu vermitteln. Es genügt, wenn sie an einem tönenden Bahnhofssignal oder an einer läutenden Turmglocke vorbeifahren. Schon unsere heutigen Erfahrungen im gewöhnlichen D-Zug sagen uns, daß der Ton bei Annäherung höher wird, bei Entfernung sich vertieft, je nachdem wir pro Sekunde eine vermehrte oder verminderte Schwingungszahl empfangen. Dieser Vorgang (den wir den Doppler-Effekt, die Franzosen auch das Fizeau-Prinzip nennen) wird für die Gäste des Zukunftszuges ein vollständiges Überschnappen der Töne da draußen zur Folge haben. Denn während man heute im Höchstfalle eine plötzliche Änderung um eine Terz beobachtet, wird nunmehr über die Oktaven hinweg eine sprunghafte

Steigerung der Tonhöhe bis über die Grenze der Wahrnehmbarkeit eintreten. Der Signalklang erlischt mit Überschreitung der zehnten Oktave, also gerade dann, wenn seine Nähe den Höhepunkt der Tonstärke verspricht. Denn der gehäuften Wellenzahl gegenüber verlegt sich das Ohr aufs Streiken.

Der Doppler=Effekt wird auch das vom Wagenfenster aus betrachtete Landschaftsbild beeinflussen. Denn was die Tonhöhe für den Klang bedeutet, das wird für das Gesicht durch die Farbe bestimmt. Nach der physikalischen Schulauffassung werden zu solchen Farbveränderungen Stern=Geschwindigkeiten vorausgesetzt. Neuere Forschungen auf dem Gebiet der Atomistik machen es indes wahrscheinlich, daß schon Zeitmaße, die zur Gattung des „fliegenden Zuges" gehören, spektrale Verschiebungen erzeugen können. Das gelbe Ährenfeld bleibt nicht mehr unbedingt gelb, sondern gewinnt eine Tönung nach grün bei der Annäherung, nach Orange bei der Entfernung; der am Horizont auftauchende grüne Baum strebt eine Sekunde später nach Blau. Freilich werden zur Wahrnehmung solchen Regenbogenspiels in der Landschaft höchst empfindliche Augen vorausgesetzt und dazu wohl auch Reisegeschwindigkeiten, bie benn doch noch über die von Herrn Bachelet erzeugten ganz merklich hinausgehen.

Aber was heute als Wahnvorstellung erscheint, kann übermorgen Wirklichkeit werden, und vom 550=Kilometer=Zug bis zum Projektilzug ist tatsächlich nur ein Schritt. Die einfache Verdoppelung des jetzt als zulässig erkannten Gangmaßes führt bereits dahin, daß wir mit der Sonne, mit feststehender Zeit reisen. Nicht mehr die gehende, sondern die stehende Taschenuhr gibt dann dem Fahrgast die richtige Ortszeit an. Sofern es die Entwicklung von Land zu Land erlaubt, fährt man mittags um 12 Uhr von Berlin ab und kommt mittags um 12 Uhr in Paris an, nämlich zum zwölften Glockenschlage von Notre-Dame, mit einer absoluten Fahrzeit von einer Stunde, mit einer relativen von 0,0. Und wer sich über geographische Ortszeitdifferenzen hinwegsetzt, wird dann ruhig behaupten können, daß er gleichzeitig in Berlin und in Paris gewesen sei.

In technischen Dingen gerät die Prognose immer zu kurz. Alle utopischen Schriften von ehedem zeigen uns an, daß die Phantasie ihrer Verfasser auf Krücken schlich, während die Technik ihnen auf Siebenmeilenstiefeln davonlief. Wir verlieren uns somit ganz gewiß nicht ins Extravagante, wenn wir für den Blitzzug der Zukunft eine Progression ansetzen, die sich aus den bekannten Anfangsgliedern der von uns erlebten Zeiten aufbaut.

Seit zwei Menschenaltern hat sich das Fahrtempo verzehnfacht. Nehmen wir an, daß die Technik dieses Verhältnis nur noch wenige Jahrzehnte durchhält, so errechnen wir für das einundzwanzigste Jahrhundert einen Projektilzug, der überhaupt nichts mehr braucht als seine eigene Geschwindigkeit, um sich von allen Beschleunigungen durch magnetische, elektromotorische Kräfte unabhängig zu machen. Dieser Zug wird ein Planet; er kreist als Trabant um die Erde, bindet sich an keine Stationen, kennt nur einen Fahrplan: „Reise um die Welt in infinitum" und bietet allerdings für die Teilnehmer den Übelstand, daß sie zeitlebens nicht aussteigen können; selbst dann nicht, wenn ein Gebirge die Fahrtrichtung kreuzt und einen katastrophalen Stillstand heraufbeschwört.

Die ganze Rechnung scheint freilich ein Loch zu haben, da sie den Luftwiderstand nicht berücksichtigte, der als geschworener Feind jeder rapiden Bewegung gegen solche planetarische Reise ein entschiedenes Veto einlegen wird. Und zwar nicht nur dadurch, daß er allmählich die Geschwindigkeit aufzehrt, sondern schon im ersten Anlauf. Da besinnt sich die Luft auf die Elemente der Physik, auf Reibung und Kalorik, sie fährt mit ihren mechanischen Wärmeäquivalenten in den Zug und verwandelt ihn, ehe er noch das Höchsttempo erreichen kann, in Asche und Dampf.

Gelänge es aber, diesen Pl=Zug (Planet=Zug) nur für wenige Sekunden dem Einfluß der Lufthülle zu entziehen und ihn tangential zur Erde oder vertikal zu beschleunigen — Aufgabe der Technik, mithin lösbar! —, so würde er überhaupt nicht mehr zur Erde zurückkehren, sondern endlos in dem Weltenraum fliegen, um eventuell auf einem anderen Gestirn zu landen. Diese Jules=Verne=Leistung mit der Reise nach dem Monde oder dem Mars ist nunmehr in theoretisch faßbare Nähe gerückt. Der Pl=Zug, dem wir sie zutrauen dürfen, steht in einem ganz bestimmten, durchaus nicht phantastischen Verhältnis zu einer schon heute vorhandenen Gegenständlichkeit: er verhält sich zum Bachelet=Zug, wie dieser zu einem Postwagen etwa, kann also der dritten Generation als eine Möglichkeit, der vierten als eine Wahrscheinlichkeit versprochen werden.

Der Ruf: „weh dir, daß du ein Enkel bist", verliert dann seine Geltung endgültig. Der Urahne dieses Enkels wünschte sich einen Zaubermantel mit etwas Feuerluft darunter und mußte die Hilfe eines Teufels in Anspruch nehmen, um diesen Ausbund aller Fernwünsche zu befriedigen. Und was leistete dieser mephistophelische Zaubermantel? Eroberte er das ungemessene Reich des Äthers, erhob er den Mann mit seinem faustischen Drang in jene Zonen, in denen es kein

Oben und kein Unten gibt? Ach nein, er beförderte ihn von Wittenberg bis Leipzig, und seine Feuerluft war eine Attrappe; zwei Gäule vor einem Landomnibus hätten dasselbe geleistet. Der Enkel ist anspruchsvoller. Er hat die irdischen Probleme gezählt und gefunden, daß sie bis auf winzige Reste aufgebraucht sind. Wohl weiß er, daß alles technisches Wirken auf Raumerfassung hinausläuft, aber gerade deswegen empfindet er es als geozentrisch und rückständig.

Ein noch schnelleres Schiff, ein noch wirksamerer Luftpropeller, eine alles übertreffende Magnetbahn — was stellen sie ihm anderes dar als immer wieder augenblickliche Höchstleistungen im längst vertrauten, ach so engen Erdkreis? Darüber will er nun endlich hinaus; sein Zaubermantel soll sich nicht mehr mit jenen Jämmerlichkeiten abgeben, gegen die unsere Luftflüge schon meteorisch erscheinen. Das Universum soll er seiner Körperlichkeit erschließen! Und auf seinem Papier steht es, daß diese Aufgabe mit einer Sekundengeschwindigkeit von 11 Kilometern zu lösen ist, notabene nur für den einmaligen ersten Antrieb; das weitere besorgen ihm die Weltmechanik, die Verminderung der Gravitation im Quadrat der Entfernung und die auf den Projektilzug anwendbaren Keplerschen Gesetze; wohl ihm, daß er ein Enkel ist!

Der Weg geht von den Ballisten und Katapulten zu Krupp und Armstrong, vom Teekessel des Knaben Watt zur Schnellzugslokomotive, vom elektrischen Versuchsspielzeug zur Siemens-Bahn. Die Anfänge garantieren für die Folgeglieder, jedes Unmöglich des Philisters von heute wird durch das Wirklich vom Folgejahr überrumpelt. Kenntnisreiche und jeder Illusion abgewandte Ingenieure versichern, daß der

„fliegende Zug", aus dem Modell in die Praxis übersetzt, tatsächlich die angesagten 550 Kilometer entwickeln wird. Der winzige Multiplikator 2 erhöht ihn alsdann zum ersten Projektilzug, der mit dem Schall, mit der Achsendrehung der Erde in Wettbewerb tritt und bei weiterer Steigerung innerhalb voraussehbarer Grenzen der Planetenklasse zustrebt.

Gewiß werden gar bald wieder die ängstlichen Zweifler auftreten mit der Frage, ob denn der Mensch das „aushalten" werde; genau wie anno olim, als die ersten Bahnen Nürnberg—Fürth und Zehlendorf—Potsdam ein neues Schnelligkeitsmaß aufstellten und allerhand ärztliche Autoritäten mit ihren Sorgenköpfen wackelten. Aber der Mensch hält in diesem Betracht gar viel aus: er wird mit der Erde um die Sonne, mit der Sonne nach dem Sternbild des Herkules geschossen, und seine Nerven spüren es nicht. Er wird sogar eine Eisenbahnkatastrophe im Projektilzug leichter überwinden als im Bummelzug; denn die letzten Molekularforschungen machen es wahrscheinlich, daß zwei Körper bei hinreichend großer Geschwindigkeit einander durchdringen können, ohne ihre Struktur zu zerstören. Freilich wird hierzu ein Prestissimo vorausgesetzt, das zunächst noch jenseits des Vorstellbaren liegt.

Es kommt aber nicht darauf an, daß der Zug durch eine Mauer hindurchfährt, wie der Lichtstrahl durch hartes Glas, ja nicht einmal darauf, daß wir schneller fahren als vordem, sondern der Kernpunkt der Sache bleibt das veränderte Ziel. An die Stelle der Stationshäuser treten Probleme, tranzendente Ausblicke in eine erreichbare Welt, die den Enkel von dem peinlich zu tragenden Erdenrest, vom Zwang der irdischen Schwere, befreien soll.

Zwischen Bergson und Laplace

Man ist sich klar darüber, daß das neunzehnte Jahrhundert in dem, was man gemeiniglich Fortschritt nennt, mehr aufzuweisen hat als irgendein Jahrhundert zuvor; ja, es läßt sich darüber reden, ob dieses neunzehnte nicht mit einem stärkeren Saldo abschneide als die gesamte Entwicklungszeit des Menschen von der Steinzeit an bis etwa zu den Enzyklopädisten. Grund genug für die Spekulation, um schon heute dem zwanzigsten Jahrhundert ein Äquivalenzzeugnis abzuverlangen und aus diesen Anfangsgliedern berechnen zu wollen, ob das zuletzt eingeschlagene Schrittmaß sich überhaupt noch fortsetzen lasse. Es scheint, daß die Prognosensteller überwiegend zu einem verneinenden Ergebnis gelangen. Sie erblicken eine gewisse Enge in den noch übrig gelassenen Problemen und Möglichkeiten und neigen der Ansicht zu, daß das zwanzigste Jahrhundert im Grunde nur noch Reste aufzuarbeiten haben wird, nachdem das neunzehnte so viele Utopien aus früheren Zeiten nahezu verwirklicht hat. Es soll hier nicht untersucht werden, ob dieses Mißtrauen im rein Technischen, Praktischen, ja, in allen Strebungen, die sich durch Überwindung der Schwierigkeit kennzeichnen, irgendwelche Begründung findet; obschon die Versuchung naheliegt, hier als gute Trümpfe das Flugwesen, den Funkspruch, die Entdeckung der Erdpole, das Erwachen Ostasiens und ähnliche Kulturzeichen auszuspielen, die wesentlich in das erste Zehntel des jungen Jahrhunderts fallen und für die restlichen zweiundachtzig Prozent seiner Spanne immerhin etliches erhoffen lassen. Hier sei vielmehr nur auf drei Elemente verwiesen, die meines Erachtens unserem Jahrhundert schon heute zum mindesten die Gleichwertigkeit, vielleicht ein Übergewicht verleihen, obschon sie ausschließlich theoretischer Natur sind, ganz und gar keinen Nutzeffekt aufweisen und im Zuge der Dampf= und Elektrizitätskultur vorläufig keine Bedeutung besitzen. Dafür bezeichnen sie neue Denketappen, die im Lichte der Zukunft als wirkliche große Stationen der Menschheit erscheinen werden, nur vergleichbar den Einsichten, die wir dem Kopernikus, dem Descartes und den Klassikern der theoretischen Mechanik verdanken. Es sind: das Relativitätsprinzip, das Quantentheorem und die Bergsonsche Philosophie. Die nachfolgenden Erörterungen sollen wesentlich von den neuen erkenntnistheoretischen Untersuchungen Bergsons ausgehen, weiterhin nachzuweisen suchen, daß zwischen jenen drei Elementen ein innerer Zusammenhang besteht, und schließlich hieraus einen Durchblick gewinnen, der uns ein unabsehbar großes Neuland der Denkmöglichkeiten erschließen wird.

Zum Studium oder gar zur Kritik der Bergsonschen Philosophie, wie ich sie verstehe, gibt es keine Methode, keinen ebenen Weg, auf dem Anfang, Mitte und Ende zu unterscheiden wären. Und da ich von vornherein von der Aussichtslosigkeit überzeugt bin, in diese Untersuchungen so etwas wie eine Architektonik hineinzubringen, so will ich so unsystematisch wie nur möglich verfahren; unsystematisch dem Werk gegenüber, aber mit der ganz bestimmten Absicht, den Leser in eine bestimmte Denkgestaltung hineinzugewöh=

nen, ihn teilnehmen zu laſſen an den Denkerlebniſſen und -zerwürfniſſen, die ich ſelbſt an Bergſon erfuhr, und ſie ſchließlich auf einen Punkt zu führen, von dem ſich ein Horizont von ungeahnter Tiefe eröffnet; nicht auf einem „königlichen Wege", ſondern vielfach durch Geſtrüpp, durch Irrungen und Wirrungen, durch Dunkelheiten, in denen uns einzig das Prinzip des „Als ob", das heißt die Möglichkeit, durch Falſches ans Richtige zu gelangen, zu weiterem Vorſchreiten ermutigen kann. Sehr bequem wird ſich alſo die Wanderung nicht geſtalten, weder für den Leſer noch für mich, da ich, weit entfernt davon, einfach „über" Bergſon zu ſchreiben, über ihn direkt vorzutragen, vielmehr ſehr indirekt entwickeln will. Mit dem Philoſophen, der hereintritt, um zu beweiſen, es müßte ſo ſein, und wenn das Erſt' und das Zweit' nicht wär', das Dritt' und Viert' wär' nimmermehr, iſt hier nichts anzufangen; wie überhaupt nicht mit irgendwelchen nach klaſſiſchem Muſter angelegten Linien, die von Vorausſetzung über Behauptung hinweg einen Beweis erreichen wollen.

Schon in der Bergſonſchen Lehre an ſich liegen die Dinge ſo, daß man den Anfang nicht verſtehen kann, ohne die Mittelglieder zu kennen, und daß man dieſe nicht begreift, ohne das Ende erfaßt zu haben. Ein ſcheinbarer oder wirklicher Circulus vitiosus, aus dem es vorerſt kein Entrinnen gibt. Hier vollends, wo mit teilweis Nichtbergſonſchen Mitteln Bergſonſche Reſultate angeſtrebt werden und umgekehrt auf Bergſonſchen Wegen Nichtbergſonſche Ergebniſſe, ſcheint ſich die Wirrnis ins Unabſehbare zu ſteigern. Aber vielleicht liegt gerade hierin der Anſatz zu einer Vereinfachung.

Ich möchte dies an einem Gleichnis erläutern: Es gibt in unſeren Alpen Genies der Bergführung, Männer mit eingeborenem Felsen- und Gletschergeist. Solch ein Genie in übertragenem Sinne, also ein Pfadfinder auf schwierigem Terrain, ist Bergson. Gesetzt nun, ich vertraue mich seiner Führung an zur Erforschung eines von uns beiden noch unbetretenen Gebietes, so wird sein intuitives Begreifen der Konfiguration von Schritt zu Schritt die wertvollsten Dienste leisten; er wird Wege ahnen, wo ich keine bemerke, und Wege vermeiden, die mir gangbar erscheinen. Und dennoch werde ich in die Lage kommen, ihn zu korrigieren: wenn ich nämlich zufällig etwas besitze, was jenem fehlt, nämlich eine nach trigonometrischen Aufnahmen hergestellte Karte des ganzen Geländes. Und wenn wir gemeinsam einen Gipfel erklommen haben, so werde ich viele Details der Aussicht genauer beurteilen als er, wenn ich ein Fernrohr benütze, während ihm der Augenschein genügt. Womit ich von vornherein alles Genialische ihm, dem Führer, also dem Bergson, zuweise, und mir nur einen gewissen instrumentalen Vorteil reserviere. Es wird zu erweisen sein, ob diese Instrumente wirklich existieren und ob sie im Zusammenhang mit der Bergsonschen Intuition zu wirken vermögen. Einstweilen will ich nur die Andeutung wiederholen, daß hier vornehmlich Elemente, nicht eigentlich aus der Philosophie, sondern aus der neuen Mechanik einzusetzen haben, die in Bergsons Lehre fehlen, einfach deshalb, weil diese Lehre für ihn selbst abgeschlossen vorlag, ehe diese Elemente existierten. Daß aber gerade diese anscheinend so verschiedenartigen Pole genähert werden müssen, um den erkenntnistheoretischen Funken überspringen zu lassen, gilt mir als zweifellos. Und um es rund herauszusagen: Es ist eigentlich diese Überzeugung allein, die mir hier die Feder führt*).

*) Man vergleiche hierzu Seite 15 des Geleitwortes.

Wollte ein Dichter die Schrecken eines philosophischen Inferno entwerfen, so müßte er seine Arbeit in der Ausmalung eines Dämons gipfeln lassen, der in allen Schlünden und Gründen dieser Hölle heimisch ist. Wo sich eine philosophische Not erhöht oder vertieft, wo sie Kunde gibt von den Verzweiflungen der Denker, stets gehorcht sie den unheimlichen Befehlen eines Dämons, des eigentlichen Herrn aller Antinomien, stets ist es der Zeitbegriff, der die Geister verwirrt, ihnen den Weg zur Wahrheit versperrt, sie mit Tantalus- und mit Sisyphusqualen heimsucht. Alle Schwierigkeiten, die sich in den Exponenten: Bewegung, Geschehen, Notwendigkeit äußern, münden in der „Zeit". Nie wird es gelingen, ihrer Herr zu werden, das Äußerste, wozu wir gelangen können, wird sein, die Stellung des Feindes genau zu erkunden, seine Befestigungen nicht einzunehmen, sondern zu beschreiben. Es ist Bergsons unbestreitbares Verdienst, diese Beschreibung in einem bedeutsamen Entwurf geliefert zu haben. Und wenn wir auch, trotz Bergson, nicht wissen, was sie ist, die Zeit, so erfahren wir doch durch Bergson etwas über die Natur der Verschanzungen, hinter denen sie ihre Ränke gegen das Erkennen spinnt. Und eine neue Antinomie, universaler als alle bisherigen, tut sich vor uns auf: in der Zeit, die alle Erkenntnisse vereitelt, sich jeder möglichen Richtung des Intellekts entgegenwirft, sollen wir zugleich den Urheber jedes Denkprozesses, den eigentlichen Schöpfer alles organischen Geschehens entdecken.

Die Zeitdauer, la durée, la durée intérieure — äußerlich identisch mit unserem Zeitbegriff, innerlich sehr verschieden von dem, was uns als eine spezifische Wahrnehmungsqualität des Nacheinander gilt — diese Dauer bildet die eigentliche erkenntnistheoretische Substanz in allen Untersuchungen Bergsons, vornehmlich in seinen Hauptwerken „Les données immédiates de la conscience", und „Evolution créatrice". Alle Strahlen seiner Betrachtung konvergieren nach der Dauer. In diesem Konvergenzpunkt entzündet sich tatsächlich eine Flamme von überraschender Helligkeit. Man wird in ihr zwischen Erleuchtungsstärke und Blendungseffekt zu unterscheiden haben, aber man kann nicht an ihr vorbeisehen.

Was von der Lehre Bergsons in den Rahmen dieser Untersuchung zu stellen ist, kann naturgemäß nichts anderes sein als ein Torso, durch ein Verkleinerungsglas gesehen, eine äußerst verkürzte Projektion auf die Ebene meiner Zwecke. Und es muß späteren Ausführungen vorbehalten bleiben, einzelne Glieder besonders vorzunehmen. Hier soll uns zunächst an diesem merkwürdigen Lehrkörper die Rückgratlinie beschäftigen und die Frage, ob ihre anatomische Gestaltung auf einen erhöhten Typus der ganzen Figur hinweist. Denn es handelt sich in erster wie in letzter Instanz um den Menschen als Objekt für den Menschen als erkennendes Subjekt; um den scheinbar ganz aussichtslosen, hier aber zum mindesten mit ganz neuen Mitteln gewagten Versuch, die Seele unter die Lupe zu nehmen, und wiederum dieselbe Seele von oben her durch die nämliche Lupe blicken zu lassen. Ein optischer Vergleich, der auf eine Unmöglichkeit hinauslaufen würde, wenn uns nicht die Natur selbst zeigte, daß mit solchen Unmöglichkeiten fertig zu werden ist.

Denn was die Seele hier leisten soll, liegt im Auge bereits vorgebildet. Das Auge war in seiner ersten primitiven Anlage nichts als ein Pigmentfleck, hervorgerufen durch einen Lichtstrahl, also ein Eindruck, eine Photographie. Im Laufe der Evolution hat sich dieser Eindruck nicht etwa zu einer größeren, zu einer besseren Photographie ausgestaltet, sondern zu einem photographischen Apparat mit Linse und aufnahmefähiger Platte. Hier liegt an irgendeiner Stelle ein unbegreiflicher Sprung vor, vom Objektiven zum Subjektiven, von dem, was leidet, zu dem, was schafft, vom Werdenden zum Gestaltenden. Und wenn dies in der Natur möglich war, wenn ihr das sich selbst aufnehmende Auge gelingen konnte, so muß auch im Psychologischen die Unbegreiflichkeit des Sichselbsterkennens erfüllbar sein.

Sie ist nach Bergson nicht erfüllbar, das heißt, das Unbegreifliche bleibt für den Intellekt unlöslich, wenn wir die unzerbrechbare Notwendigkeit, die Kausalität, die eiserne Bindung von Ursache und Wirkung, kurz den Schulbegriff des Determinismus als den einzigen Ordner unseres Denkens gelten lassen. Hier liegt ein Denkzwang vor, den wir vielleicht in demselben Moment überwinden, wo wir einsehen, daß er an einem entscheidenden Punkte zu einem offenbaren Fehlschuß führt; wo wir erkennen, daß das Grundstatut des Determinismus: „Gleiche Ursache — gleiche Wirkung" unter einer besonderen Belastung anfängt brüchig zu werden. Zu diesem entscheidenden Punkte gelangen wir, wenn wir uns entschließen, zwischen Organischem und Anorganischem den Wesensunterschied nicht nur in physikalischer, chemischer, sondern auch in mathematisch=mechanischer Hinsicht anzuerkennen. Bergson scheidet hier unerbittlich. Weit entfernt davon, sich auf die Psychologie ohne Seele einzulassen, wie sie das Weber=Fechnersche Prinzip und die über diesem Prinzip errichtete psychophysische Schule fordert, trennt er alles Erschaffene in zwei Welten überhaupt: in die anorganische, die der Mechanik zugänglich bleibt, sich durch Koordinatensysteme abteilen läßt und in ihrer molekularen Struktur auf eine

Lösung letzter Fragen durch Differentialgleichungen hinweist; und in die Welt der Organismen, von denen jeder einzelne ein geschlossenes System darstellt und die Erscheinungen des einzig mechanisch geschlossenen Systems, nämlich des restlos als Einheit begriffenen Weltalls wiederholt. Es ergibt sich somit im ersten Anlauf eine petitio principii: der Organismus könnte als ein Ablauf berechenbarer Erscheinungen nur dann aufgefaßt werden, wenn zuvor die Wahrheit über den Kosmos erforscht wäre; und diese Wahrheit ließe sich nur dann erforschen, wenn sich zuvor alle Teilansichten, die wir aus der Betrachtung willkürlich herausgeschnürter Systeme gewinnen können, zu einem kosmischen Gesamtbilde zusammenschlössen, was ebenso sinnwidrig ist, wie zu verlangen, daß sich aus einer Häufung vieler Photographien eine Körperlichkeit aufbaute. In letzter Instanz bleibt also ein ungelöster Rest, der genau so groß wie das Ganze ist und nichts Minderes bedeutet, als die ewige Unlösbarkeit des ganzen Problems.

Bei dem Versuch, diesem Rest irgendwie beizukommen, springt in Deutlichkeit nur eine negative Wahrheit heraus, nämlich nicht eine solche, die den Schlüssel zum Problem liefert, sondern eine andere, die uns zeigt, daß alle Metaphysik diesen Schlüssel bisher auf falschem Wege gesucht hat; insofern er weder dort liegen kann, wohin uns die Kausalität, noch dort, wohin uns die Finalität, die teleologische Betrachtung etwaiger Zweckursachen, leitet. Gewiß, das Signalement ist unvollständig, aber es ist doch ein Signalement, und eine negative Erkenntnis bleibt wertvoller als eine positiv auftretende, die positiv falsch ist. Wir werden nämlich von unserem Meister durch eine Fülle bilderreicher Argumente dahin gedrängt, ein Prinzip anzunehmen, von dem sich mit

Sicherheit nur das eine aussagen läßt, daß es sich mit keinem anderen Prinzip berührt. Zwischen Kausalität und Finalität liegend, vielleicht außerhalb beider, entzieht es sich der Berechnung, der Vorhersehbarkeit, ja direkt jedem an den Polen Determinismus—Zweckmäßigkeit geschulten Denken und jedem Sprachmittel, das darauf ausgeht, die Dinge eindeutig zu bezeichnen. Nur in Bildern, Symbolen, Ahnungen ist es ergreifbar. Es soll zum Ausdruck gebracht werden, daß noch ein Drittes vorhanden ist, das wirkt, im Bereich des Organischen das eigentliche Wirksame darstellt, ohne daß im unmittelbaren Vor- und Nacheinander etwas aufträte, das als Ursache angesprochen werden könnte. Nicht die Folge des unmittelbar vorausgehenden Momentes ist die organische Erscheinung, in letzter Spitze eine Empfindung, ein Gedanke, sondern — hier fehlt der Wortersatz für „Folge" — sagen wir also: sie ist ein Integrationsergebnis der gesamten erlebten Vorzeit, ein Komplex aus der ganzen Geschichte dieses Organismus, ein Letztes aus einer unendlichen Zeittiefe, das in die Laplaceschen Weltformel niemals einzugehen vermag, selbst wenn wir diese Formel für erfüllbar halten.

Der Laplacesche Gedanke, der die Welt in bewegte Atome, die Erscheinungen in Differentialgleichungen auflöst, der stark genug ist, den gegenwärtigen Zustand in aller Schärfe zu beschreiben und hieraus jeden künftigen als eine Konstellation der kleinsten Teile zu berechnen, geht nicht zurück in die Geschichte, in die Vielfältigkeit des Erlebten. Er begnügt sich mit dem Moment und den Zeitdifferentialen, die diesen Moment umgeben. Für ihn liegt weder das Bedürfnis noch die Möglichkeit vor, darüber rückwärts hinauszugreifen in die Vergangenheit, denn mit dem molekularen Erfassen des Momentes erschöpft es für den Deterministen eine Welt, die ganze Welt, die Welt der Anorganismen. Allen Bewegungserscheinungen der Himmelskörper genügt es restlos. Wir brauchen nichts von der unendlichen Vorgeschichte des Firmamentes zu kennen, um jede Folgeerscheinung mit Sicherheit ansagen zu können, sobald nur für ein einziges kleinstes Zeitteilchen die Bewegung in aller Schärfe der Rechnung unterworfen wurde. Und hier tritt der springende Punkt hervor. Jene Formel integriert nur die kosmische Differentialgleichung, nicht die Geschichte. Und sie würde bei ihrem Programm verharren, wenn sie die organische Zelle als Ablauf von Erscheinungen, also als ein Sonnensystem für sich mit bewegten Atomplaneten, behandeln wollte. Ihr Ergebnis, ihre Voransage müßte richtig sein, rein für die Lagerung der Atome, für das Anorganische in der Zelle. Sie wird falsch, wenn aus der mathematisch beschriebenen Anordnung die organische Ausbeutung herausgelesen werden soll, falsch, bei jedem Versuch einer Interpretation. Gerade das Entscheidende fehlt ihr, die Integration der Ewigkeitszeit vorher, in der wir die eigentliche causa efficiens im Organischen, Psychologischen erraten, eine Ursache, die in mechanischem Sinne gar keine Ursache ist, da sie sich weder dynamisch noch zeitlich abgrenzen läßt, da zwischen ihr und der Wirkung keine eindeutigen Beziehungen bestehen, da sie für ihre Endwirkung überhaupt gar nicht anders beglaubigt ist als die natura naturans bei der natura naturata. Und eben für dieses dritte Prinzip hat Bergson seine „durée" als ein vorläufiges Wortzeichen eingesetzt. Es ist wie alle mit Begriffsleichen umherziehenden Worte durch eine hemmende Vorstellung beschwert; denn als ein Dauerndes verneint es gerade die unendliche Variabilität, auf die es hier ankommt. Aber man wird es anerkennen müssen, da es uns an den sausenden Webstuhl der Zeit versetzt, an den selbsttätig webenden und wirkenden Apparat, dessen Muster sich niemals wiederholen, ja niemals wiederholen können. Die ewige Wiederkehr, die in den großen und experimentell nachbildbaren Kreisprozessen des Unbelebten ihre Rolle spielen mag, sie findet hier keine Stätte. Denn eine organische Erscheinung, zumal eine Empfindung, ist bei ihrer Wiederkehr schon darum eine andere, neue, weil sie wiederkehrte, weil sie durch die Erinnerung an den Vorgang eine neue Färbung und Wesensart gewinnt. Und wie die Begriffe Nominalismus—Realismus, subjektiv-objektiv im Lauf der Gedankenentwicklung sich gewandelt haben, so wird man sich daran gewöhnen müssen, mit der „Dauer" als mit einer Variabeln zu rechnen, „an der nichts dauernd ist als der Wechsel".

Zahlreiche und schwere Einwände werden sich im ersten Anlauf geltend machen. Die rücksichtslose Schärfe des Schnittes, mit der jener Philosoph die unbelebte Masse vom Leben abschneidet, entspricht einer Gedankenoperation, die auf ein System zielt, aber nicht der Wirklichkeit. Die Scheidung der sogenannten organischen und unorganischen Welt ist ganz willkürlich, sagt Du Bois-Reymond in seinen „Reden", und diese Meinung hat sich seither so befestigt, daß das alte Dogma vom neuen Antidogma fast überholt erscheint. Soweit der Monismus reicht, wird man es leugnen, daß die Natur nur in dem Organismus „geschlossene Systeme" hervorbringt. Ein Kristall im Kleinen, ein Sirius im Großen werden die Rechte des geschlossenen Systems in Anspruch nehmen, nicht nur in der Struktur, sondern darüber hinaus, bis auf die Seele. Wenn sich Bergson von der Fechnerschen Allbeseelung abkehrt, so ostentativ, daß wir in diesem Werk nicht einmal einen Hauch des Zend-Avesta verspüren, so erkennen wir in diesem Widerstand nur das eine: daß der alte Dualismus seinen Einfluß nicht nur auf das eigentlich wissenschaftliche Denken erstreckt, sondern auch auf die „Intuition". Im Grunde genommen verhalten sich Fechners und Bergsons Intuition wie Gegenstand zum Spiegelbild, inkongruent, gegensätzlich, mit gegensätzlichen Vorzeichen behaftet, aber doch gleich und ähnlich. Sie können nicht zur Deckung gebracht werden, aber sie ergänzen einander als zwei von entgegengesetzten Punkten aufgenommene Spiegelbilder ein und derselben Wahrheit. Es wäre ein Buch darüber zu schreiben, daß sich Vaihingers „Als ob" auch in dem Widerstreit dieser Intuitionen durchsetzt. Bergsons gewaltige Lehre konnte nur zustande kommen, wenn er verfuhr, als ob sein gewaltiger Trennungsschnitt der Wirklichkeit entspräche. Aber am Ende seiner Wanderung erkennen wir, daß die Doktrin von der schöpferischen Dauer auch aufrecht bleibt, wenn jene Scheidewand zwischen Organisch und Anorganisch fällt, genau so, als ob diese Wand niemals ein Dasein gehabt hätte. Denn sie war nur methodologisch unentbehrlich und kann, wenn erst das Lehrgebäude steht, als überflüssiges Gerüst abgetragen werden.

Aber ein gefährlicherer Feind scheint aus einer anderen Ecke der Erkenntnistheorie heranzustürmen. Im Brennpunkt des materialistischen Denkens steht der von F. A. Lange so scharf formulierte Hauptsatz, daß das Gesetz von der Erhaltung der Kraft im Innern des Gehirns keine Ausnahme erleiden kann, wenn es nicht total sinnlos werden soll; daß damit das ganze Tun und Treiben der Menschen, der einzelnen wie der Völker, durchaus so vor sich gehen könnte, wie es wirklich vor sich geht, ohne daß übrigens auch nur in einem einzigen dieser Individuen irgend etwas wie Gedanke oder Empfindung vor sich ginge. „Zwei Welten nebeneinander stelle man sich vor, beide mit Kreaturen und deren Handlungen erfüllt: mit dem gleichen Verlauf der Weltgeschichte, mit dem gleichen Ausdruck aller Gebärden, dem gleichen Klang der Stimme, — nur mit dem Unterschiede, daß in einer der ganze Mechanismus abliefe wie die Mechanik eines Automaten, ohne daß irgend etwas dabei empfunden oder gedacht würde, während die andere „unsere Welt" ist; dann würde die Weltformel für die beiden Welten durchaus dieselbe sein. Sie wäre vom Standpunkt der exakten Forschung nicht zu unterscheiden."

Gäbe es auch hier ein Kompromiß, eine Verständigung, eine Brücke, die von Langes Unumstößlichkeit zu der intuitiven Erfassung des Erscheinungsablaufs führte? Bergson wirft die Frage nicht auf, vielleicht weil sie für ihn unerheblich geworden ist, nachdem er Kausalismus und Laplacesche Formel in Bausch und Bogen abgeurteilt hat. Vielleicht aber auch, weil die Frage in solcher Schroffheit nur demjenigen erwachsen kann, der sich an Lange durch so intime Fäden geknüpft fühlt wie Bergson an Schelling. Und hier muß ich gestehen, daß ich keine Seite im Bergson zu lesen vermag, ohne daß zwischen den Zeilen der Langesche Hauptsatz mir grinsend abwinkt; bis ich dann wiederum dermaßen in den Bannkreis der schöpferischen durée gerate, daß ich das Walten zweier Antinomien spüre, die sich in ihrer Gegensätzlichkeit aufeinander einzurichten haben wie die entgegengesetzten Wurzeln einer und derselben quadratischen Gleichung. Aber mit einem Gewaltstreich ließe sich der Zwiespalt lösen. Man stelle sich nicht zwei, sondern **unendlich viele Welten** nebeneinander vor. Eine davon sei die automatische, eine die unserige, alle anderen vom Gegenwarts=

punkt gerechnet in allen seelischen Begleiterscheinungen unbekannte Ausstrahlungen mit unendlich verschiedenen Beschaffenheiten. Da das Psychologische an das Mechanische nicht mathematisch gefesselt ist, zum mindesten nicht durch eindeutige Beziehungen, so liegt in dieser Vorstellung bei aller Phantastik nichts Widersinniges; wie denn auch Lange selbst mit großem Bedacht geschrieben hat: „... genau so vor sich gehen könnte" und nicht: „... vor sich gehen müßte". Dies vorausgesetzt, erschiene jene Brücke zwischen den Antinomien konstruktiv nicht mehr unmöglich. Denn unsere Welt wäre dann virtuell befähigt, in jedem Augenblick in jede der anderen Welten überzugehen, vollkommen vom Zwange des Determinismus befreit und trotzdem, körperlich betrachtet, der alleingültigen Laplaceschen Formel restlos unterworfen; womit sich am Ende die Materialisten strengster Observanz ebenso befreunden könnten wie die Bergsonisten, denen hier für die Geheimkräfte der „durée" und des „élan vital" ein immerhin ganz auskömmlicher Wirkungskreis, nämlich die Unendlichkeit, zugewiesen wird.

Aber der Überwindung des Determinismus steht noch ein anderer Denkzwang entgegen: unsere Vorstellung von der Stetigkeit im Ablauf der organischen Erscheinungen und in allen Äußerungen irgendwelcher Energie überhaupt. Wir alle denken vorläufig infinitesimal, in jedem Denkakt wiederholt sich der lückenlose Akt des freien Falles, der Planetenbewegung, der Lichtstrahlung, die wir nicht anders zu fassen vermögen denn als einheitlichen Zusammenhang. Die Kontinuität scheint hinter allen Kausalitäten als Urkausalität zu stehen, hinter allen Ursachen als Urursache; wer es daher wie Bergson unternimmt, diese Kette zu zerreißen, Zwischenglieder hineinzuschmieden, der wird vor allem darauf sinnen müssen, die Stetigkeit im Erscheinungsabfluß, allem Vorstellungszwange zum Trotz, durch die Unwiderleglichkeit beobachteter Tatsachen zu lockern. Mit zwei Hebeln greift Bergson in die Widerstände: mit der **Mutationslehre** und mit dem **kinematographischen Charakter** unserer Erkenntnis der Dinge. **Hugo de Vries** hat es vertreten und experimentell bewiesen, daß die Veränderung der Arten nicht durch Summierung kleinster Abänderungen, sondern durch Mutation sprungweise aus inneren Gründen erfolgt. Plötzlichkeit an Stelle der Stetigkeit wäre der wahre Sinn der organischen Entwicklung, die sich hinter der scheinbaren Konstanz der Arten verschleiert. Und ebenso liegt Plötzlichkeit an Stelle der Stetigkeit unserer Wahrnehmung zugrunde, vor der die Natur ihre Dinge abrollt, wie der kinematographische Apparat seine Films. Nichts nehmen wir von den vorübergleitenden Erscheinungen wahr als Momentbilder, als getrennte Atome des Wahrnehmbaren, die wir erst später durch einen künstlichen Prozeß zu einer wirklich abfließenden Bewegung, zum Heraklitischen „Panta rhei" vereinigen.

Prachtvolle Argumente, aber dennoch vergebliche Mühe der Hauptsache gegenüber. Denn stetig blieben hinter allen Erscheinungen immer noch die wirkenden Kräfte, die physikalischen Gesetzmäßigkeiten, die von jenen Auflockerungsversuchen nicht betroffen werden. Hier fehlt eine dritte Beschwörungsformel, die nur aus der theoretischen Physik kommen kann; und aus dieser ist sie gekommen, vor etwa dreizehn Jahren, also zu einer Zeit, da der Pariser Denker seine grundlegenden und grundstürzenden Untersuchungen längst abgeschlossen hatte. Es ist die Quantenhypothese, und ihr allein kann es vorbehalten sein, über Bergson hinaus die Bergsonsche Lehre zu vollenden.

Die Quantenhypothese*), die heute durchaus nicht mehr hypothetisch, vielmehr in ihren Grundlagen völlig gesichert erscheint, stützt sich auf das Nernstsche Wärmetheorem im Kontakt mit den unvergänglichen Arbeiten Boltzmanns. In letzter Instanz bedeutet die Quantenhypothese den wahren Triumph der Unstetigkeit. In ihrem Gefolge würde nämlich der erschütternde Leitsatz auftreten, daß die Energie der elektromagnetischen Wellenstrahlung, oder daß wenigstens die Schwingungsenergie der Elektronen eine atomistische Struktur besitzt, ja, daß die Elementargesetze selbst, welche die atomistischen Kräfte beherrschen, aufhören, der sozusagen logischen Forderung unverbrüchlicher Stetigkeit zu genügen, vielmehr einen Wesenskern von Diskontinuitäten enthüllen.

Von hier bis zu dem Radikalschluß, daß jede Energie atomistisch konstituiert sei, ist noch ein weiter Schritt. Aber vielleicht erscheint diese Verallgemeinerung im Lichte aller Denkmöglichkeiten nicht waghalsiger, als der Quantenbegriff überhaupt einem Vertreter der altklassischen Dynamik erschienen wäre. Es soll ja auch nur mit einer Möglichkeit zukünftiger Denkformen gerechnet werden, denen die Intuition eine Zuflucht bietet. Wird ihnen dereinst dieses Asyl geöffnet, dann könnte Bergsons Lehre in Wahrheit das werden, was sie heute noch nicht ist oder zu sein verschmäht, die Verwirklichung der Ansage in Kants „Prolegomena" als der künftigen Metaphysik, „die als Wissenschaft wird auftreten können".

Dann wird es auch gegeben sein, in eine Revision der „du-

---

*) Hauptquelle: ein tiefgründiger Vortrag Max Plancks vom 16. Dezember 1911, abgedruckt in den Berichten der Deutschen chemischen Gesellschaft, Heft 1 von 1912.

réo" einzutreten. Wenn Bergson meint, der wahre Sinn der Zeit könne sich nicht erschließen, wenn wir sie zu einer vierten Dimension des Raumes herabwürdigen, so wird sich über diesen Verzicht ein neuer Anspruch aufbauen: der wahre Sinn der Zeit kann erst dann erschlossen werden, wenn die Zeit im Sinne der Einstein-Minkowskischen Relativitätstheorie zur vierten Dimension des Raumes emporgehoben und die Welt des Geschehens zu einer Geometrie von vier Dimensionen geläutert wird. Schlägt unser Naturerkennen dereinst Wurzel im Quanten- und im Relativitätsbegriff, erwächst hieraus als eine organisierte Denkform die völlige Gleichwertigkeit von Raum und Zeit, dann mag ein anderer Bergson kommen, der uns den schöpferischen Raum mit Einschluß aller Zeit vordemonstriert. Nichts Besseres kann ich diesem Nachfolger wünschen als die bewundernswerte Beredsamkeit seines Vorgängers, als dessen intuitives Vermögen, tiefe Erkenntnisse in Bildern und Symbolen zu gestalten. Denn selbst wenn es gelingt, in seiner Lehre den Dualismus zu beseitigen, wird über das Symbol nie hinauszukommen sein in der Darstellung alles Erschaffenen, alles Dauernden und alles Vergänglichen, das ein Gleichnis ist und nur in Gleichnissen ausgesprochen werden kann.

Zukunftskino

Wenn heute ein Prediger in der Wüste aufträte, um gegen Naturkraft und Mechanik zu donnern, so würde man ihn für einen verspäteten Nachzügler der Inquisition halten. Man würde sich der grauen Zeiten erinnern, da zu Rom das System des Kopernikus und die Lehre von den Antipoden auf dem Index stand, gewisse Kometen verflucht wurden und die Idee des Flugzeugs zum Teufelswerk zählte. Wir sind moderner geworden. Man entrüstet sich nicht mehr gegen die Mechanik des Himmels und der Erde, aber man hat sich einen Rückstand der Entrüstung gegen die „Mechanisierung der Welt" aufgespart. Ja, es gehört sogar zum guten Ton, gegen diese Mechanisierung zu wettern, sobald sie Miene macht, in irgendein Kunstgebiet überzugreifen. An diesen Feldzügen ist das Sanctum Officium unschuldig. Führer und Generalstäbler der Kampagne sind vielmehr die vorgeschrittenen Kritiker, die Hüter der Kunsttempel, und in zahllosen kampffrohen Feuilletons rasseln die Federn gegen den Einbruch der Maschine in den Kunstbetrieb, gegen Lichtbildnerei, Grammophon, Pianola und Film.

Im Prinzip aber macht es keinen Unterschied, ob man gegen die Mechanik anstürmt oder gegen die Mechanisierung. Die Donquichotterie bleibt dieselbe. Denn es gibt nichts Sinnloseres als den Kampf gegen das Unvermeidliche. Von Cä=

far bis zu Moltke hat kein Feldherr den Kampf anders begriffen und definiert als im Hinblick auf den Zweck des Kampfes: den Sieg. Wo die Möglichkeit des Sieges fehlt, ist der Kampf an sich eine Absurdität; etwa so, wie wenn jemand eine Schachpartie ohne Figuren, bloß mit Bitten, Überredung oder Beschimpfung des Gegners gewinnen wollte; oder eine Schlacht auf dem Papier, während der Feind im Gelände seine Maschinengewehre spielen läßt. Der Satz des großen Friedrich: „Gott ist immer mit den starken Bataillonen" behält seine Geltung auch im Kunstwesen. Das Resultat allein schafft das Recht und die Moral; ihre Gültigkeit erhält die Prägung vom Erfolge. Die Ansage: „Das Kino ruiniert das Theater" ist im letzten Grunde gar nicht sehr verschieden von der Behauptung: Die Schiefe der Ekliptik verdirbt die Jahreszeit. Beides läßt sich theoretisch beweisen. Nur daß wir die Welt von neuem erschaffen müßten, um solche Mißstände zu korrigieren. Und nur ein geborener Wolkenkuckucksheimer wird sich auf derartige Erörterung einlassen, mit rückwärts gewendeter Utopie und sittlicher Entrüstung gegen die Ekliptik. Wer sich in der wirklichen Welt zurechtfindet, wird es vorziehen, Tadel und Lob als unzureichende Gerätschaften einzupacken und der Mechanik einzig mit dem zu antworten, was auf sie paßt: mit der Berechnung.

Von dem Augenblick an, wo das erste Stroboskop als ein Kinderspielzeug das Heraufziehen einer neuen optischen Mechanisierung ankündigte, war das Kinoproblem gestellt. Daß es ein Kunstproblem geworden ist, war eine harte Notwendigkeit. Seine Lösung ist nicht von Gebeten und ästhetischen Beschwörungen zu erwarten, sondern einzig von der Voraussicht. Die Anfangsglieder liegen vor, aus ihnen ist die weitere

Entwicklung ohne Gejammer, aber mit möglichster Präzision zu errechnen.

Ich kann nicht finden, daß sich die Priester der Kunst bisher als sonderliche Propheten bewährt hätten. Sie verglichen fast durchweg das vorhandene Kino mit dem vorhandenen Theater, das elende Maschinchen mit der ruhmvollen Dichtung von Sophokles bis Ibsen, waffneten sich mit Ironie und Begeisterung, griffen zu den ewigen Sternen am Theaterhimmel und verwiesen mit verachtungsvoller Gebärde die Flimmerkiste zu den Teufelsrädern und Wackeltöppen der Rummelplätze. Wer ihnen beginnende Möglichkeiten entgegenhielt, flog auf die Strafbank der Böotier, Banausen und Kunstpiefkes. Und es galt als ausgemacht, daß kein „Diener am Wort", insbesondere kein Dichter sich je so weit vergessen könnte, eine Berührung mit den zu ewiger Stummheit verurteilten schwarzweißen Zappelfiguren anzustreben. Inzwischen hat so mancher Talarträger seine Frontstellung geändert, und den Standhaften wird unwohl zumute, wenn sie ihre Scharen mustern. Drüben steht schon eine Legion von Überläufern. Mit den Theoretikern fing es an: Man hörte kinofreundliche Sentenzen von Björn Björnson, von Hermann Bahr, Stefan Zweig, Felix Salten, Paul Goldmann; Maximilian Harden erklärte die Kinos für wichtiger und nützlicher als zwei Drittel aller Sprechtheater. In hellen Haufen folgten die Schauspieler, unter ihnen Berühmtheiten, die sich gewiß nicht einfach auf die Galeere verkauften, sondern als ehrliche Kolonisten ein Neuland der Kunst besiedeln wollten. Die Autorenfilms wuchsen zu unheimlichen Meilenlängen, und wenn die Progression nur noch kurze Zeit anhält, so werden alle Proteste des Goethebundes endgültig verspielt haben. Ob er überhaupt noch protestiert?

Ich hege meine Zweifel, denn auf die Dauer will kein Künstler bei der Fahne falscher Propheten verharren.

Heute ist man wenigstens so weit, anzuerkennen, daß man mit dem bloßen Händeringen gegen den positiven Erfolg nichts ausrichtet. Hinter dem Gesetz der großen Zahl steckt allemal ein organischer Grund, eine Lebensoffenbarung. Und die große Zahl hat sich in unserem Falle schon bis ins Überdimensionale gereckt. Die Statistik hat ausgerechnet, daß allein in Großbritannien wöchentlich acht Millionen Menschen die Kinotheater besuchen. In der ganzen Welt bestehen zurzeit 60000 Flimmertempel, darunter unzählige in kulturfremden Ortschaften, in Einöden, die von der Darstellung eines Vorgangs vordem nichts wußten, denen das bewegliche Allerlei auf weißer Fläche mit Eindrücken und Erregungen zum erstenmal die ferne Ahnung eines Kunstgefühls aufdämmern läßt. Aus vielen Städten Deutschlands liegen Tabellen vor, die uns beweisen, daß der Film bei einer Drangsalierung durch Zensur, Steuer und Feuilletonfluch weitaus mehr metallische Nahrung aus den Beuteln der Bewohner zieht als die Sprechbühnen.

Der Standhafte aber will die große Zahl nicht aus einem inneren Gesetz heraus beurteilen. Ihm ist sie die leidige Mehrheit der Schädlinge, der Bazillen, der Spaltpilze: „eine Kinoseuche!" ruft er resigniert, falls er sich nicht dazu ermannt, die Klinke der Gesetzgebung in die Hand zu nehmen. Ich kann ihm wenig Hoffnung machen, weder auf ein Erlöschen der Seuche im natürlichen Ablauf, noch auf hygienisch durchgreifende Paragraphen. Aber ich möchte ihm andere Hoffnungen erwecken, freilich nicht von heut auf morgen, vielmehr auf lange Sicht, mit einem Prospekt ohne Asta Nielsen, ohne ihre berühmten Kollegen vom Filmmarkt.

Die Annalen des Kinos sind kurz, und die Zeit ist lang, hundert Jahre spielen da keine Rolle. Und in hundert Jahren — ohne mich auf den Kalender festzulegen —, wird sich der Kunstschreiber darüber wundern, daß es zu unserer Zeit soviel tüchtige, gescheite Kollegen gegeben hat, die eine gesunde Evolution nicht von einer Pest zu unterscheiden wußten.

Wir denken in Reihen, versuchen dies mindestens, sobald uns daran liegt, die Denktätigkeit auf Sicherheit einzustellen. Jede künstlerische und jede technische Linie stellt eine Reihe vor, deren Entwicklung und Ende vorläufig nicht abzusehen ist; aus dem Vergleich beider ergibt sich eine Differenzenreihe. Die ersten Glieder dieser Differenzenreihe, für Kino und Kunst ermittelt, liegen vor, und kein sinniger Mensch wird bestreiten, daß sie bei aller Mächtigkeit eine abnehmende Tendenz verraten. Ob diese Reihe als Ganzes konvergiert oder divergiert, kommt hier nicht in Betracht; es handelt sich nur darum, zu ermitteln, ob die Reihenelemente sich in endlicher Zeit soweit verkleinern, daß die Restglieder jedes für sich vernachlässigt werden dürfen. Tritt dieser Fall ein, so würde sich auf jenem fernen Prospekt eine kinematographische Zukunft als durchaus künstlerisches Erlebnis abbilden. Mangels eines exakten Beweises müssen wir uns der Wahrscheinlichkeit in die Hand geben, und diese Wahrscheinlichkeit sagt uns, daß überall, wo Technisches überhaupt mitspielt, die Differenzglieder allmählich verschwinden müssen. Nie und nirgends war etwas anderes zu beobachten als das Prinzip der Annäherung an ein vorstellbares Ideal. Ein vereinzeltes Beispiel möge das verdeutlichen. Bei der Entwicklung elektrischer Telegraphie formen sich die Reihenglieder aus der Differenz einer elektrischen

Leistung und dem vorgestellten Ideal einer Nachrichtgebung über weite Strecken. Als Gauß und Weber ihre ersten glücklichen Versuche anstellten, war das vor aller Welt liegende Resultat außerordentlich klein, die Verbindung überspannte eine Wegstrecke von genau einer Viertelstunde Fußgängermaß, so weit wie vom physikalischen Kabinett bis zur Sternwarte in Göttingen. Ein Zweifler hätte sagen können: Das ist gar keine Erfindung; ein Sprachrohr, eine Sirene reicht weiter! Und doch lagen in jenem knappen Wegemaß von wenig mehr als einem Kilometer die Strecken der ganzen Welt beschlossen, denn es hatte sich eine Verkleinerung innerhalb der Differenzenreihe ergeben, von Unendlichgroß bis auf Endlich. Man konnte vordem überhaupt nicht elektrisch telegraphieren, mit Gauß und Weber konnte man es. Und während der Engsichtige eine klägliche Rechnung begann über die Möglichkeit, vielleicht dereinst zehn Kilometer oder gar hundert Kilometer weit Wort und Gedanken verschicken zu können, mußte eine bessere Voraussicht ahnen, ja wissen, daß jede Entfernung verschwunden war, in demselben Moment, als der Göttinger Draht irgendeine Entfernung vernichtete. Genau so wie sich der Menschentraum des Fliegens verwirklichte, als Otto Lilienthal zum erstenmal gegen den Wind flog. Ein Versuch mit untauglichen Mitteln, eine Katastrophe, und doch die Eröffnung einer weltumfassenden Möglichkeit, die Peinlichkeit der Erdenschwere zu überwinden.

Ich höre den Einwand, daß diese Erinnerungen sich nur auf rein Technisches beziehen, während im Vergleiche Kino—Kunst eigentlich von einer Differenz gar nicht gesprochen werden könne, da die Kunst eben absolut untechnisch sei. Das ließe sich hören, wenn der Begleitsatz ebenso richtig wäre, wie er falsch ist. Denn der Sinn der ganzen Erörterung zielt im letzten Grunde nicht auf das Abstraktum Kunst, sondern auf die Mittel, die Kunst dem Menschen wahrnehmbar zu machen, und auf die Fähigkeiten, die uns zu Gebote stehen, um überhaupt die Kunst mit den Sinnen zu erfassen.

Und hier setzt die Neuheit einer Erkenntnis ein, die von manchem Vorläufer dunkel ertastet, von Henri Bergson bis zur völligen Evidenz herausgearbeitet worden ist: Der Mechanismus unseres gesamten Denkens ist kinematographischen Wesens! Ihr Prinzip ist die Unstetigkeit, gleichgültig, ob wir die Wahrnehmung, die geistige Auffassung oder die Sprache als das Entscheidende betrachten. „Der Kunstgriff des Kinematographen ist auch der Kunstgriff unseres Erkennens. Statt uns dem inneren Wesen der Dinge hinzugeben, stellen wir uns außerhalb ihrer, um dies Werden künstlich zu rekonstruieren. Von der vorübergleitenden Wirklichkeit nehmen wir sozusagen Momentbilder auf, und weil diese die Realität charakteristisch zum Ausdruck bringen, so genügt es uns, sie längs eines abstrakten, gleichförmigen, unsichtbaren, auf dem Grunde des Erkenntnisapparates liegenden Werdens aufzureihen, um nachzubilden, was das Charakteristische dieses Werdens selbst ist." Wer sich die Mühe nimmt, dies durchzudenken, wird erkennen, daß von des Eleaten Zenon fliegendem Pfeil bis zu Bergsons Lehre eine lückenlose Gedankenkette geht, zweitens aber und vornehmlich, daß diese Kette nur noch wenig verlängert zu werden braucht, um über das reine Erkennen hinaus bis zur Kunsterfassung zu reichen. Auch für diese sind wir durch unseren Organismus mechanisch, unstetig, vorgebildet; unsere gesamte Fähigkeit, ein Kunstgebilde zu berühren, zu erfühlen, ja sogar zu schaffen, ist eine kinematographische. Wir sind sonach berechtigt, unseren mechanischen Ansatz nach dem

Prinzip der Differenzenreihe aufzustellen und aus der offenkundigen Verminderung der Unterschiede auf eine dereinstige Verschmelzung beider Elemente zu schließen. Ich selbst halte dieses Dereinst für ziemlich naheliegend und den Schritt dahin nicht für größer als vom ersten Göttinger Draht zum Nervensystem der Weltdrähte, das heut die Menschheit durchspinnt. Soll das Hindernis etwa in der Sprache liegen, in der Stummheit der Kinofiguren, im Schnarren des mit dem Film gekoppelten Phonographen? Das wäre wieder so eine „Unmöglichkeit" nach dem Muster der Akademiker, die anno olim mit der Geste der Unfehlbarkeit die Unmöglichkeit der Spektralanalyse, der Telephonie, des unterseeischen Kabels und der Flugtechnik bewiesen haben. Das Schnarren wird dem schönsten Bühnentonfall weichen, der Gleichlauf zwischen Klang und Gebärde wird in Wahrheit den lebenden Menschen widerspiegeln und die Illusion auf weißer Fläche vollenden.

Auf weißer Fläche? Sind damit schon wieder die technischen Möglichkeiten erschöpft? Nichts zwingt uns, die Anordnung im Zweidimensionalen als das einzige Grundgesetz der Projektion anzuerkennen. Heut noch beruhigt sich das Illusionsbedürfnis bei der scheinbaren Perspektive auf der Fläche. Es wird anspruchsvoller werden, das Problem der Körperlichkeit stellen; es wird die Entwicklung der kinematographischen Tiefbühne fordern. Und da dies eine Aufgabe der Mechanik ist, so muß sie irgendwie gelöst werden aus optischen Quellen, stereoskopisch und stereometrisch mit Hilfsmitteln einer schnellen und billigen Übertragung eines wirklichen Bühnenvorgangs auf eine nicht abtastbare, sonst aber der Wirklichkeit völlig gleichwertige Szenerie.

Der Gleichlauf zwischen Ton und Bewegung leistet schon

jetzt Erstaunliches. Eine schöne Kunst hat er freilich noch nicht vermittelt, aber das erste Puppenspiel von Dr. Johannes Faust war auch noch nicht Goethisch oder Reinhardtsch. Das junge Kinetophon spielt alberne Szenen mit den Ansätzen einer Sprechmechanik. Das gereifte wird den Hamlet mit sprachlichem Ausdruck vortragen. Es gibt da nur nach Graden abgestufte Unterschiede, wiederum jene Differenzen, die keinen Bestand beanspruchen können, weil zwei übermächtige Regenten ihren Untergang beschlossen haben: die Zeit und die Technik.

Aber wir wollen uns auf kürzere Sicht einstellen und vorerst nur die musikalische Pantomime und das klassische Ballett, die doch auch zur Kunst gehören, durchs Kino vervielfältigt denken. Aufgaben, zu deren Bewältigung die bereitstehenden Mittel beinahe ausreichend erscheinen. Damit wären die Vorstufen zur kinetophonischen Oper gewonnen, die sicherlich unbeholfen genug einsetzen, aber ebenso gewiß um Jahrzehnte früher ihren Frieden mit der Mechanik machen wird, als das Sprechdrama.

Auf dem Wege dahin liegt eine Abspaltung, die niemals fehlt, wo immer sich breite Haufen aus gemeinsamen Interessen versammeln. Es bildet sich eine vulgäre Unterschicht und eine aristokratische Oberschicht. Einmal schon haben wir diese Spaltung im Kinobetrieb erlebt, der nach ganz proletarischem Beginn schnell genug luxuriöse Zweige ansetzte. Das Theater sollte durch die äußere Aufmachung eingeholt werden, durch Paläste, elegante Logen, imposante Saaldiener, symphonische Orchester und hohe Entrees. Volksküchen mit Sevres-Porzellan, geschliffenen Kelchen, frischen Hummern und Pommery. Die zweite Spaltung wird die Volksküche zu Recht bestehen lassen und ihre Scheidung nach dem Kunst-

wert des Dargestellten bewirken. Dann gleitet die Wildwest=
dramatik und der sentimentale Kitsch mit ihren Pampas=
ritten, geraubten Bräuten und langweiligen Heroismen in
die Unterschicht, und die Aristokratie beginnt dort, wo aus
der ersten mechanischen Paarung von Ton und Bewegung
das erste glaubhafte Buffoduett vor uns entstehen wird.
Wer heute ein Knabe ist, kann es erleben, ehe ihm die Haare
bleichen; und wenn er zufällig Kunstschriftsteller werden
sollte, so wird er alle erdenklichen Fragen erörtern, bloß
nicht die, ob solche Eindrücke zu den schönen Künsten zäh=
len oder nicht; er wird sie vielmehr als ein selbstverständ=
liches Kompromiß auf maschinenhafter Grundlage ansehen,
das, weit entfernt davon, die Kunst umzubringen, sie ins
Ungemessene verbreitert und volkstümlich macht.

Als gemeinsame Formel aller Zukunftsbetrachtungen er=
gibt sich: Das Kino mit all seinen fernen Möglichkeiten,
mit Synchronismus des Tones, erhöhtem Relief der Dar=
bietung und optischer Tiefbühne verhält sich zum gegenwär=
tigen Theater wie der Buchdruck zur Literatur. Was wir
heute im Theater als Volkskunst ausrufen, ist doch nur ein
Reservat örtlich und wirtschaftlich Begünstigter; zur wirk=
lichen Volkskunst kann es erst durch den ungeheuren Multi=
plikator der Maschine werden. Die Elektra, die Phädra und
der Wilhelm Tell haben nicht dadurch gelitten, daß sie in
Millionen von Exemplaren durch die Maschine verbreitet wur=
den und daß sie für zwei Nickel aus dem Automaten ge=
zogen werden können.

Und so wird ein Caruso der Zukunft gleichzeitig an hun=
dert verschiedenen Bühnen zwischen Kanada und Neuseeland
in hundert wirklichen Vorstellungen auftreten, eine Indis=
position kann niemals vorkommen, und die Eintrittskarte mit

bester Aussicht auf die ganze Aida wird fünfzig Pfennig kosten, — falls nicht inzwischen durch die Lustbarkeitssteuer der projizierte Tenor genau so unerschwinglich geworden ist wie der lebendige.

*

Die vorstehende Zukunftsansage hat mancherlei Erörterung in der Presse hervorgerufen. Als gewichtigster Gegner trat mein verehrter Kollege, der bedeutende Kritiker des Berliner Tageblatts, Fritz Engel auf den Plan, indem er in seinem Organ folgende Abwehr veröffentlichte:

Zukunfts-Flimmer
Ein Brief an Alexander Moszkowski

Verehrter Herr und Freund! Sie haben an dieser Stelle einen Aufsatz über das Zukunftskino veröffentlicht und einen weiten Blick in allerlei Entwicklungsmöglichkeiten vorausgetan. Ihre Phantasie arbeitet noch lebhafter als der beste Kurbelapparat, der sich ja immer noch an Gegenständliches halten muß, und zaubert Bildungen herbei, die vorerst nur Einbildungen sind, die aber, rein äußerlich gesprochen, durchaus Wirklichkeit werden können. Wir wissen ja alle, daß selbst parodistisch gemeinte Utopien im Lauf der Jahre ernste, technische Wahrheit geworden sind. Beim Gott der Technik ist eben kein Ding unmöglich.

Aber ich muß widersprechen, wenn Sie mit möglichen technischen Vollendungen den Ruf aller derjenigen ersticken wollen, welche in der Institution des Kino, des gegenwärtigen und des zukünftigen, eine Bereicherung der Kunstsphäre nicht erblicken können. Sie haben da, verehrter Freund, so ein gewisses Lächeln, das uns zu verstehen gibt, wir seien zwar brave Leute, aber ernst zu nehmen seien wir nicht. Nun ja, man brauche uns nicht gerade totzuschlagen, aber es wäre doch hohe Zeit, uns zu ducken. Wir seien die Don Quixotes, die gegen etwas „Unvermeidliches" anrennen, und Toren, welche nicht wüßten, daß, wenn die Lichtspielerei sich quantitativ so gewaltig entwickelt habe, darin eine „Lebensoffenbarung" sich zeige, gegen die nichts mehr auszurichten ist.

Da bitte ich nun sehr um die Erlaubnis, ein Tor bleiben zu dürfen. Töricht, wie ich mich fühle, bin ich nicht einmal klug genug, Ihnen im einzelnen zu beweisen, wie falsch dieser Gedanke von der „Lebensoffenbarung" ist, die man als eine gottgewollte Sache in Demut hinnehmen müsse. Sie verlangen damit, daß wir auch den peinlichsten Erscheinungen des menschlichen Daseins, wenn sie nur kompakt genug auftreten, mit der Gleichgültigkeit eines Wüstenphilosophen zuschauen sollen. Sie machen den Kampf gegen alle Epidemien überflüssig, und ich sehe wirklich nicht ein, warum wir noch etwas gegen die Tuberkulose tun sollen, die ja leider nach dem „Gesetz der großen Zahl" unzweifelhaft eine solche „Lebensoffenbarung" ist.

Aber Sie schränken sich ja selbst ein, indem Sie einen Kampf immerhin dann für erlaubt halten, wenn er Aussicht auf den endlichen Sieg hat. Und nun hören Sie, was einer von den Toren spricht, die Sie, immer mit jenem Lächeln, verspotten, indem Sie ihnen den Titel „Priester der Kunst" verleihen. Wir glauben an diesen Sieg. Wir glauben, daß die Technik, die die Kultur und alle Bequemlichkeiten des Lebens beherrscht, der Kunst nur immer respektvoll dienen, sie aber nie tyrannisieren darf. Wir glauben, daß je eher Ihre Phantasie zur Wirklichkeit wird, daß Technik und Kunst um so schneller sich wiederum scheiden werden. Wir glauben, daß all die technischen Kniffe, die heutigen und die späteren, erkannt werden als Surrogatmittel, die sie sind; daß man sie empfinden wird als Notbehelfe für Farmer an der Grenze des Urwaldes, die den Kultur- und Kunstzentren fernbleiben müssen; daß sie schließlich die Sehnsucht erwecken, sie aber nie befriedigen werden, nach dem Original: nach der menschlichen Stimme, die noch nicht auf die Schallplatte eingefangen ist, und nach der von lebendigen Menschen erfüllten dramatischen Kunst, die ewig das zarteste und stärkste Instrument seelischer Wirkung bleiben wird. „Wilhelm Tell ist in Millionen Exemplaren maschinell verbreitet worden" — so heißt es in Ihrem Aufsatz. Und der Effekt? Die Erkenntnis, daß das gedruckte Drama ein matter Abglanz ist. Weiterer Effekt: der heiße Wunsch, es dort kennen zu lernen, wohin die von hundertfältigen Konkretheiten erfüllte, nach plastischer Lebensgestaltung drängende Kunst des Dichters es gestellt hat: auf die paar Bretter, die man dramatische Bühne nennt.

Und diesen Organismus wollen Sie nun, schwärmerisch und doch schon erfolgsicher, den Fortschritten der Technik restlos anvertrauen. Sie nehmen es als selbstverständlich an, daß die Lichtbühne sogar auf dem Gebiete des ernsten Dramas noch eine wesentliche Zukunft habe. Da Sie die Entwicklung mit solcher Aufmerksamkeit verfolgen, nimmt es mich ein wenig wunder, daß es Ihnen entgangen ist, wie skeptisch man bereits in den nächsten Interessentenkreisen darüber denkt. Zumal mit jenen „Autorenfilms", von denen so viel und so hoffnungsvoll die Rede war, ist es nicht gut geworden. „Priester der Kunst" hatten — töricht und weltfremd, wie sie sind — sofort darauf hingewiesen, daß die Gesetze des dramatischen Schaffens, wenn man es nur im geringsten im höheren Sinne begreift, niemals in das Prokrustesbett des Films zu spannen sind. Einige unserer Poeten haben das mitempfunden, andere nicht, und sie haben wirklich geglaubt, die Leinwand „veredeln" zu können. Von diesen sind nun die meisten schon mit langen Gesichtern umgekehrt. Wenn sie noch für den Film arbeiten, so tun sie es annonym. Die Epoche, da ihre „Namen" hoch bezahlt wurden und da sie ihr künstlerisches Gewissen mit dem großgedruckten Ruhm der Litfaßsäule einschläferten, ist ihrem Ende nahe. Und wenn sie selbst auch noch wollten — die Filmdirektoren wollen nicht mehr. Es war ein schlechtes Geschäft, denn der dicke Suppenkaspar Publikum hat die veredelte Bouillon nicht essen wollen. Und das Lichtspiel ist und bleibt nun einmal ein kaufmännisches Unternehmen. Technischen Ursprungs, hat es von Hause aus wie alle Technik Geld machen wollen, und seine Schöpfer haben den Teufel an Kunst gedacht. Auch unser heutiges Theater möchte gern reich werden; das ist gewiß. Aber der Urquell aller Kunstgebärdung, außer eben der Kino-„Kunst", strömt doch noch immer aus idealen Bedürfnissen. Es ist die Pflicht jener weltfremden Priester, die Herrschaften vom Theater von Zeit zu Zeit daran zu erinnern.

Und nun erwartet Alexander Moszkowski das Heil der dramatischen Filmkunst vom Glück der Technik. Man werde aus der

Flächenprojektion zur dreidimensionalen gelangen und die Stimmen der Schauspieler mit absoluter Treue auf die Walze bringen, und man werde schließlich plastisches Bild und Reproduktion der Stimme zu so geschlossener und einheitlicher Wirkung führen, daß die volle Illusion der heutigen Bühne erzeugt wird. Ich traue der Technik alles zu und will das einmal glauben. Ich will glauben, daß die Sache durchaus klappt; daß die Schauspieler, die die Walze besprochen haben, die aber nachher noch besonders kinematographisch aufgenommen werden, den Mund genau so bewegen, wie die Sprechmaschine hinter den Kulissen es verlangt; daß die Akustik, die in jedem Saale ihre eigenen Bedingungen hat, von Fall zu Fall mechanisch geregelt werden kann.

Dann wird also, sprechfilmenderweise, Hamlet gegeben. Sie, Freund und Gegner, träumen ohne Umschweife davon. Heute abend: „Hamlet" von William Shakespeare. Ich fühl', wie ich schaudere, und mir geht's wie Horatio, da er den Geist erblickt: „Es macht mich starr vor Furcht und Staunen." Den eisigen Tod sehe ich dort, wo ich Leben zu sehen gewohnt war. Ich sehe starre Puppen, die mir voll Beweglichkeit vorlügen, daß sie nicht starr sind, und ich sehe sie da, wo ich Menschen sich hatte bewegen sehen. Gott, wie unmodern, daß ich solche Unterschiede mache. Wie töricht, daß ich mich erinnere und vergleiche. Wie berührte mich einst die Stimme des Prinzen im Innersten, weil er sie eben in diesem Augenblick selbst aus seinen Tiefen herausholte! Wie fühlte ich seine Wärme und neidete ihm den guten Platz, wenn er sich an Opheliens süßen Leib anschmiegte! Wie tat mir selbst der alte Polonius leid, da er gleich einer Ratte abgestochen wurde; ich hatte ihn ja eben noch als einen Atmenden gesehen. Welch eine Albernheit, daß ich mich daran erinnere, wie reizvoll und wahrhaft künstlerisch es ehedem war, daß jede Theateraufführung, auch die sorgfältigst vobereitete, stets etwas Improvisiertes hatte, abhängig vom Raume, vom jeweiligen Publikum und von dem immer neuen Streben der Schauspieler. Wie schön und spannend, weil ein Bild des Lebens selbst, waren diese Irritationen des Augenblicks!

Jetzt aber, o Zeitgenosse, o Zukunftsgenosse, jetzt geht alles am Schnürchen. Du bewunderst vielleicht nicht mehr Hamlet, aber du bewunderst die Maschinerie, die ihn hervorbringt. Du haſt aus der Sprechkiſte Hamlets Monolog gehört und ſagſt: „Nein, dieſe Technik!" Und Apollo ſelbſt, der nur ein Olympier war und noch kein Dr.-Ing., geht hin und vertauſcht ſeine alte Leier gegen ein noch gut erhaltenes Grammophon.

Dies und Ähnliches fiel mir aufs Herz, als ich Ihren Aufſatz las.

*

Adhuc sub judice lis est. Und bis zur wirklichen Entſcheidung in langer Zeit wird es von der Stimmung des einzelnen abhängen, ob er ſich von der momentanen Körperlichkeit des Schauſpielers mehr für die Kunſt verſpricht oder von dem Kunſtgebilde an ſich, ob er die Einmaligkeit, das Improviſierte höher wertet als die von Ort und Zeit unabhängige Wirkung, die das Impromptu opfert, um ſich der Dauer zu verſichern.

Im Grunde dreht ſich der Streit um die Aufrechterhaltung von Vorbehalten und Privilegien, die ja für den Genießer ihre hohe Bedeutung haben, aber gegen das Optimum der Maſſe zurücktreten müſſen, im Sozialen wie im Künſtleriſchen. Der vornehme Römer, der die Schwere des Alltags auf ſeine Sklaven abwälzte, tauchte tiefer in die Lebenseſſenz als der Bürger von heute, der ſich mit der Geſindeordnung umherſchlägt, Marken klebt und das Herrenbewußtſein nicht mehr kennen lernt. Trotzdem empfinden wir dieſen Abſtieg vom Lebensgipfel als einen Aufſtieg von einer niederen Lebensordnung zu einer höheren. Ja, wir können uns nirgends mehr einen Kulturfortſchritt vorſtellen ohne Beſeitigung ſolcher Gipfel und ohne Nivellierung, die durch ſich ſelbſt zu einer Erhöhung der geſamten Lebensfläche führt.

Im Kunſtleben wiederholt ſich dieſe Erſcheinung ganz ge=

nau. Der Genießer als solcher will keine abgeguckten Kunst=
werke, will nicht die Masse, die an der Darbietung teil=
nimmt, beansprucht die Stegreifblüte als etwas für ihn al=
lein Gehöriges. Er befiehlt Separatvorstellungen und er=
reicht damit gewiß eine Kunstschwelgerei, die der später nach=
strömenden Menge versagt bleibt. In dieser Behauptung des
Herrenstandpunkts offenbarte sich das Kunstbekenntnis des
Königs Ludwig II. von Bayern. Darin liegt Größe, Schön=
heit, adlige Eigenart, aber ein Übelstand ist dabei: es läßt
sich der Kunstwirklichkeit gegenüber nur als eine Fürsten=
laune von kurzer Dauer durchführen.

Der Schwelger von heute schielt immer noch begehrlich
nach dem König=Ludwig=Reservat. Seine Kommandogewalt
ist freilich verkürzt, und er muß es dulden, daß die Kunst=
strahlen nicht nur seine Loge, sondern ein ganzes Parkett
voller Menschen, viele Parketts und viele volle Häuser er=
reichen. Damit hat er sich abgefunden. Denn noch hat er
das Improvisierte und die unmittelbar wirkende Körper=
lichkeit für sich gerettet.

Bloß für sich gerettet? ach nein! er hat sie Millionen
vorenthalten und diesen nicht nur die letzte und höchste
Schwelgerei, sondern das Kunstwerk selbst. Soll es über die
Tausende hinweg die Millionen erreichen — und diese For=
derung ist unabweisbar — so muß es eben den Weg der
mechanischen Vervielfältigung einschlagen. Den Wenigen
wird dabei nicht einmal ein Opfer an Genuß zugemutet, son=
dern nur der Verzicht auf Ausschließlichkeit. Denn die We=
nigen werden nach wie vor Erstaufführungen besuchen, und
jedes Stegreif in Bewegung, Mimik und Ton bleibt ihnen
ungeschmälert. Sie werden sich nur damit abzufinden ha=
ben, daß der Reflex der Darstellung aus unzähligen Glanz=

flächen in alle Welt geht, daß die Tafel für Unzählige gedeckt wird, die heute noch hungern.

Fritz Engels poetische Ansprüche bleiben also in aller Zukunft gewahrt, und seine Befürchtungen finden im Technischen keine Stütze. Wer selber im guten Sprechtheater einen guten Platz inne hat, wird auch weiterhin dem Dänenprinzen den guten Platz an Opheliens süßem Leib neiden dürfen. Aber während er sich diesen Entzückungen hingibt, mag ihm die Erkenntnis zuflüstern: dieser süße Leib Opheliens ist für dich eine optische Tatsache, in deiner eigenen Körperlichkeit begründet und hervorgerufen durch ein winziges Bildchen auf deiner Retina. Du selbst kinematographierst mit Auge, Hirn und Nerven, wenn du den Leib betrachtest und aus vielen Verschiebungen jenes Bildchens seine Süßigkeit abziehst. Siehst du ihn durch ein Opernglas, so hängt der Mädchenleib verkehrt und verkleinert in der Luft und wird erst durch einen höchst umständlichen Prozeß im Okular deiner Wahrnehmung zugeführt. Setze dich schräg gegen die Bühne und schalte einen Planspiegel ins Gesichtsfeld ein, so wird sich der Eindruck immer noch nicht ändern, und du wirst dich im ästhetischen Genuß der warmen Körperlichkeit fühlen. Sie selbst, die Ophelia, korrespondiert mit dir immer nur optisch, durch einen verwickelten Mechanismus, der letzten Endes nichts anderes bewirkt als gewisse molekulare Anordnungen in deinem eigenen Empfangsapparat. Gelingt es der Technik, diese Anordnungen auf noch größeren Umwegen und Entfernungen zu bewirken, so bleibt diese Körperlichkeit bestehen, selbst wenn die reale Ophelia in Berlin gespielt hat und dir ihre Erscheinung zehn Jahre später nach einem Alpendorf zusendet. Illusion ist alles in der Kunst, sie spiegelt dir in Nähe und Ferne eine Körperlichkeit vor, die du selbst durch die Technik der Organe in dir konstruierst. Als das Kino seine Laufbahn begann, wurde ihm jede Kunstmöglichkeit abgestritten. Heute sieht es auf dem Kampffelde schon anders aus, und in die Fanfaren der Gegner mischen sich die Töne der Verzichtleistung. In dem Feldgeschrei „der Autorenfilm versagt" liegt bereits das Zugeständnis, daß man die modernen Filmautoren gar nicht brauchen wird, sondern nur noch Autoren. Ganz einverstanden. Wenn durch vorgeschrittene Technik und neuangepaßte Illusion erst aus den „starren Puppen" lebendige redende Menschen geworden sind, dann wird es sich zeigen, daß die Bühnenautoren seit Sophokles Zeiten schon immer für den Film geschrieben haben. Und wenn dann irgendein Filmdrama nichts taugt, so wird es am Drama liegen, nicht am Film. Nehmen wir aber als Voraussetzung die vollendete Mechanik, den wirklichen Dichter und den trefflichen Darsteller, dann verschwindet der Filmbegriff überhaupt, und an seine Stelle tritt das weithin strahl-tönende Kunstwerk in einer Nachwelt, die dem Mimen Kränze flicht.

Klavier und Maschine

In meiner Studie über „die Kunst in tausend Jahren" habe ich die Frage nach der zeitlichen Begrenzung der Künste aufgeworfen und mit den mir verfügbaren Mitteln zu beantworten versucht. In der Lösung des Problems gelangte ich zu dem Ergebnis, daß die Kunst im Dasein der Menschheit von Anfang an nur zu endlichen Funktionen berufen sei. Seitdem sind Aufforderungen an mich ergangen, die Wahrscheinlichkeitsskala für das Erlöschen der Künste genauer zu bestimmen.

Daß die tausend Jahre der Überschrift nur eine bequeme Sprachformel darstellen, ist ohne weiteres einleuchtend. Tausend Jahre sind eine Ewigkeit im Verhältnis zum einzelnen Menschenleben und eine Minute in der kosmischen Entwicklung. Zweifellos werden Dichtkunst, Bildhauerei und musikalische Komposition zu höherem Alter gelangen. Aber ich bin der Meinung, daß einzelne Besonderheiten der Kunst auch diese tausend Jahre nicht überleben werden. Und ich will hier mit der neuen Ketzerei hervortreten, daß wir den Mund gar nicht mit Jahrtausenden vollzunehmen brauchen, um das Aussterben einer bestimmten Kunstklasse, nämlich des Pianismus, vorauszusagen. Hier wird es sich höchstens nur noch um Jahrhunderte handeln.

Ich möchte mich hierüber weder mit den Pianisten von

Fach noch mit den Konzertagenten oder Konservatoriums= leitern unterhalten. Diese werden geneigt sein, von Arion ab über den ersten Spinettpinker hinweg bis zu den Klavier= matadoren unserer Tage eine aufsteigende Kurve zu erblik= ken, die notwendigerweise ad astra führen muß. Sie wer= den die Statistik der Klavierkonzerte aufmarschieren lassen, deren Zahlenwucht die Bedenken eines einzelnen Zweiflers einfach niederreitet. Und vermutlich werden sie wenig Lust bezeigen, mir eine Voraussetzung zuzugeben, auf die ich vor= nehmlich meine verwegene Ansicht aufbaue, nämlich die: daß der Pianist von Anbeginn in der Entwicklung der tonkünstle= rischen Gedanken einen Fremdkörper bedeutet.

Nehmen wir einmal vorläufig die Komposition, so wie sie sich in der Klaviermusik darstellt, als einen ewigen Wert an. Ihr gegenüber steht der Empfangende, der Hörer, der diesen Wert in sich aufnehmen, seinen Reiz genießen soll. Das ideale Verhältnis wäre der unmittelbare Kontakt, das Überfließen des Reizes in den empfangenden Organismus, so wie der Wanderer den Wald und die Sonne, der Jüngling die Geliebte genießt, ohne Zwischenhändler und Dolmet= scher. Auf der einen Seite steht der Weltgeist in einer sinn= lichen Offenbarung, auf der anderen ein Mensch, dessen Ner= venbahnen sich dieser Verkündung öffnen. Und theoretisch, wenn auch in Form eines Wunders, ließe sich auch für die Musik eine solche Unmittelbarkeit ausdenken: eine Beetho= vensche Sonate, ein Chopinsches Nocturne müßten dem leib= lichen Ohre erklingen, wie sie ursprünglich dem inneren Gehör der Erzeuger entquollen. Das wäre die Vollendung.

Aber zwischen dem Beethoven oder Chopin und dem Hörer steht nun in jedem Falle ein Agent, der die beiden Pole an= einanderbringt. Ohne diesen Menschen und seine umständ=

liche, mühevolle, im Grunde sehr peinliche Gymnastik würden sich die beiden Pole, die einander suchen, nicht vereinigen, der Funke würde zwischen ihnen nicht überspringen können. Einem Organ, das die Natur zum Greifen bestimmte, hat er das Klavierspielen abgetrotzt, eine Technik eingepflanzt, die in jedem, auch im besten Falle als das Prinzip der überwundenen Schwierigkeiten eine mechanische Geltung beansprucht. Dieser Mensch vermittelt also, das heißt, er erregt die Täuschung, daß jener Beethoven oder Chopin zunächst gar nicht die Objektivation einer künstlerischen Idee gefunden und dargestellt, sondern vor allem den Vorwand ersonnen hat, ihn mit seinen äquilibristischen und wagehalsigen Leistungen auf das Podium zu befördern.

Aus allen Poren schwitzt ihm die mechanische Arbeitsvergangenheit. Wir mögen von der pianistischen Darbietung entzückt und überwältigt sein, wir mögen ihm zujubeln, ihn herausrufen und zu Wiederholungen nötigen, — je beifallsfreudiger wir uns gebärden, desto deutlicher bestätigen wir die Tatsache, daß er jene Idealfühlung nicht fördert, sondern stört; daß er eine selbstherrliche Instanz darstellt, von der die Komposition als solche nichts weiß; daß sich auf dieser mit klammernden Organen ein Parasit festgewurzelt hat, der die Kräfte und Säfte des Werkes für eigene Zwecke in Anspruch nimmt und aufsaugt.

Aber der kompositorische Geist hat von Natur aus einen anderen Willen, und früher oder später wird er ihn durchsetzen. Ihm ist es nicht darum zu tun, die technische Hervorbringung zu betonen, sondern sie verschwinden zu lassen. Er will das unmittelbare Überfließen in das Empfangsorgan, und wenn er dies bis zur Stunde noch nicht ermöglichte, so deutet er doch den Weg an, auf dem er es bereinst ermöglichen wird. Schon sind am Reformtempel der Kunst die neuen Thesen angeschlagen, und deren oberste Sätze lauten: Der pianistische Mensch muß und wird ausgeschaltet werden; an die Stelle des akrobatischen Vermittlers soll die Maschine treten, die eben, weil sie seelenlos ist, sich zur allergehorsamsten Vollstreckerin des kompositorischen Willens eignet.

Wie diese Maschine der Zukunft heißen wird, das wissen wir nicht, braucht uns auch nicht zu kümmern. Auf gegenwärtiger Stufe der Möglichkeit heißt sie: das Pianola*).

Ich sehe das Entsetzen in den Mienen vieler Leser. Da tritt einer auf, der vollkommen das Göttliche in der Menschendarstellung übersieht und der allen Ernstes behauptet, dieses Göttliche könnte durch eine maschinenhafte Anlage überwunden werden. Das ist in der Tat viel Ketzerei in einem Satze. Aber wir werden uns zu erinnern haben, daß noch niemals eine kunstphilosophische Erkenntnis, noch niemals ein Reformationsgedanke aufgetaucht ist, die nicht im ersten Anlauf einen ketzerhaften Anstrich gezeigt hätten.

Exempla docent. Wir wollen uns zunächst einmal in benachbarten Gebieten umsehen, um zu prüfen, welche Rolle dem Mechanisch=Seelenlosen im Bereich des Künstlerischen und Reingeistigen zufällt.

---

*) Die Betrachtungen dieses Artikels gelten bis zu einem gewissen Grade auch für die anderen Konstruktionen, die das Prinzip des Pianolas, also die Unterdrückung der technischen Schwierigkeit, verfolgen. An dem Zuge meiner Ausführungen, die nur dieses Prinzip als Zukunftswerk behandeln, wird nichts geändert, wenn statt des Wortes Pianola eine andere Artbezeichnung eingesetzt wird. Der von mir aufgestellte Generalnenner ist aber, am Gange der Entwicklung gemessen, der einzig mögliche, da das Pianola als Verwirklichung eines technischen Gedankens vorbildlich aufgetreten ist.

Du trittst vor ein Gemälde, das als Kunstgebilde zum Beschauer dieselbe Beziehung hat wie die musikalische Komposition zum Hörer. Genau genommen müßte sich also auch hier ein Vermittler dazwischen stellen, ein Mensch, der dir das Bild sozusagen „vorspielt". Hiervon weiß aber diese Kunst nichts. Sie läßt die Schwingung — das Substrat aller Kunst — direkt in dich, auf deine Retina überströmen. Als Vermittler dienen lediglich der im Licht schwingende seelenlose Äther der Luft und die seelenlose Linse deines Auges, welche in ihrer Vereinigung als das Pianola der Malkunst angesprochen werden können. Du selbst, als der Schauende, hast dieses von der Natur vorgesehene Pianola zu registrieren, und du kannst den Gedanken gar nicht zu Ende denken, daß hier als Vermittler noch irgendein seelenvolles Drittes sich zwischen dich und das Kunstwerk drängen könnte.

Ja, im Felde der Musik selbst finden wir Ansätze dieser Erkenntnis. Als Richard Wagner mit der Forderung des verdeckten Orchesters hervortrat, führte er fast dieselben Motive ins Treffen, die uns als Beweisstützen dienen sollen. Er verlangte wörtlich „die Beseitigung der stets sich aufdrängenden Sichtbarkeit des technischen Apparates der Tonhervorbringung". Die Häufung geigender und blasender Mittelspersonen, vor allem aber den eigentlichen Interpreten, den Kapellmeister in seinen gymnastischen Übungen, empfand er als Fremdkörper. Und läge es im Bereich der Möglichkeit, die Kapelle durch ein ideales Orchestrion zu ersetzen, so hätte Richard Wagner keinen Augenblick gezögert, den ganzen seelenvollen Komplex musizierender Zwischenglieder samt ihren Dirigenten von Bülow bis Mottl radikal abzuschaffen und durch die Maschine zu ersetzen. Er hat sich damit begnügt, die Störung zu verdecken. Auf unseren Fall übertragen, würde dies der Mitwirkung eines „verdeckten Klavierspielers" gleichkommen. Wir gehen noch einen Schritt weiter und greifen in die Zukunft, indem wir den Pianisten nicht nur verdecken, sondern in der Versenkung verschwinden lassen.

Denn immer bliebe noch zwischen der Schöpfung und dem Hörer das Klavier selbst, ein Instrument, das mit seinen Hebeln, befilzten Hämmern, metallenen Fäden und seinem riesigen Resonanzkasten zunächst nichts anderes darstellt als einen seelenlosen, nach arithmetischer Ordnung aufgestellten Katalog der Töne. An und für sich erscheint uns das Pianoforte wie ein Bergwerk, angefüllt mit Erde, Schlacke und eingesprengten Silberadern, die erst losgelöst, geschmolzen und zur Kunstgestalt geformt werden müssen; oder wie ein Marmorbruch, der in seinem toten, unterschiedslosen Gestein all die bildlichen Herrlichkeiten trägt, die erst — hier wie dort wörtlich genommen — herausgehauen werden sollen. Wäre es möglich, das Klavier mit der Urschöpfung so in direkte Berührung zu bringen, daß der Urheber sich selbst zum Erklingen brächte, so wäre das Vortragsproblem gelöst. Zu diesem Ziel findet sich leider in der natürlichen und künstlerischen Schöpfungsgeschichte kein Weg vorgezeichnet. Es ist bestimmt in Apollos Rat, daß hier stets noch ein Tertius oder Tertium mit unerbetener, aber notwendiger Dienstleistung auftritt, ein Pianist oder ein Pianola, ein Mensch oder eine Maschine, bei denen sich trotz aller Grundverschiedenheit ihres Wesens schon heute ein Konkurrenzkampf ankündigt.

Und da schwinge ich mich sofort zu der anscheinend barbarischen Ansage auf, daß die Zukunft diese Konkurrenz zugunsten des Pianolas entscheiden wird; hierbei stelle ich das

Horoskop gar nicht auf eine Unabsehbarkeit ein, sondern, wie schon angedeutet, auf eine nahe, nach wenigen Generationen bestimmbare Folgezeit.

Ja, ich gehe noch weiter: Nach der Summe seiner Leistungen gemessen stelle ich das Pianola schon heute über irgendeinen Pianisten.

In dieser Summe sind inbegriffen: die absolute technische Vollendung, die Launenlosigkeit des Instruments, seine stete Spielbereitschaft, sein unendliches Gedächtnis und sein unerschöpflicher, die gesamte Literatur umspannender Spielschatz.

Diese Eigenschaften werden wohl kaum bestritten, sie sind so leicht erweislich, daß ein Widerspruch sich nicht hervorwagt. Und da frage ich vor allen Dingen: Ist es denn wirklich durchaus erforderlich, eine Maschine als etwas Totes dem lebendigen Darsteller gegenüberzusetzen? Sollen wir uns nicht vielmehr endlich von der Legende losreißen, die das Leben nur dem als lebendig Klassifizierten zuschreibt?

Wer sich erst zu der Einsicht durchgerungen hat, daß ein Uhrwerk, eine Magnetnadel nicht toter sind als eine organische Zelle, der wird auch unschwer an die Stelle der durch Jahrtausende geübten Denknotwendigkeit vom grundsätzlichen Lebensunterschied eine neue setzen: und am Ende seines Denkweges wird er die Wahrheit finden: eine Maschine, die überhaupt ein Tonwerk reproduziert, ist ein Lebendiges.

Wer das Gegenteil annimmt, verläuft sich unrettbar in die Sackgasse der Widersinnigkeiten. Das werde ich ihm beweisen. In meiner Arbeitsstube wird ein Pianola in Tätigkeit gesetzt, das den ersten Satz der Neunten Symphonie ausführt. Mein Flurnachbar, der von dem mechanischen Zusammenhang der Dinge keine Ahnung hat, der nur der akusti=

schen Wirkung gehorcht, stürzt ganz aufgeregt zu mir ins Zimmer, in der Erwartung, bei mir einen berühmten Pianisten vorzufinden, und ist im höchsten Grade betroffen, als ich ihm als den Urheber der phänomenalen Leistung einen schwarzpolierten Kasten vorstelle. Bald darauf rücke ich das Pianola ab, setze mich selbst an die Tasten und versuche die ersten Takte der Neunten Symphonie. Mein Nachbar erkennt mich sofort als das, was ich wirklich bin, nämlich als einen Klavierstümper von Gottes Ungnaden, und bittet mich, schleunigst innezuhalten. Wenn aber die angeblich unbeseelte Maschine künstlerisch fraglos Besseres leistet als ich, der lebendige und beseelte Stümper, so ist damit die starre Denknotwendigkeit bereits unheilbar durchbrochen. Wir haben es dann nur mit gradmäßigen Unterschieden zu tun, und es könnte sich allenfalls fragen, in welche Stufe der Künstlerschaft das Pianola einzuschätzen wäre. Es bliebe die Möglichkeit offen, daß ein Rosenthal, b'Albert, Busoni, ein Zukunfts-Liszt jene Transskription noch vollendeter zur Erscheinung zu bringen vermöchten. Das bloße Auftauchen dieser unvermeidlichen Frage genügt, um dem Pianola seinen Rang unter den Künstlern anzuweisen.

Die Virtuosität an sich würde schon hinreichen, um ihm diesen Rang zu gewährleisten. Beim Menschen beruht die technische Höhe auf einer besonders gesteigerten Anlage des Koordinationszentrums im Gehirn, der eine entsprechende Anlage im Gliederbau gewöhnlich parallel geht. Nun gibt es freilich Dilettanten der Physiologie, die da meinen, es hänge vom Zufall ab, ob unter solcher Voraussetzung der Mensch ein vorzüglicher Äquilibrist, Trapezturner, Jongleur, Radfahrer, Volteschläger oder ein glänzender Klavierspieler würde; und die nämlichen Dilettanten sind dann geneigt, alle diese Qualitäten auf ein und dieselbe Stufe zu stellen, also die Klaviervirtuosität als eine rein und ausschließlich mechanische Fertigkeit zu begreifen. Das ist natürlich für jeden, der die Zusammenhänge und Entwicklungsmöglichkeiten tiefer erfaßt, der blanke Unsinn. Das höchstbeanlagte Koordinationszentrum wäre auf der Tastatur ratlos verloren, wenn es sich nicht auf ein spezifisch musikalisches Talent zu stützen vermöchte, besonders auf das musikalische Gedächtnis, das als solches von einer allgemeinen tonkünstlerischen Beanlagung ganz untrennbar erscheint. Ich würde daher nicht einen Augenblick schwanken, irgendeine Person, von der mir nichts anderes bekannt wäre als ihre Klavierbravour, unter die Musiktalente zu rechnen.

Nun haben wir aber im Pianola einen Organismus, dessen Virtuosität ohne weiteres als grenzenlos bezeichnet werden muß. Sein Koordinationszentrum umfaßt alle Möglichkeiten zugleich. Jeder korrespondierende Hammer ist sein eigener Finger, und jeder dieser Finger funktioniert in jedem kleinsten Zeitteilchen mit nie versagender Treffsicherheit. Das ergibt insgesamt eine Virtuosität, mit der sich keines lebendigen Spielers Technik zu messen vermag und die ja auch selbst bei blasierten Klavierhörern jedesmal aufs neue die Empfindung des Staunens auslöst.

Und diese grenzenlose Technik tritt trotzdem beim Pianola so selbstverständlich auf, daß sie durchaus als ein Element der Schönheit erscheint, ohne jenen fatalen Beigeschmack der menschlichen Bravour, die sich stets als etwas Unnatürliches verrät, als etwas Ertrotztes, im vieljährigen Kampf gegen die Widerspenstigkeit der Hand Erzwungenes. Was der Komponist im Einzelfalle beabsichtigt hat, die bestimmte Idee im Tonreich, die sich in diesem Werke objektiviert, wird um so reiner in die Erscheinung treten, je mehr die technische Arbeit verschwindet, die es zu seiner Darstellung aufbietet. Ich folgere: das Pianola ist nicht nur ein Künstler, sondern es überragt schon in seinem heutigen Können alle lebenden Klaviermenschen dadurch, daß es ein Maximum der Technik mit einem Minimum der Ablenkung von der musikalischen Hauptsache verbindet.

Alle die Notbehelfe, die der wirkliche Pianist, auch der vortrefflichste, einschmuggeln muß, die durch das Pedal verdeckten Undeutlichkeiten und Unzulänglichkeiten, das nie zu vermeidende Durcheinanderschütteln der Töne im komplizierten Figurenwerk, die verwischten Grenzlinien im Doppelgriffspiel, kurz alle technischen Mängel, die wir geflissentlich oder gewohnheitsmäßig überhören, weil sie unlöslich der menschlichen Darbietung anhaften — sie existieren nicht für das Pianola. Es ist der einzige absolut ehrliche Künstler, der einzige, der seine Arbeit mit vollkommen reinem Gewissen erledigt. Das Pianola unterschlägt nicht, beschönigt nicht und hilft sich niemals mit einer athletischen Geste über eine technische Lücke hinweg. Sein vollgriffiges Spiel, seine Oktaven, Terzenläufe und Akkordfolgen sind die einzigen, die volles Gewicht zeigen und jede Goldprobe aushalten. Ach, wieviel Elemente gibt es im Menschenspiel, die uns nur darum individuell gefärbt erscheinen, weil jeder Spieler sich auf seine persönliche Weise mit der Unzulänglichkeit auseinandersetzt! Weil jeder sein Spezifikum besitzt, mit dem er sich und die Hörer über den im letzten Grunde unbesieglichen Widerstand der Materie hinwegtäuscht! Gewohnheit und musikalische Anpassung an das Gegebene haben uns dahin geführt, in diesen persönlichen Färbungen Tugenden zu erblicken. Und ebenso wird uns die Anpassung an das Pianola dahin führen, solche Tugenden bis auf ihren Fehlergrund zu durchschauen, also auch auf gewisse Abtönungen zu verzichten, sobald wir sie als Begleiterscheinungen menschlicher Schwäche oder als Falschspielertricks erkannt haben.

Und nun wird es an der Zeit sein, sich dessen zu erinnern, daß ja schließlich auch zum Pianola ein Mensch gehört, der die Bälge tritt, der das Pedalwerk regelt und die Modulationshebel nach seinem eigenen Willen lenkt. Äußerlich betrachtet, könnte er für den Pianisten dieses Instrumentes gelten. Tatsächlich verhält er sich zum eigentlichen Klavierspieler wie der große Hexenmeister zum kleinen Zauberlehrling.

Seine Arbeit besteht darin, die ungeheuren musikalischen Kräfte austönen zu lassen, die in der Kombination Klavier plus Pianola fertig vor ihm liegen; im Klavier als Chaos, beim Durchgang durch das Pianola diszipliniert, fertig verarbeitet, nur noch des letzten Impulses gewärtig. Keine technische Sorge tritt ihm nahe; alle diese Sorgen sind von den Bändern des Pianolas abgefangen worden, deren Sieb nichts durchläßt als schlackenfreie technische Vollkommenheit. So kann sich denn der Pianolameister einzig und allein dem Vortrag des Stückes widmen.

Vortrag? Meister? — ja, ganz gewiß. Schon heute können Spiel und Spieler diese Titel verdienen. In der Handhabung des Metrostylhebels, in der Registrierung, vor allem aber in der Kunst der Pedalgebung, in der Ökonomisierung des Luftstromes öffnet sich die ganze Stufenleiter von der Unbeholfenheit des Anfängers bis zur Meisterschaft; und demzufolge eine entsprechende Skala von der trockenen Wiedergabe der Noten bis zum hochmusikalischen Vortrag. Nur mit dem Unterschied vom Urklavier, daß der Fingerpianist sein halbes Leben der Erlangung der Technik opfern muß, während der Pianolaspieler, entbunden von dieser Fron, als der Spieler höherer Ordnung sich sofort am Reingeistigen, am Vortrag, emporbildet.

Wir haben es im Grunde mit dem einfachen Ansatz zu tun: Der Klavierspieler verhält sich zum Klavier wie der Pianolaspieler zum Pianola. Auch das Klavier ist eine mechanische Anlage, da es die fertigen Töne auf Vorrat bereitet. Erst der unter der Wucht der Schwierigkeit stöhnende Künstler verwandelt die Sauberkeit dieser Anordnung in eine Unreinheit, von der er sich vergebens durch Massendisziplin der Finger zu befreien strebt. Unzähligemal im Laufe seiner Studien wird es ihm instinktiv bewußt, daß diese Massendisziplin in den letzten Dingen des Klavierismus das entscheidende Wort zu sprechen hat; daß eine Zeit kommen muß, die mit der Forderung der Klarheit und Wahrheit in der Wiedergabe die Romantik der Fehler überwindet; daß das Ohr der Zukunft jeden Mansch und Plansch als frevelhafte Fälschung wahrnehmen wird. Der Pianolist kann da anfangen, wo der verzweifelte Pianist aufhört. Er steht vor der Mechanik überlegener Klasse, vor der zwiefach rektifizierten Reinheit. Die Sklaverei der Erdenschwere weicht dem Höhenrausch, die Propeller arbeiten für ihn, und losgelöst von der Misere des Muskeldienstes werden seine Finger einzig und allein künstlerischen Impulsen zu gehorchen haben.

Gewiß, ich spreche hier im Futur, vom Pianola der Zukunft und von dessen Meister.

Ohne weiteres sei zugegeben, daß hier zwischen dem Erreichten und dem Wünschenswerten noch eine weite Lücke klafft. Die Abschattierung der Tonstärke ist im heutigen Pianola an gewisse Grenzen gebunden, und in der Phrasie=

rung einer legato zu gebenden Melodie behauptet der Fingerspieler noch den Vorrang. Aber es wäre Gouvernantenästhetik, zu erklären, daß die Großwelt des Klaviers sein ganzes Heil von der poetischen Wiedergabe einer im Äther schwebenden Gesangslinie zu erwarten habe. Was dem Klavier seine überragende Stellung anweist, was es neben dem Orchester und selbst mit Ausschluß der Orgel zum eigentlichen Kultur- und Literaturträger bestimmt, ist die mehrdimensionale Unendlichkeit seiner Tonkombinationen, innerhalb deren die einzelne getragene Kantilene verschwindet wie ein anmutiges Wellengekräusel am Ufer gegen die Majestät des Ozeans. Und dieser Ozean steht dem Pianolaspieler schon heute offen. Es wird durchaus eine Frage des konstruktiven Fortschritts bilden, auch jene Restaufgaben zu bewältigen, und wer sich den Weg vergegenwärtigt, den die Lebendigkeit des Vortrages seit dem vorsintflutlichen Drehklavier bis zum modernen Pianola durchmessen hat, der kann über die dereinstige Lösung dieser Aufgaben nicht im Zweifel sein.

Die Seele des Pianola ist die Notenrolle; denn diese enthält den erschöpfenden Ausdruck der Komposition, und so ist hier das Kunstwerk selbst zu einem Bestandteil des Instrumentes geworden. Die Tonschöpfung tritt nicht von außen heran, sondern lebt mit dem darstellenden Mechanismus ein und dasselbe Leben. Es erscheint mir nicht nebensächlich, daß die Noten, wie sie sich hier abrollen und durch den Atem der Bälge in das Instrument ergießen, schon in ihrer Erscheinung ein weit zutreffenderes Bild des kompositorischen Gedankens geben als die Drucknoten. Die Zweiteilung nach rechter und linker Hand, die doch nur ein Zugeständnis an die menschliche Anatomie darstellt, ist der Einheitlichkeit gewichen. Die Dauer jeder Note, ihr Einschlag in das Tongewebe, kündigt sich sinnfällig an, dem Kunstverstand unmittelbar erkennbar, nicht durch eine typographische Chiffre. Geometrisch-analytisch betrachtet ist die gedruckte Notenseite ein Gebilde, worin zu einer horizontalen Abszisse der Zeit die Tonhöhen als senkrechte Ordinaten eingetragen werden. Dem entspricht die Anordnung auf dem Klavier aber keineswegs, denn auf der Tastatur verlaufen gerade umgekehrt die Tonhöhen in der Horizontalen. Zwischen der gedruckten und der gespielten Komposition klafft also ein innerer mathematischer Widerspruch, der in ganzer Stärke wahrnehmbar wird, sobald man das Abrollen des Notenbandes im Pianola verfolgt. Hier verlaufen die Tonhöhen genau so, wie wir sie instrumental empfinden, in der Wagerechten, während sich die Zeit sinngemäß in der Linie des fortschreitenden Spiels, also senkrecht, einordnet. Auch in diesem Punkte offenbart sich eine Rückkehr zur wirklichen Musiknatur, ein innigerer Anschluß an die Komposition. Und ich gehe wohl in der Annahme nicht fehl, daß nach all diesen Beweisgründen meine Ansage von der Überwindung des Pianismus durch das Pianola der Zukunft nicht mehr ganz so barbarisch klingen wird wie auf den ersten Anhieb.

Als ich von der Quersumme der Leistungen sprach, nannte ich die Größe der Literatur. Sie allein wäre zureichend, um das Pianola allen Instrumenten und allen Spielern überzuordnen, denn sie umfaßt tatsächlich die musikalische Welt. Mit einem einzigen Pianola und einem auf seinen Mechanismus eingeübten Spieler ist die gesamte Botschaft des musikalischen Parnasses zu verkünden. Klein und ärmlich erscheint der Spezialbetrieb jedes Fingerpianisten gegen die Universalität eines Pianola, das, sowie es das Atelier seines Erzeugers verläßt, bereits die ganze auf Tasten darstellbare Weltliteratur eingeübt hat. Klein und ärmlich erscheint auch so gesehen das Heer sonstiger Spielapparate, der Mignonklaviere, der Grammophone, kurz aller Konstruktionen, die nur das automatisch wiederzugeben vermögen, was ihnen ein Künstler vorgespielt oder vorgesungen hat*). Sie haften sklavisch an der Endlichkeit menschlicher Darbietungen, während das Pianola seinen Reichtum ohne Mittelsperson aus der Unendlichkeit der Schöpfung herleitet. Während Mignon und Grammophon sich unweigerlich auf den bestimmten Stil ihres Vortragsmusters festlegen, bleibt das Pianola nur dem Komponisten selbst verpflichtet, völlig frei indes in Tempowandel und Stärkegraden; also mit den Kennzeichen der Persönlichkeit begabt gegenüber den Reproduktionsmaschinen, die keine Originalklangbilder, sondern nur deren Echo zu geben vermögen.

---

*) Ich bin mir dessen bewußt, daß ich hier aus dem Felde der kunstphilosophischen Zukunft in das der gerichtsnotorischen Gegenwart geleite. Eine Reichsgerichtsentscheidung vom 5. Mai 1909 enthält folgende Sätze: „In der Reichsgerichtskommission wurde ein Pianola vorgeführt, und man überzeugte sich, daß der Vortrag der Komposition mit Hilfe des Pianolas von dem Vortrage durch einen in der Technik hervorragend geschulten Spieler nicht oder doch nur von den Kennern der größten Feinheiten unterschieden werden kann." „... Dies gerade ist auch beim Pianola das Charakteristische. Der Vortragende ist hier in der Lage, die Wiedergabe des Musikwerkes nach seiner persönlichen Auffassung in den vom Gesetz hervorgehobenen Richtungen zu bestimmen. Hierdurch wird die Wiedergabe in gewissem Maße selbst eine persönliche, eine individuelle. Sie wirkt nach Art eines persönlichen Vortrages. Beim Grammophon und beim Phonographen ist das unmöglich. Alles Persönliche ist bei der Vorführung des Phonographen ausgeschaltet; nur das Mechanische ist in Wirksamkeit."

Das Pianola ist ein Lebendiges trotz seiner im Grunde maschinenhaften Anlage, wie ein modernes Feldheer lebendig ist, obschon es sich nicht auf die Individualitäten vorzeitlicher Ritter beruft. Es ist ein übergeordnet Lebendiges im Sinne Fechnerscher Philosophie, denn es denkt mit der Summe der Kompositionen, aus denen sich seine Leistung aufbaut. Wirkungslos werden die Kassandrarufe der frommen Schwärmer verhallen, die sich die Mechanisierung der Tonkunst nur als eine Entgötterung der Kunstwelt vorzustellen vermögen. Auch die Sternenwelt ist nicht entgöttert worden dadurch, daß Kopernikus, Kepler und Newton das Firmament unter die Gesetze der Mechanik zwangen. Man muß nur lernen, das Grundwesen der Mechanik, die nach Gesetzen waltende Kraft, in ihrem Zusammenhang mit dem Schönen in Natur und Kunst zu erfassen und als etwas Göttliches wahrzunehmen!

Ein verlorenes Paradies

Richard Wagner sagt: „Ich kann den Geist der Musik nicht anders fassen als in der Liebe" — ein Gefühlsspruch, der in seiner Einfachheit und Eindringlichkeit nach Erweiterung ruft, dergestalt, daß man das Wesen der gesamten Kunst in der Liebe begreifen möchte. In der Tat kann kein Vergleich einleuchtender, in sich gewisser sein als der einer Kunstbefruchtung mit der Liebesempfängnis. Und es bedurfte nur noch des weiteren Anschlusses an neuzeitliche experimentelle Wissenschaftlichkeit, um auch auf künstlerischem Felde die Befruchtung nach den Methoden der letzten Physiologie zu vollziehen; das heißt, die Liebesumarmung in einen Laboratoriumsakt zu verwandeln und den künstlerisch in Brunst erzeugten Organismus durch einen in der Retorte dargestellten Homunkulus zu ersetzen. Das tertium comparationis, die Erzeugung der Frucht, bleibt ja auch dann noch bestehen, und zugleich wird das wichtige ökonomische Gesetz Ostwalds: „Spare Energie", in höchst erfreulicher Weise gewahrt. Das so gewonnene Wesen atmet, lebt, bewegt sich, verrichtet organische Funktionen, und nur eines ist bis jetzt noch nicht erwiesen, erscheint mir auch in hohem Grade zweifelhaft: ob es selbst späterhin zeugungsfähig sein wird. Denn die Natur läßt ihrer nicht spotten, und wenn sie sich hintergangen, durch einen Mechanismus überrumpelt sieht, so kann es nicht fehlen, daß sie sich rächen wird; nämlich dadurch, daß sie die Fälschung ihres Willens irgendwie durch eine Falschheit im Resultat zum Ausdruck bringt. Das ohne Brunst und Kuß empfangene Kunstwerk, die nach Döderleins Rezept hergestellte Symphonie und Poesie, wird körperliche Attribute haben, aber keine klammernden Organe, eine Vernunft, aber keine Seele, wird selbst des Kusses unfähig sein und die an ihm gesparte Energie durch eigene Energielosigkeit verraten; und ohne Liebe geboren, wird es unfähig sein, Liebe zu wecken. Während aber in bürgerlichen Bezirken der Homunkulus noch als größte Seltenheit auftritt und der bürgerliche Standesbeamte in Verlegenheit gerät, weil er nicht weiß, wie er die Kuriosität eintragen soll, ist der kritische Standesbeamte ohne weiteres bereit, dem Kunsthomunkel jedes gewünschte Dokument auszuschreiben. Ihm genügt seine Existenz in Noten und Worten, das Vorstadium der Liebe oder Nichtliebe kümmert ihn nicht weiter; ebensowenig seine deutlich erkennbare Herkunft aus Atelier, Injektion, Flasche und Spritzmechanismus. Es tönt, also ist es eine Symphonie. Es hat irgendwelche rhythmische Glieder, also ist es ein Gedicht. Es wird standesamtlich eingetragen, kritisch beglaubigt und bekommt gewöhnlich auch eine Empfehlung mit auf den Weg. Fragt sich bloß, wie die nächste Generation aussehen wird.

*

Inzwischen wollen wir uns mit der gegenwärtigen beschäftigen. Da haben es denn verschiedene Exemplare tatsächlich bis zu recht ansehnlichen Diplomen gebracht, ja sogar bis zur Heiligsprechung. Gnaden und Wunder flossen von ihnen auf die Gemeinde, und wer sich in Proben und

Konzerten fleißig umtat, der konnte, wenn er es gut traf, in
zwei Tagen dreimal erlöst werden. Diese Kraft entströmt
wesentlich den Endsätzen, deren offenes oder geheimes Pro=
gramm in der Regel mit dem Erlösungsgedanken spielt. Dar=
unter tut es ein Neutöner der jüngsten Ära nicht mehr. Er
identifiziert sich eo ipso mit der Menschheit, und nachdem
er deren titanisches Ringen in den Vordersätzen abgehaspelt
hat, setzt er sich im letzten breit hin und erlöst sie insgesamt
durch hohe Triller, Flageoletts und Harfenarpeggien. Das
einzig Störende an diesem Spaß ist nur, daß diese letzte him=
melstürmende Seligkeit im Prinzip von Beethoven, in der
Instrumentation von Liszt und Berlioz schon wiederholt vor=
weggenommen wurde. Tut nichts, man macht es immer
noch einmal, denn Beethoven ist bloß bis zur Neunten ge=
kommen, diese Herren aber haben Zeit, und da sie allesamt
da anfangen, wo Beethoven aufhörte, so kommen sie natür=
lich mit ihren erfreulichen Sphärenklängen erheblich weiter
und können bedeutend gründlicher erlösen als Beethoven.
Auch das faustische Drängen der verzweifelten Heldenseele
in den Eingangssätzen liegt ihnen besser als dem großen
Ludwig, wie schon daraus hervorgeht, daß dieser sich mit
einem Orchester von fünfzig Personen begnügte, was eigent=
lich höchst spießbürgerlich und gar nicht titanisch ist, während
der neue Symphoniker tausend Aufführende vorschreibt, was
doch der weiten Menschheitsidee schon viel näher kommt.
Aber der Kernpunkt liegt offenbar darin, daß so ein Alt=
klassiker mit greifbaren, plastischen Themen arbeitet, die ihm
ungerufen zuströmen und sich unter seinen Händen zu klin=
genden Gebilden aufbauen; fast ohne sein Dazutun, wie an=
gehaucht von einer komponierenden Naturmacht, die sich zur
Verwirklichung ihrer platonischen Ideen eines beglückten In=

terpreten bedient. Wo soll da eigentlich die rechte Verzweif=
lung der Heldenseele herkommen? woher die prometheische
Qual in der Fülle der Lustempfindungen, die solche nie aus=
setzende Inspiration gewährt? In dieser Hinsicht treten die
Tausendkünstler von heute mit ganz anderen Beglaubigungen
auf. Ihnen frißt wirklich etwas am Herzen, nämlich der
Komponierdrang um jeden Preis, der unbefriedigte Trieb,
das heiße Sehnen nach der soufflierenden Stimme, die ver=
gebliche Anrufung des Heiligen Geistes. Dumpf unter der
Schwelle ihres Bewußtseins wühlt ihnen das Leiden eines
Widerstreites, das sie für faustisch nehmen, das aber in
Wahrheit der Schmerz des Eunuchen ist; die Trostlosigkeit
des Nichtvollbringenkönnens mit begehrenden Nerven und
unzulänglichen Organen. Die Schärfe dieses Peinzustandes
würde ausreichen, um eine Welt mit Weherufen zu erfüllen,
sie befähigt nur leider für sich allein gar nicht für eine
Symphonie; am allerwenigsten für Beethovens Zehnte, und
wenn auch auf dem Gerüst zwanzigtausend Künstler sich an=
strengten, die Qual des Komponisten in Schallwellen um=
zusetzen. Denn nicht darin liegt das Wesen dieses Kontrastes,
daß der Tondichter einem hochgesteckten Ziel zufliegt, daß
er dieses Ziel selbst mit den mächtigsten Flügelschlägen nie
zu erreichen vermag, sondern darin, daß er kriecht und hinkt,
während Flügel notwendig wären, um überhaupt die Richt=
linie ahnen zu lassen. Mit der Größe des Wollens kontrastiert
nicht die Kleinheit der Menschennatur, sondern die Kleinheit
dieses Gehirns, dem nicht genug einfällt, um ein Lied oder
eine Etüde zu bestreiten, und das sich an die symphonischen
Möglichkeiten heranwagt mit der positiven Unmöglichkeit,
ein ausgiebiges Motiv zu erfinden.

Dieses Mißverhältnis ist traurig, aber nicht tragisch. Und

die symphonischen Dramen, die sich hieraus entwickeln, genügen nur einseitig der Aristotelischen Regel der Furcht und des Mitleids, nämlich so, wie es jener geistreiche Spötter verstanden hat, daß sie Mitleid erregen mit dem, was der Autor bereits geschrieben hat, und Furcht vor dem, was er noch schreiben wird; wobei allerdings ein Empfänger vorausgesetzt wird, der die Dinge rein musikalisch auf sich wirken läßt und entschlossen ist, die Bedürfnisse des Ohres gegen jeden Ansturm des Verworrenen und Langweiligen zu verteidigen.

Es soll nicht geleugnet werden, daß sich in diesem Anstürmen ein hohes Maß strategischer und taktischer Fähigkeit kundgibt. Wer sich mit seinen kalophonen Mitteln im Rückstand sieht, wird bald genug entdecken, daß sich die kakophonen Feldtruppen weit rascher und ausgiebiger mobilisieren lassen und daß der übelklingende Kontrapunkt ein ungleich weiteres Feld beherrscht als der gutklingende. Hierin liegt geradezu das Kennzeichen dieser Tonsetzerei: man kann alles machen, alles komponieren, die ganze Unendlichkeit der Tonfolge und Tongruppierung durchmessen und braucht sich nicht mehr auf das Mindestmaß der Auslese zu verpflichten, das sich der Kontrolle des Schönheitssinnes unterwirft. Ist diese Kunst erst einige Jahrzehnte geübt worden, so wundert sich das Ohr über nichts mehr. Es erfährt eine organische Umbildung durch Anpassung an die Klangwelt. Die Verteidigungsorgane, die aus feinen Membranen bestehend ehedem das Eindringen des Störenden verhindert haben, verkümmern und werden schließlich abgeworfen, da sie sich den unaufhörlichen Angriffen gegenüber als unwirksam erwiesen haben. Das Ohr wird Schalltrichter, verzichtet aufs Differenzieren, verlernt die Unterscheidung von Gut und Böse, erreicht einen Höhegrad an kakophoner Empfänglichkeit und fühlt sich am Ende sogar freier als vordem, insofern es seine Verbindung mit dem Geschmack, einem unbequemen und pedantischen Aufpasser, gelöst hat.

*

Freilich müssen hier, wie bei allen Vorgängen der Umbildung, die atavistischen Rückfälle in Rechnung gestellt werden. Diese Rückschläge unterliegen einfachen biologischen Gesetzen, die einen gewissen Periodenumlauf bedingen. Mit anderen Worten: in gemessenen Zwischenräumen, je nach der Länge des Kunstwerkes, nach heutigem Durchschnitt etwa alle zwanzig Minuten, besinnt sich das Ohr auf seine ursprüngliche Veranlagung und verlangt urväterlich nach Wohlklang. Ein Tonsetzer, der diese Sachlage verkennt, würde üble Erfahrungen machen und auf die Dauer über das Fiasco d'estime nicht hinauskommen. Zur Ehre unserer Zunft sei es gesagt, daß die allermeisten diesen Umstand wohl berücksichtigen und sich sonach ernstlich bemühen, durchschnittlich alle zwanzig Minuten etwas zu erfinden.

Es ist ein Akt der Ökonomie, der sich jedesmal auf der Stelle belohnt. Im Grunde beruht er auf dem Gesetz des Widerspruchs, das schon die Klassiker kannten, nur daß hier das Wirkungsproblem von der anderen Seite angefaßt und gelöst wird. Ich erinnere an den Cumulus in Beethovens Eroika mit seiner tremolierenden Sekunde b — as, die als vereinzelte Dissonanz die Kunstwelt so lange in Aufregung gehalten hat. Hier stand der schroffe Übelklang vereinsamt und trotzig in einer Welt des Wohlklanges. Heute macht man das umgekehrt; man baut eine Welt des Mißklangs und verblüfft dann durch eine blitzartig dazwischenfahrende Konsonanz. Man stiftet Oasen in der Wüste. Und wenn man die Mitwanderer genügend verburstet glaubt, reicht man ihnen sogar den Labetrunk in Form einiger Walzertakte. Das wirkt erfrischend und wird zudem als ein Beweis besonderer Güte und Herablassung begrüßt. Der Walzer braucht nicht gut zu sein, auch nicht neu; ein verwässertes Wiener Motiv von Lanner genügt. In der Operette würde er lediglich eine Banalität mehr bedeuten, eine jener Trivialstellen, wie sie im Sommer zu Dutzenden aus den Schädeln betriebsamer Österreicher auskriechen, um für den Winter die leeren Stellen zwischen den eigentlichen Schlagern auszupolstern. Aber in der kakophonen Symphonie wirkt so ein Walzerbrocken Wunder. Die Motivierung macht übrigens niemals besondere Umstände; denn da diese Symphonien durchgängig von Kampf und Erlösung handeln, so wird der ringende Heros ab und zu der lockenden Weltfreude genähert. Zur Biographie des Faust gehört eben das Singen, Fiedeln, Kegelschieben, die geputzte Magd und der beizende Tabak einer unfaustischen Umwelt. Dieser hundertmal komponierte Faust würde direkt seinen Beruf verfehlen, wenn er auf dem weiten Wege von den Kontrabässen der inneren Zerrissenheit durch die Fagotte der Hexenküche zu den Harfen der himmlischen Freuden nicht einmal bei einer böhmischen Kirmeß Station machte, wo der Komponist seinen längst fälligen Ländler loswerden kann. Daß sie sämtlich auf die nämliche hübsche Idee geraten, kann nur denjenigen verstimmen, der entweder alle derartigen Programme verwirft oder, wenn er sie zuläßt, von ihnen eine neue Wendung, einen neuen Gesichtspunkt erwartet. Zum Glück ist die Nörgelsucht bei den meisten Chorführern der öffentlichen Meinung nicht hervorstechend. Es stört sie nicht im geringsten, wenn derselbe Held

immer wieder über denselben programmatischen Leisten ge=
schlagen, immer wieder auf dieselbe Kirchweih ins Vergnügen
geschickt wird. Die Sache gilt ihnen unentwegt als „sehr
geistreich", der Ländler mag aussehen, wie er will, er wird
überall, wo er im gestaltlosen Nichts als rhythmisches Etwas
auftaucht, als höchst originell gefeiert, und noch viele Auf=
führungen sind ihm todsicher.

*

Vor vierzig bis fünfzig Jahren hat nämlich unsere gesamte
Kunstkritik einen Unglücksfall erlebt, von bem sie sich so
recht bis heute nicht erholen konnte. Es mag ja sein, daß ein
Erdbeben, ein Zyklon größere Verwüstungen angerichtet hat,
nachhaltiger aber ist noch keine Katastrophe gewesen als diese,
die ihre Folgen an einem ganzen Berufsstande noch nach
einem halben Jahrhundert aufzeigt. Also man hatte eine
der größten Erscheinungen der Weltgeschichte, nämlich das
Richard Wagnersche Kunstwerk, mißverstanden, den Um=
schlag der Entwickelung verfehlt, im Bunde mit führenden
Komponisten und hervorragenden Ästhetikern, die für sich
imstande gewesen wären, die öffentliche Meinung zu beherr=
schen. Aber dieses Mißverständnis war vom Volk nicht ge=
nehmigt worden: Geh du rechtswärts, laß mich linkswärts
gehn, — hatte der Volksgeist entschieden, gegen alle Autoritä=
ten der komponierenden und rezensierenden Feder mit solcher
Nachdrücklichkeit entschieden, daß sein Wille das neue Kunst=
gesetz wurde und daß die Gefiederten umlernen mußten. Als
Rückstand dieses weltgeschichtlichen Vorganges ist der Kritik
ein Leitsatz lebendig geblieben: eine solche Blamage darf sich
in aller Welt niemals wiederholen! Längst sind sie dahin,
die jene Blamage anrichteten und ihr zum Opfer fielen. Aber

die Kritik als solche, vertreten in den Söhnen und Nachfolgern der Firma, spürt heute noch den Schrecken in Form des kategorischen Imperativs: Nie wieder! Über allen direkten Tonempfindungen, Reizungen, akustischen Widersprüchen und ästhetischen Zweifeln hat sich ein oberstes Denkgesetz aufgebaut: Immer mitgehen, bis an die Grenzlinie des Schaffens mitgehen, in jedem Stürmer das Genie wittern, — es könnte ein Großer sein!

Die Methode ist unfehlbar: Wenn ich immer gut Wetter prophezeie, wird mich kein Sonnenstrahl widerlegen, und wenn ich mit allen Verwegenen gemeinsame Sache mache, kann mich kein Übermächtiger zu Boden strecken. Und nun hat sich in selbstverständlicher Wechselwirkung folgender Tatbestand herausgebildet: die Natur, die ehedem in der Erschaffung der Genies äußerst sparsam vorging, entfaltet nach Gutachten der Kritik seit etwa zwei Jahrzehnten eine ungeheure Gebelaune; die wie Pilze nach dem Regen aufsprießenden Genies orientieren sich mit Leichtigkeit nach der Windrichtung, sie überbieten einander in Extravaganzen, da dem Extravagantesten alle Vorteile der Meistbegünstigung zufallen. Das Publikum aber wird vor eine unermeßliche Lastarbeit gesetzt; es wird dermaßen in Anspruch genommen, die unübersehbare Fülle der Neugenialen zu begreifen, daß ihm kaum noch die Möglichkeit bleibt, sich der alten Werte zu erinnern. Jedes Jahr überspült eine Welt von Schönheit und Reiz mit den überall gleichen Fluten gestaltlos wogender Musikmaterie. Nur noch wenige Hochbauten, wie etwa der Beethovensche Leuchtturm, halten der Überschwemmung stand. Aber alle Plantagen ihnen zu Füßen, die Wundergärten, deren höchster Zauber vielleicht in ihrer Vergänglichkeit ruhte, die beglückenden Gewächse, die nicht den Wuchs der Zeder, nur den Duft der Rose, die stille Herrlichkeit des Veilchens besaßen, liegen unter der Fläche, ersoffen und verschlammt. Es muß einmal gesagt werden: nicht Neuland wurde gewonnen und urbar gemacht, sondern Altland wurde fortgerissen. Und wenn Xenophons Zehntausend jubeln durften, als sie dem Meere nahekamen, so haben die Hunderttausend von heute Grund zu wehklagen: Thalatta, Thalatta!, wenn sie von der monotonen Salzflut eingeholt werden.

*

Ein Entrinnen gibt es nicht bei diesem Andrang, dem auf kritischem Gelände keine Deiche gegenüberstehen. Dem nächsten Geschlechte wird Mozart, Weber, Schubert eine Legende sein, wie der gegenwärtig aufstrebenden Meyerbeer, Mendelssohn, Rubinstein und die Meister des bel canto bereits ins Legendäre tauchen.

Aber, so höre ich den Einwand, diese Schätze mußten und müssen vergehen, um neuen Errungenschaften Raum zu geben; nur auf den Trümmern alter Kunst kann das Verständnis und das Entzücken für eine neue gedeihen. Verständnis? Zugestanden, insofern es als der Trieb aufgefaßt wird, sich in einer uferlosen, chaotischen, von kosmischem Dröhnen erfüllten Musik zurechtzufinden. Entzücken? Ehrlich gesagt, davon merke ich nicht viel. In dem futuristischen Glaubensbekenntnis hat die Freude ausgespielt. Ich sehe eine Überfülle von Konzerten und Opern, mit unzähligen tausenden höchst aufmerksamer, bis zur Selbstqual geduldiger, lernbegieriger und interessierter Hörer; nur daß sich ihr Interesse ganz einseitig nach der Richtung des Begreifens verdichtet, nicht nach der des Genießens. Selbst wenn ich richtige Erfolge von einst und jetzt zugrunde lege — ich bin leider alt genug, um vergleichen zu können —, so komme ich in keiner Sekunde davon los: es ist ein Unterschied zwischen dem Fluidum, das durch eine entzückte Hörerschaft von ehedem wogte, und der Welle des gemeinsamen Einverständnisses von heute. In den Beifall ist Automatismus hineingekommen, und auf den Gesichtern lagert des Gedankens Blässe. Ich sehe mir so einen Beifallspender an und diagnostiziere: Die Sache hat ihm nicht viel gebracht, aber er erklärt ein hohes Einkommen an Genuß, um den Kredit nicht zu verlieren. Er markiert Vorgeschrittenheit, letzte Kultur, strammes Mitgehen bis ins Extrem, aber es ist nicht eigentlich die Bürde der Begeisterung, deren er sich entläd, sondern die Bürde des vier- oder fünfsätzigen symphonischen Ungeheuers, und wenn ich ganz scharf aufpasse, so entdecke ich im Applausgeräusch gewöhnlich ein Untermotiv, welches besagt: Gott sei Dank, daß der Bandwurm zu Ende ist! Im Grunde genommen ist er ein Eingeschüchterter, der es sich als ein moderner Mensch um keinen Preis ansehen lassen darf, wie schwer die Suggestion der Umwelt auf ihm lastet; infolgedessen benutzt er den einzig möglichen Ausweg, indem er die Haltung des Beherzten annimmt und sich mit seinem Evoe in die vorderste Reihe der Bacchanten schiebt. Die Probe aufs Exempel erhalte ich regelmäßig, wenn ich mir so einen Begeisterten privatim vornehme und ihn nach seinem positiven Gewinn befrage. Bitte, schlagen Sie mir auf dem Klavier eine Stelle an, die Ihnen besonders gefiel, ein Thema, eine Modulation, ein Irgendetwas, das Sie gefangen nahm und Sie beschäftigt; Sie können nicht spielen? Gut, dann singen, summen, pfeifen Sie es, nur zum Zeichen, daß ein Niederschlag in Ihnen haften blieb. Fast regelmäßig stoße ich auf ein Vakuum. Der Mann erklärt eidesstattlich seine Begeisterung, aber er hat nichts gegenwärtig, das Werk hat seinem Gedächtnis nichts gesagt. Und da im Denken wie im Fühlen das Gedächtnis den letzten Schluß und die eigentliche Kontrolle bildet, so erleben wir hier fast durchgängig jenes unheimliche Rätsel einer Folge ohne Grund, einer Wirkung ohne Ursache. Aber die nämliche Person ertappt sich unzähligemal auf Reminiszenzen aus Klassikern und Romantikern von Bach bis zu Schumann und herab bis zu Offenbach, ja sein ganzes musikalisches Bewußtsein, soweit es in ihm lebendig ist und nicht unter einer nebelhaften Doktrin begraben liegt, setzt sich aus solchen Reminiszenzen zusammen; wie ganz natürlich, da das Bewußtsein überhaupt mit der Erinnerung, der organischen Mneme, eine restlose Einheit darstellt. Demgegenüber flüchtet nun die Ausrede aller Befragten zu einer höchst verschmitzten Formel. Sie erklärt nämlich: In dieser Kunst verliert die Einzelheit ihren Sinn gegenüber dem Ganzen; was man vordem Melodie nannte oder Thema oder Motiv, kurz, alles fest Umrissene, gleichsam Gegenständliche, das sind olle Kamellen, die man in die Kinderstube verwiesen hat. Wir haben es nur noch mit Gesamtgebilden zu tun, mit Gehörerlebnissen, die symbolistisch, impressionistisch wirken sollen und in denen sich die Einzelheit naturgemäß verliert. Wir wollen nur noch Farben, aber keine Konturen. — Wirklich, wollt ihr? Da seid ihr ja recht bescheiden geworden! Ihr schraubt euch auf den Urzustand zurück, da die Kunst noch keine bildsame Kraft besaß und erst anfing zu kristallisieren. Habt ihr je eine steinalte Messe gehört, ein Stück aus der vorsintflutlichen Musica sacra oder eine Komposition der Chinesen, Aschantis, Bantuneger? Da habt ihr das Zerfließende, Ungestützte, Gallertartige in den schönsten Typen; das Ideal der Nichtabgrenzung, das Verschwimmen der Tonalität, kurzum das reine akustische Erlebnis, das durch keine innere Formbestimmtheit gestört wird. Glaubt mir nur, meine Freunde, Impressionismus kommt her von Imprimieren, das heißt so wie canis a non canendo, nämlich: was sich auf keine Weise dem Gedächtnis imprimiert, das ist eine Impression. Daher mag es ja auch kommen, daß die richtigen Jakobiner unter den Künstlern immer entschiedener den Anschluß an eine entlegene Vorzeit fordern. Ihr Ziel liegt nicht in der Zukunft, sondern in der Diluvialzeit. Was sie in mehr oder minder deutlicher Lehre verkünden: Aufhebung der Tonart, Dritteltöne, Vierteltöne bis herab zu Infinitesimaltönen, das sind Anschlüsse an eine Molluskenzeit der Kunst, der alle Kennzeichen entwickelter Kultur, nämlich die Selbsttätigkeit getrennter Organe, die Differenzierung, fehlen.

Freilich, wer sich heute mit Entschiedenheit diesem Auflösungsprozeß entgegenwirft, der kann darauf rechnen, in den üblen Ruf eines Reaktionärs zu geraten. Nur daß im Gange der Geschichte die Richtungen ihren Sinn geändert, ja geradezu vertauscht haben; die Hervorbringung im Bündnis mit der Tageskritik strebt nach rückwärts, während der vereinzelte Antikritiker diese Entwicklung zu den Segnungen von Anno Tobak nicht mitmachen will. Tatsächlich liegen die Dinge heute so, daß die Strukturauflöser und Formtöter eine Rückwärtserei im schlimmsten Sinne betreiben und daß der Fortschritt nur noch bei den sehr wenigen liegt, die sich dieser revisio in pejus widersetzen; bei den verschwindenden Melodikern und Kalophonikern und bei den ganz vereinzelten Ästhetikern, die die neueste Schaffensart bis auf den Grund durchschauen; wo sie dann zwei Hauptelemente zu sehen bekommen: das Unvermögen zur Gestaltung und den Bluff. Beide stehen in engster Fühlung, denn wer wirken will, ohne die ursächlichen Vorbedingungen im Kopf und in der Hand zu haben, der muß eben bluffen. Freilich hat jede Verblüffung einmal ein Ende, allein ich fürchte, daß die empfangende Kunstwelt an diesem Ende erst anlangen wird, wenn es zu spät ist, das heißt, wenn keine Baumeister mehr vorhanden sind, kräftig genug, um das wiederaufzurichten, was die tondichtenden Übermenschen eingerissen haben.

*

Zweifellos gab es an der Wegscheide Entwickelungsmöglichkeiten genug. Da war die Bayreuther Linie, offen für einen Meister, der sich zu Richard Wagner verhalten hätte wie Wagner zu Gluck. Er ist nicht erschienen. An seiner Stelle tummelten sich auf seiner Weide diejenigen, denen die Natur ein ausgiebiges Talent zum Wiederkäuen verlieh und überdies eine Ausdauer im Beruf bis zum Kahlfraß.

Dann gab es die Linie Beethoven-Brahms, aussichtsreicher als jene, weil weiter von der Peripherie zweckdienlicher Möglichkeiten entfernt. Sie konnte begangen werden von einem Meister, der an Begabung dem Johannes gar nicht überlegen zu sein brauchte. Nur anders hätte er sein müssen; wie ja auch der Johannes dem Ludwig nicht überlegen war, sondern nur die Richtung seiner Spuren kongenial verstand. Auch dieser Meister ist nicht gekommen, und wenn er noch erscheinen wollte, so müßte er sich beeilen, ehe der Flugsand die Orientierungszeichen völlig überweht hat.

Außerordentlich verheißungsvoll sah die Linie Verdis aus, wie er sie als Achtzigjähriger im „Falstaff" vorzeichnete. Der Greis mit dem Flug des Euphorion bot ein ganz einziges

Schauspiel, begeisternd durch die ihm persönlich gehörende Leistung und dabei aufs höchste verlockend für die Jungen, denen er ganz neue, in ihrem Verfolg unabsehbare Ausnützung vorhandener Kräfte wies. Hatte er im „Falstaff" die Ergebnislinie aus Tonenergien gefunden, die eigentlich in „Figaros Hochzeit" und „Meistersingern" beheimatet sind, so war am Wendepunkt der neuen Entwickelung alles zu erhoffen. Allein der „Falstaff" blieb ein Beispielloses, die Jünger hielten nichts von einer Methode, die ein fabelhaftes kontrapunktisches Wissen und Können voraussetzte, sie flüchteten humorlos in die Niederungen des Lebens, die der Niederung ihrer Talente entsprach, und erzielten hier durch die erweislich wahre Übereinstimmung beider Flachheiten einen hohen Grad von Verismo.

Und welche Wege sonst noch zum Fortschritt geführt hätten, zum organischen Aufbau, ohne restlose Zertrümmerung des Bestehenden, wie sie der Futurismus fordert? Ignoramus. Das wäre auf die spezifische Eigenart der großen Männer angekommen, von denen wir keine Kunde haben, weil sie nicht aufgetreten sind. Möglich auch, daß sie vorhanden waren, als Schatten über die Szene gehuscht sind, mit Kundgebungen, die zu fein waren, um im Sausen der Modernität bemerkt zu werden. Daß sich unter den Urhebern dieses Sausens ganz hervorragende Könner befinden, verkenne ich durchaus nicht; Köpfe von eminentem Orchestraldenken, deren Technik, auf einen anderen Strang gesetzt, zu sublimen Offenbarungen geführt hätte. Ich bin bereit, ihnen meine Huldigung zu erweisen, mit dem Hut in der Hand, aber mit dem Vorbehalt: Ihr habt am Ruin der Kunst mitgearbeitet, ihr zumeist. Und wenn eine eingeborene Notwendigkeit dazu führt, deren Tempel zu veröden, den Genuß aus ihnen hin=

auszujagen, den volltönenden Chorgesang in eine plärrende Litanei zu verwandeln, so seid ihr die gottgewollten Vollstrecker dieser Notwendigkeit gewesen.

Den Positivisten, die durchweg und überall an einen Fortschritt glauben und also auch in der Kunst mit ihm als mit einem Selbstverständlichen rechnen, möchte ich zweierlei entgegenhalten. Erstlich die allgemeine Mechanisierung, die jeden menschlichen Betrieb meistert und ja auf dem besten Wege ist, die Welt zu einer großen Maschinenhalle zu vervollkommnen. Es wäre widersinnig, anzunehmen, daß die Kunst allein imstande sein sollte, sich dieser Mechanisierung zu widersetzen; dem aufmerksamen Betrachter zeigt sie vielmehr die ganz ausgesprochene Strebung, sich ihr in rasendem Tempo anzupassen. Die ausübende und schaffende Virtuosität, die Verallgemeinerung der Technik, das Pianola, der konzertante Massenbetrieb und die Genies in Masse, die Tausend-Mann-Orchester, die jedem musikalischen Ohr erkennbare Gleichflüssigkeit der Musikmaterie sind die äußeren und inneren Merkzeichen dieses Vorgangs. In dieser Mechanisierung steckt, wo sie auch auftritt, ein gleichmacherischer Faktor, der die Unterschiede verwischt, die hervorragenden Sonderungen unterdrückt und die Einzelheiten des Prozesses verähnlicht. Im bürgerlichen Leben bedeutet dies: Ersparnis an mechanischer Menschenarbeit, Zeitgewinn, Erhöhung der Daseinsebene für die Unteren, Vertiefung für die Oberen, gesteigerte Bequemlichkeit, Schutz vor Überraschungen. In den lyrischen Künsten: Abplattung der hervorstechenden Erfindungsmerkmale, Tilgung der Zäsuren, Vereinheitlichung der Wellenlängen in allen klingenden Gebilden. Und wer, von dem vorgefaßten Begriff hypnotisiert, auch da von Fortschritt reden will, der soll auf keinen Widerspruch stoßen: die fortschreitende Mono-

tonie und Verlangweiligung des Betriebes seien ihm gern zu=
gegeben.

Zweitens aber möchte ich auf die innige Beziehung von
Kunst und Philosophie hinweisen und auf den besonderen
Umstand, daß fast jede Phase der einen in der anderen ein
erläuterndes Abbild findet, so daß man aus der Geschichte des
Denkens für die Geschichte des freien Schaffens mancherlei
lernen kann. Wer nun da begriffen hat, daß die Lehre Kants
durch die klassische Dichtung, zumal durch Schiller, illumi=
niert wird, wer aus der fünften Symphonie den kategorischen
Imperativ, aus der neunten die tongewordene intellegible
Welt heraushört, den möchte ich einladen, einen Schritt wei=
ter zu wagen und die nachkantische Epoche mit den transzen=
denten Tonübungen der Heiligen vom letzten Tage zu ver=
gleichen. Er wird dann bemerken, daß die Erkenntnisgespen=
ster der Fichte=Schelling=Hegel=Periode, zumal die Phäno=
menologie mit ihren sich im Nebel bewegenden zerfließenden
Begriffen, mit ihren Identitäten der Nichtidentitäten, Ab=
solutheiten und Anundfürsichkeiten ein ganz getreues Paar=
stück in den allermodernsten Klanggebilden finden. Entschließt
man sich zu dieser Parallele, so kann man den Fortschritt hü=
ben und drüben leicht unter einem gemeinsamen Gesichts=
punkt bringen. Dem Schritt „über Kant hinaus", den jene
Vergasung aller vormals gefestigten Denksubstanz bedeutet,
entspräche der Fortschritt über Beethoven hinaus. Wer aber
mit Schopenhauer der Meinung ist, daß nichts so sehr zum
Mißruf der Philosophie beigetragen hat als jene Auflösung
der Begriffe und Denkmöglichkeiten, wer im späteren Ver=
lauf zur Einsicht gekommen ist, daß die Philosophie noch
heute an den Folgen der Hegelmethode wie an einer chroni=
schen Vergiftung zu tragen hat, der wird auch im klanglichen

Gegenstück ein klinisches Bild vor Augen haben. Hier wie dort Rückfälle in die Scholastik, in die Mystik, in eine okkulte Ausdrucksweise, hier wie dort ein mechanisches Gemenge von Kitsch und Perversität, in jener gefährlichen Mischung, in der sich Traumvision von ausgesprochenem Wahnsinn, Hellseherei von Augurentrug kaum noch unterscheiden läßt. Und schließlich hier wie dort ein snobistisch aufgedonnerter Apparat, der alle möglichen Ingredienzien zermalmt, verkocht und im Auspuff von sich gibt, bloß die eine nicht, die köstlichste und seltenste von allen, die kein snobistisches Etikett trägt, sondern sich schlicht und recht „Erfindung" nennt.

Das Wort Erfindung ist in den vorliegenden Ausführungen oft wiederholt worden und eigentlich viel zu selten. Denn es umschließt alle Geheimnisse aller Probleme, die sich hier darbieten. Es gibt uns den Doppelschlüssel sowohl zum wahren Paradies der Kunst wie zur Folterkammer, in der die Muse gequält wird. Soll das Paradies kein auf immer verlorenes sein, so kann die Wiedereroberung nur auf eine Weise stattfinden: durch die feierliche Inthronisation eben der Erfindung. Die Kunst selbst kennt keinen anderen Wert, und ihre Boussole weist unveränderlich nur auf sie. Alle andersgenannten Mittel, die das Werk zum Kunstwerk machen, der motivische Ausbau, die Stimmführung, die schöne Charakteristik, die Instrumentation, die große Linie des Ganzen, sind selbst Erfindungsmomente und, wo sie ohne die grundlegende Erfindung auftreten, Gegenwart markieren, nichts als Täuschung. Wenn ich da lese — und wie oft muß ich es lesen —, dieses oder jenes Vertonte mache einen ausgezeichneten Eindruck, zeuge von dem eminenten Wollen seines Schöpfers, verdiene die Palme kraft dieser oder jener hohen Tugenden, und wenn es dann ganz leise nachklappert, verklausuliert und umschrieben, daß eigentlich mit der Erfindung nicht so recht was los sei, dann weiß ich: hier wird wieder Hokuspokus vorgemacht, wieder einmal versucht, eine Mißgeburt zum Adonis umzulügen. Es gibt kein wahres Kunstwerk ohne den göttlichen Funken, das heißt ohne Themeninspiration, ohne die prima facie einleuchtende überwältigende Erfindung. Ob diese sich auf höherer oder niederer Plattform offenbart, das mag später die Rangordnung angehen, da der Mensch ohne Kategorien nicht auskommt und auch hier nach oben und unten einteilt. Das Entscheidende bleibt, daß das unterste Kunstwerk mit Erfindung immer noch höher steht als das Kunstwerk der höchsten Kategorie ohne Erfindung. Anders und schöner hätte sich die Klangwelt entwickelt, wenn dieser Grundsatz allenthalben Bekenner fände, wenn wir uns nicht genierten, das frohe Gelächter einer Offenbachiade über ein symphonisches Gewinsel, ein genial hingeworfenes Tanzstück über eine nach der Spielregel erklügelte stelzbeinige Fuge, ja selbst einen packenden Gassenhauer über ein von guter Gesinnung triefendes Oratorium zu stellen. Die Tiefenwerte gehören überhaupt zu den größten Seltenheiten, und die angeblichen Tiefen, die wir so oft mit dem Senkblei erforschen, führen nicht in erzhaltige Schächte, sondern in taubes Gestein. Ja wir stoßen hier oft genug auf die fatale Tatsache, daß die Tiefe die einzige Dimension ist, über die sich das Werk auszuweisen vermag, daß ihm somit die Körperlichkeit fehlt. Nicht geheimnisvolle Abgründe stellen diese Tiefen dar, sondern nur ungemein lange Röhren, aus deren unterem Ende der Autor genau so resultatlos herauskriecht, wie er oben erfindungslos hineingekrochen ist. Um diese aussichtslose Turnerei aus der Welt zu schaffen, gibt es nur das eine: wir müssen wenigstens ein paar Jahrzehnte

lang uns auf die arg vernachläſſigte und mißachtete Ober⸗
fläche zurückbeſinnen, allwo die Schönheit ſich zu allererſt
zu entfalten hat, in der Melodie, in dem an ſich wertvollen
Motiv, in Eleganz und Grazie, im Einfall; an der Oberfläche
und im Vordergrund die Wegzeichen errichten, die Preiſe ver⸗
teilen und die Sinne vorerſt für die Genialität ſchärfen, die
im hellen Tageslicht zu wirken vermag. Unſer Retrorſum
ſei ein anderes als das der letzten Geſtaltvernichter, die mit
präraffaelitiſchem Getue in ihre trübe Zukunft einen Schim⸗
mer antiker Helligkeit lenken möchten; alſo nicht zurück zu
Rameau, nicht zurück zu Paleſtrina, ſondern zurück zur Er⸗
findung! Keine gültigere Definition iſt je aufgeſtellt wor⸗
den als die des erſten Johann Strauß: „Genie iſt, wann
einem was einfällt!" Ergänzen wir ſie nicht doktrinär durch
die Forderung: Dann muß es ſich aber ſofort als Tiefbohrer
betätigen. Nein, laſſen wir ihm die Kultur der Oberfläche
und hängen wir ihm keine Minderwertigkeit an, denn es iſt
krönungswert, weil es Genie iſt. Und wenn durch Jahrzehnte
die Künſtler, denen etwas einfällt, die Melodiker und Har⸗
moniker, die nicht betäuben, ſondern entzücken, wieder das
Übergewicht in der Wertſchätzung errungen haben, dann mag
endlich einer kommen, der Säkularmenſch, der, mit dreibi⸗
menſionaler Erfindung ausgerüſtet, Höhen und Tiefen durch⸗
mißt, der uns die neuen Ewigkeitswerte gibt, der die Freuden
und Leiden des zwanzigſten Jahrhunderts kompoſitoriſch aus⸗
zuſprechen vermag, ohne zu grinſen und ohne zu ſtöhnen.
Iſt euch ein Großer auf ſo lange Zeit zu wenig, da ihr ge⸗
wohnt ſeid, ſie aus den Feſtberichten kohortenweis kennen
zu lernen? Ach, ich fürchte, mit der Hoffnung auf den einen
ſind wir ſchon zu ſpät gekommen oder, günſtigſtenfalls, ein
Jahrhundert zu früh!

Wo sitzt die Kultur*)?

Ein Gespräch

A.: „Und wissen Sie, was mir neulich passiert ist? Ich fahre in einem durchgehenden Abteil zweiter Klasse nach Frankreich. An der Grenze erscheint ein französischer Beamter, kontrolliert die Fahrkarten und erklärt: ich müsse da raus oder Supplement nachzahlen. Blödsinn! sage ich; ich habe Fahrtausweis zweiter, und das ist zweite! er solle sich gefälligst anschauen, was am Wagen angeschrieben stehe; das sei eine II — wir kommen ins Streiten, und schließlich sehe ich selbst nach. Was soll ich Ihnen sagen? Die II war plötzlich mittels eines Klappmatismus in eine I verwandelt. Die Leute hatten einfach unsere brave zweite Wagenklasse zur ersten ernannt. Profitgier natürlich, aber doch zugleich ein

---

*) Dieser Aufsatz entstand, wie man schon aus den ersten Zeilen erkennt, zur Zeit tiefsten Friedens, als noch kein Wetterleuchten das Herannahen des Weltgewitters ankündigte. Die hier entwickelten Betrachtungen setzen also einen freundlichen Hintergrund voraus und stellen dadurch an den historischen Sinn des Lesers gewisse Ansprüche. Sie bedingen ein absichtsvolles Zurücktauchen in Lebensformen und Anschauungen, die seitdem gewaltsame Erschütterungen durchgemacht haben. Der Aufsatz ist mithin, etwa nach dem Maßstabe eines Leitartikels oder Feuilletons gewertet, sozusagen „unaktuell" geworden. Aber das war er ja schon, als ich ihn schrieb, als ich aufzeigen wollte, daß der Begriff „Kultur" anders begrenzt werden darf, als der landläufige Gegenwartwert

schreckliches Armutszeugnis; die Anerkennung dessen, daß in Frankreich der oberste Komfort gerade so weit reicht, wie bei uns der mittlere."

B.: „Sie haben natürlich die Ergänzung zur ersten nachgezahlt."

A.: „Gar nicht daran zu denken. Schon aus Trotz nicht. Ich wanderte vielmehr in eine französische zweite, in eine furchtbare Engnis von zehn Personen, in eine Pferchanstalt von Menschen, die zu eingepökelten Sardellen degradiert waren. Und jetzt begannen die unabsehbaren, fahrplanmäßigen Zugverspätungen! Laßt die Hoffnung draußen, die ihr eintretet! Was erzählt man uns da von den Greueln der sibirischen Gefängnisse? In den Eisenbahnwagen romanischer Länder — da wohnen die Greuel! Himmelherrgott! und da treten immer noch Kulturhistoriker, Leitartikler und Feuilletonisten auf, die uns von der Überlegenheit der westlichen Kultur vorfaseln!"

B.: „Ich würde Ihnen empfehlen, sich im Wiederholungsfalle nicht auf den Moment der Gegenwart einzustellen, sondern auf die geschichtliche Vergangenheit. Kultur ist ein gei-

gleichen Namens, daß er jenseits der Anschauungen liegt, die aus den Erlebnissen der Einzelnen hervorwachsen. Nicht um den Gegensatz von Kultur und Barbarei handelt es sich hier, sondern um den Zusammenprall zweier auf Grenzgebieten liegenden Werte, die bei oberflächlicher Betrachtung freundnachbarlich verschwistert erscheinen, bei tieferer Prüfung schroffe Gegensätze offenbaren. Nur auf diese Antithese kam es an, während alles, was an Lob und Tadel anklingt, höchstens die Bedeutung einer Hilfskonstruktion zum Beweise jener Gegensätzlichkeit besitzt. Daß hierzu wesentlich Baustoffe aus dem 17. und 18. Jahrhundert verwendet wurden, zeigt deutlich genug das Ziel der ganzen Erörterung, die aus entlegener Vergangenheit zu ferner Zukunft eine Brücke schlagen möchte.

stiges Fluidum, das uns allerdings anweht, sobald wir die westliche Grenze überschreiten. Wenigstens mir geht es so: Die Wagenwände, die mich umschließen, verflüchtigen sich und geben den Horizont frei; den Tiefblick auf zwei große Jahrhunderte, in denen Frankreich Geistesarbeit für ganz Europa geleistet hat. Ja, das spüre ich mit allen Schauern der Ehrfurcht. Ich reise nicht von Pagny nach Epernay, nicht von Pontarlier nach Dijon, sondern ich reise in das Land vom Port Royal, in das Reich der Enzyklopädisten, in das Land der Pascal, Viéta, Fermat, Descartes, Diderot, d'Alembert, Laplace, Lagrange. Das muß man hindurchfühlen durch die Kleinlichkeiten der körperlichen Gegenwart. Ich kaufe mir auch nicht an der Grenze die neueste Nummer des Matin oder des Figaro, sondern ich ziehe einen französischen Klassiker aus meinem Handkoffer..."

A.: „Der Ihnen kurz zuvor aus dem viel zu engen Gepäcknetz auf den Kopf gefallen ist."

B.: „Und dann beginne ich zu lesen, und eine Welt von Akkorden baut sich über dem Orgelpunkt der Empfindung: hier fließen die Grundquellen der menschlichen Geisteskultur. Weder die Alexandrinische Großzeit noch die italienische Renaissance, noch der deutsche Humanismus reicht da hinan. Ich tauche in die Zeiten zurück und atme die Luft, die Descartes geatmet hat..."

A.: „Sie atmen ein Gemisch von Schweiß, Kohlenstaub, Knoblauch und Kaporalzigaretten."

B.: „... Denn schließlich gründet sich alles, was an Erkenntnis, an Kausalphilosophie in uns lebt, auf Descartes. Aber es ist natürlich nicht nebensächlich, wo man liest. Der örtliche Kontakt entscheidet. Auf der Strecke Weimar—Jena, wo sogar der Banause seinen Goethe und Schiller herausholt, wirkt er zweifellos nicht so überwältigend, als auf einer der Zufahrtstraßen, die nach Paris führen. Sie haben es wahrscheinlich noch nie probiert, und deshalb rate ich Ihnen: Lesen Sie auf solcher Eisenbahnfahrt die ‚Prinzipien' des Cartesius."

A.: „Ich werde es n i c h t tun! Ich werde die Prinzipien des Cartesius nicht lesen, und zwar aus Prinzip. Zum Lesen gehört Licht, und zum Licht gehört ein anderes Eisenbahnkupee, als ein französisches. Am Tage sind die Fenster verschmiert, wenn die Lampen angesteckt werden, brennt eine Funsel, die im besten Fall soviel leuchtet wie ein schwelender Kienspan. Das dritte Wort der französischen Intelligenz ist immer ‚la lumière!' Aber was wird aus der lumière, wenn man sie am nötigsten braucht? ein künstliches Glühwürmchen. Der strahlende Leuchtturm verwandelt sich in ein Dreier=Nachtlicht. Und da reden Sie mir von Kausalitäten und verweisen mich auf das berühmte ‚ergo' des Descartes. Wie liegen die kausalen Zusammenhänge aber in Wirklichkeit? Es ist finster, e r g o kann ich nicht lesen!"

B.: „Wenn man bei Tage reist und seinen Eckplatz hat, so geht es schon."

A.: „Ich reise niemals bei Tage und erwische nie einen Eckplatz. Ich leugne überhaupt die Eckplätze auf französischen Bahnen. Man sitzt immer auf einem Mittelsitz im Mittelarrest. Und ich brauche wohl nicht erst zu beweisen, daß man in solcher Lage überhaupt gar nichts anderes anfangen kann, als sich ärgern."

B.: „Die Franzosen haben das Gegenteil bewiesen. Nehmen wir zum Beispiel P o n c e l e t..."

A.: „Wer ist das?"

B.: „Sie belieben Scherzfragen einzuwerfen. Wer all=

gemeine Kulturdinge erörtert, dem möchte ich doch zunächst die Bekanntschaft mit Poncelet zutrauen."

A.: „Ich bedaure unendlich, der Herr ist mir nicht vorgestellt. Nach Ihren Andeutungen möchte ich indes schließen, daß es ein Mann war, der zahlreiche Geduldsproben abgelegt hat."

B.: „Stimmt ungefähr. Er verbrachte zwei Jahre seines Lebens in echtrussischer Gefangenschaft zu Saratow an der Wolga und hatte es dabei wesentlich unbequemer als Sie in einem französischen Waggon. Von der Außenwelt abgeschnitten, ohne Bücher und irgendwelches Anregungsmaterial, im Dunkel der Kasematte entwickelte er aus stiller Intuition heraus die neue epochale Wissenschaft der projektivischen Geometrie, die ihn unsterblich machen sollte. Er ärgerte sich nicht, sondern er forschte. So benimmt sich ein Franzose in beengter Lage."

A.: „Ein glänzendes Rezept! Wenn man sich ohne Schlafmöglichkeit die Nacht um die Ohren schlägt, erfindet man eine neue Wissenschaft. Ich schwöre Ihnen, daß ich das niemals tun werde. Am allerwenigsten, wenn ich reise und dabei aus einer Peinlichkeit in die andere gerüttelt werde. Dann ziehe ich mich wie ein Häufchen Unglück auf das Minimum meiner Körperlichkeit zusammen und stöhne. Ein Kulturmensch stöhnt eben, wenn es ihm schlecht geht."

B.: „Pascal stöhnte nicht. In jener historischen Nacht, da seine Zahnschmerzen ihren Höhepunkt erreichten, rettete er sich aus aller Qual, indem er die analytischen Schwierigkeiten der Zykloide besiegte und die mathematischen Geheimnisse dieser wichtigen Kurve aufdeckte. Solche Einzelzüge gehören zum Wesen der französischen Kultur. An sie soll man denken, und nicht an das persönliche Mißbehagen des Augenblicks, wenn man französische Erde befährt. An Varignon soll man denken!"

A.: „Wer ist denn das schon wieder?"

B.: „Ich stelle fest, daß es in Ihrer Geistigkeit an jeder höheren Orientierung fehlt. Sie überantworten sich einer Maschine, die Sie mit achtzig Kilometer pro Stunde befördert, und Sie ahnen nicht einmal die einfachsten Gesetze irgendeiner Maschine; was ist sie, wem gehorcht sie?"

A.: „Es ist eine Lokomotive, und sie gehorcht dem Dampf."

B.: „So dürfte ein Bauer reden. Die Kultur spricht anders; sie definiert die Maschine als eine Konstruktion, die das Parallelogramm der Kräfte aus einem Prinzip zur Wirkung steigert. Da haben Sie die Lehre des großen Varignon, der das Pech hat, Ihnen unbekannt zu sein. Ziehen Sie die Fäden von Varignon zu d'Alembert, zu Lagrange, zu Poinsot, zu Carnot — und hierzu eignet sich nichts dermaßen, wie eine Bahnfahrt in deren französischer Heimat —, so wird in Ihnen die ganze Mechanik lebendig, als ein Begreifen aller Weltvorgänge aus der Bewegung der Atome. Und wenn Sie sich hierzu aufraffen, dann werden Sie nicht mehr stöhnen, sondern jubeln, bei jeder Beschleunigung durch Frankreich, dem Ursprungsland der höheren Mechanik."

A.: „Großartig! Und jetzt werde ich Ihnen einmal die französische Mechanik auseinandersetzen. Sie besteht darin, daß man in jedem Abteil überall, wo man einen Haken vermutet, an den man seinen Mantel hängen könnte, durch einen unnützen Metallknubbel enttäuscht wird; sie besteht darin, daß in den Toiletten die Hydraulik entweder gänzlich fehlt oder nicht funktioniert, so daß Sie selbst mit einem Mosesstab kein Wasser hervorzaubern können; sie besteht darin, daß die Heizvorrichtung nach mechanischen Grundsätzen gebaut ist, die schon zur Zeit des Khalifen Omar in Alexandrien überwunden waren; sie besteht darin, daß keine Schiebetüren vorhanden sind, sondern Angeltüren, von denen eine einzige genügt, um den ganzen Korridor zu versperren. So, und jetzt stelle ich Ihnen anheim, in Ihrem Kolleg über Mechanik fortzufahren."

B.: „Ich sprach vom Begreifen der Weltvorgänge."

A.: „Und ich spreche vom Begreifen der Eisenbahnvorgänge, das ist der Unterschied. Setzen Sie den ganzen Wagen voller Varignons und Pascals, — diese Vorgänge würden ihnen ewig unbegreiflich bleiben. Und aus Ihren Atombewegungen mache ich mir gar nichts. Ein Atom Seife soll sich bewegen, wenn ich im Kabinett am Apparat kurble! Und ferner werde ich Ihnen einmal wissenschaftlich kommen: ‚Die Seife ist der Maßstab für die Kultur der Staaten' — wissen Sie, von wem dieser Ausspruch herrührt? Von einem der größten Gelehrten aller Zeiten, von Justus von Liebig."

B.: „Justus von Liebig hat noch mehr Zitate geliefert, die darauf schließen lassen, daß er in Frankreich und besonders in den Laboratorien bei Gay-Lussac, Dulong und Thénard noch ganz andere Dinge gesucht und gefunden hat als Seife. Keiner hat den Positivismus und die Exaktheit der französischen Wissenschaft so laut gerühmt wie er. Aber Sie kommen von der Kleinlichkeit nicht los, Sie projizieren alles aufs Innere des Wagens und messen die Kultur am Waschraum! Ihre Debattierkniffe kenne ich nachgerade. Wenn ich Ihnen jetzt auseinandersetze, daß die gesamte organische Chemie, die Lehre von den Kohlenstoffverbindungen, ihre mächtigsten Anstöße von Frankreich empfangen hat, so werden Sie mir sofort mit einem Bonmot über französische Eisenbahnkohle antworten." —

A.: „Sehr richtig. Sie brauchen bloß in Belfort am Zuge einen Metallgriff anzufassen, dann haben Sie die Kohlenstoffverbindung an den Fingern und werden sie bis Lyon nicht mehr los."

B.: „Und wenn ich dann etwa auf die Großtaten der französischen Astronomen überleitete, sagen wir auf das Wunder des Leverrier, der aus einer Planetenstörung heraus den Neptun entdeckte, so würden Sie das Wort ‚Störung' aufgabeln und für Ihre einseitigen Zwecke verwerten."

A.: „Sie liefern mir wirklich die Stichworte. Der ganze Betrieb, von dem ich rede, setzt sich aus Störungen zusammen. Jeder Fahrplan ist eine organisation désorganisée. Den letzten Zug haben Sie verpaßt, aber der vorletzte hat zwei Stunden Verspätung, und den können Sie erreichen. An keinem Wagen hängt eine Richtungstafel, und wenn eine dranhängt, ist sie falsch. Und erst die Störungen an einer französischen Zollstation! Sie kennen doch Ventimiglia? Da vergehen einem die Planetenentdeckungen; in diesen Störungen hat noch niemand etwas anderes entdeckt als ein zweites Inferno von Dante. Sie freilich, mit Ihrer kosmischen Überlegenheit und mit Ihrer transzendenten Geduld, Sie wären imstande, mir selbst in den Verzweiflungsstunden von Ventimiglia eine Vorlesung über den Kulturwert der französischen Revolution und über die Eroberung der Menschenrechte zu halten. Wo sind diese Menschenrechte, und vor allem, wo sind die Franzosen, die sich aufbäumen und in der Bahn ihre Menschenrechte verlangen? Sind das wirklich die Abkömmlinge der Girondisten, Ihre Nachbarn im Wagen, die alles wie ein Fatum ruhig hinnehmen, was das ancien régime einer Bahnverwaltung über sie verhängt? Unsereiner flucht doch wenigstens. Und wenn er endlich zurückkommt, dann jubelt er an der Grenze: Deutschland! deutsche Wagen mit deutschen deutlichen Aufschriften! deutsche Bequemlichkeit, Sauberkeit, Geräumigkeit, Pünktlichkeit! Fließendes Wasser, reine Wischtücher, blanke Fenster, geputzte Klinken, strahlende Lampen, hilfreiche Beamte, — Menschenrechte! Ja, mein Freund, man muß von Welschland nach Germanien fahren, um sich ganz mit dem Gefühl zu sättigen: hier bei uns sitzt die Kultur!"

B.: "Wir sprechen von verschiedenen Dingen und reden aneinander vorbei. Ich versuche das Problem in der Tiefe zu erfassen, Sie haften an der Oberfläche. Die Geistesentwicklung eines Volkes vollzieht sich dramatisch, aber während ich mich bemühe, das dramatische Gewebe zu erkennen, starren Sie auf die Inszenierung, und zwar ausschließlich auf die Inszenierung des letzten Aktes. Sie verwechseln die Aufmachung, die Dekoration und die Güte Ihres Parkettplatzes mit dem, was eigentlich gespielt wird, was seit Jahrhunderten gespielt wurde. Im letzten Grunde gilt Ihnen die Welt als ein Panorama, das Sie, möglichst bequem hingestreckt, genießen wollen. Aber die Welt als Kulturerscheinung ist nicht nach Bequemlichkeit orientiert. Alle wirklichen Kultureinschnitte waren Unbequemlichkeiten, gewaltsame Brüche, rauhe Eingriffe in die liebgewordene Gewohnheit. Die Offenbarungen der französischen Großmeister haben das Behagen weder der Mitlebenden noch der Nachwelt gesteigert; ja, im großen und ganzen darf man annehmen, daß es sich im Kreise der Kirchenväter und Scholastiker angenehmer denken und leben ließ als im Kreise der Enzyklopädisten und der Exaktforscher überhaupt. Nichtsdestoweniger sehnen wir uns nicht in jene Atmosphäre zurück. Wir stoßen uns wund an den Eckpfeilern der Kultur, die nicht für das Glück der Person gebaut sind, sondern als Stütze für die Kuppel der Geistigkeit."

A.: „Und daran soll ich denken, wenn ich Eisenbahn fahre? Nein, lieber Herr, als moderner Mensch bin ich natürlich Reisender, und als solcher verlange ich, daß mir die Kultur eines Landes an der Grenze entgegenspringt, in den Zug hinein, auf den Polstersitz. Aus all den unentbehrlichen Nichtigkeiten soll sie mich anwehen, nicht um mein Inneres zu vertiefen, sondern um mein Außenleben zu erhöhen; ihre Arme soll sie mir entgegenstrecken, nicht um mir Bücher um die Ohren zu schlagen, sondern um mich zu liebkosen. Wenn ich in die Provence, an die Riviera, nach Paris oder in die Bretagne reise, will ich nicht erst ein Fegefeuer absolvieren, bevor ich ins Paradies gelange. Es soll schon im Vorhof paradiesisch aussehen, ganz einfach ausgedrückt, es soll moderner Komfort vorhanden sein, und Sie werden mir zugeben, daß auch diese Kulturforderung ihre Berechtigung hat."

B.: „Ich merke, daß Sie auf die Brücke einer Verständigung treten wollen, und ich selbst wäre unkultiviert, wenn ich Ihnen dahin nicht folgte. Suchen wir also im Parallelogramm unserer auseinanderstrebenden Ansichten die Diagonale und einigen wir uns auf folgende Formel: Kultur und Komfort sind zweierlei, und gerade in Frankreich wird man gut tun, beide Begriffe auseinanderzuhalten; dort nahm die Kultur ehedem einen so breiten Raum ein, daß für den Komfort nicht viel übrig geblieben ist."

A.: „Einverstanden; ich möchte den Satz nur ein bißchen anders redigieren: Komfort ist eine Angelegenheit, für die Frankreich das schöne Wort und Deutschland die gute Sache besitzt!"

Wie groß ist die Welt?

Man hat da die schönste Auswahl zwischen allen Formaten und kann bezüglich der Ausmaße nicht in Verlegenheit kommen. Philosophie und Sternkunde bieten ein Warenlager, in dem alle Größenlagen vertreten sind. Von der kleinsten angefangen, die so klein ist, daß man sie bequem in die Westentasche stecken kann.

Eigentlich ist das eine Null=Welt ohne jede Dimension. Alles, was sich uns sonst als Sonnenweiten, Siriusfernen, Riesenhaftigkeit der Gestirnwelt vorstellt, verschwindet. Nichts bleibt übrig als das Bildchen von alledem, wie es sich auf der Netzhaut unseres Auges abmalt. Diese Lehre räumt radikal auf mit dem Universum: Der gesehene Raum, von unserem sichtbaren Leibe angefangen bis hinauf zum Sternenhimmel, samt allem, was darin ruht und sich bewegt, ist gar nichts wirklich Gegenständliches außerhalb unserer Sinne, sondern nur ein Phänomen innerhalb unseres sinnlichen Bewußtseins. So hat es Ueberweg gedacht, so hat der bedeutende Denker Otto Liebmann den Satz geformt und auf Betrachtungen gegründet, die astronomisch auf Kepler, physiologisch auf Johannes Müller, Nagel und Hering zurückgehen. Herbart und Lotze werden angerufen, um der Großwelt den Garaus zu machen, und diesem Vernichtungswillen gegenüber hält kein Fernrohr, kein

Spektralwerkzeug stand. Denn auch diese Apparate sind nur Täuschungen, Phantome, von unserem Augenbildchen hinausgezaubert in ein Unbekanntes, das uns von einer Zwangsvorstellung als Außenraum vorgeredet wird.

Auf anderen Wegen wird ein ähnlich historisches Ergebnis erzielt. Es gibt eine Philosophie der Schrumpfung, die zunächst der Welt nichts zuleide tut und sie so groß bestehen läßt, als man nur irgend will. Dann aber fährt sie mit der Frage fort: Was geschähe, wenn die Welt mit allem Inhalt plötzlich auf die Hälfte ihrer früheren Dimensionen einschrumpfte? Besäßen wir Menschen ein Beobachtungsmittel, um diesen Vorgang festzustellen? Keineswegs! Denn da alle unsere Organe, einschließlich unserer Maßstäbe und Meßwerkzeuge, diese Verjüngung auf ein Halb mitmachen, so ändert sich für uns nicht das allermindeste; das heißt ein solcher Vorgang könnte stattfinden, ohne uns irgendwie zu berühren, wir würden nichts merken. Der Mond wäre nach wie vor 50000 Meilen von uns entfernt, aber „Halbmeilen", die für uns ganz dieselbe Bedeutung hätten, wie vordem die Ganzmeilen. Spüren wir aber nicht eine Verkürzung auf ein Halb, so spüren wir sie auch nicht auf ein Zehntel, auf ein Tausendstel, überhaupt nicht, das Universum könnte plötzlich oder allmählich auf die Größe eines Stecknadelkopfes, eines Atomes zusammenschrumpfen, ohne daß sich für uns, für unser Leben und unsere Auffassung das Geringste ändern würde. Wir führen fort, nach parallaktischen Bestimmungen die ungeheuerlichsten Sternentfernungen herauszurechnen, in voller Unkenntnis der Tatsache, daß sich in Wirklichkeit eine beobachtende Null mit einer Welt-Null messend beschäftigt. Das ist aber eine Möglichkeit, über deren Wesen wir nur das eine auszusagen vermögen: sie ist viel wahrscheinlicher als die ererbte Gewißheit, die uns mit festen Strecken und riesigen Räumen operieren läßt.

Nun zu den Welten mittleren Formates, für die ich hier aus dem reichlich versorgten Warenlager eine Probe vorlegen möchte. Vergleichen wir sie mit dem soeben angedeuteten Zustand des absoluten Schwundes, so werden wir sie außerordentlich geräumig finden, wenngleich immer noch etwas eng im Verhältnis zu den üblichen Universalbegriffen. Der geradlinige Durchmesser des gesamten Weltraumes beträgt nach dieser Auffassung 40000 Kilometer, also genau soviel wie die Länge unseres Äquators; die Erde verzichtet auf ihre Kugelgestalt, wird zur vollendeten Scheibe, zur „Totalebene", kein Himmelskörper, sondern eine Scheibewand, ein Zwerchfell im endlichen Raum, zugleich dessen untere Hälfte, während sich alle Gestirne, der ganze „Himmel" in der oberen befinden.

Wir beschwören hier keinen urzeitlichen oder mittelalterlichen Spuk, versenken uns nicht in die Grübelei eines Scholastikers, sondern folgen den Spuren eines sehr gelehrten Modernen, des Dr. Ernst Barthel, der seine Weltansicht in einer großen Abhandlung festgelegt hat. Der Ort der Veröffentlichung, L. Steins Archiv für systematische Philosophie (Heft 1 von 1916) erzwingt Beachtung, und der Vortrag des Mannes, der uns eine neue Weltorientierung geben will, ist zweifellos auf Scharfsinn gestimmt. Innerhalb des hier aufgestellten Rahmens ist natürlich weder eine Angabe noch eine Erörterung seiner Beweise möglich; um so weniger, als diese mit einer der schwierigsten Vorstellungen der Ultra=Geometrie, mit dem „gekrümmten Raum" arbeiten, die sich einer allgemein verständlichen Darstellung nahezu entzieht. Für unseren Zweck genügt die Feststellung des Formates selbst. Wir erfahren, daß heute Strebungen im Gange sind, die der Welt gewisse auskömmliche, endliche, nicht eben weitgespannte Maße zuweisen. Man kann in 40000 Kilometern existieren, ohne sich an ihnen zu berauschen, wie man sich auch an den Sonnenwirkungen erfreuen kann, wenn man mit dem denkerischen Wagemut des Dr. Barthel alle Gestirne unendlich viel kleiner als die Erdmasse ansetzt. Im Ernst gesprochen: Zu Zeiten Galileis wäre jene kuriose Schrift nicht auf den Index gekommen, während sie heute allerdings wie eine Ketzerei gegen die Allmacht der Astronomie auftritt.

Sie steht aber nicht etwa vereinzelt da. Wir sind in neueren Jahren von ganzen Stimmchören umflutet worden, die das Hohelied der Endlichkeit singen; alle astronomischen Strecken sind ihnen zu weit, alle Bewegungen zu flink, sie wollen letzten Endes darauf hinaus, irgendwie und irgendwo im angeblich Unendlichen Abschlüsse zu finden. Mißverstandene Lehren von Flammarion und Henri Poincaré gingen voraus; ihnen folgten die Mißversteher August Strindberg, Woodhouse, eigensinnige Deutsche von der Gefolgschaft des Johannes Schlaf mit ihren gellenden Schlagworten: „Sinnlose Astronomie", „Wissenschaft, die heute auf den Universitäten verhökert wird", „Symphonie des Unsinns"! Eine geozentrische Anschauung sollte durchbrechen, noch unter Lukrez hinunter, der zwar die Sterne als Kleinwesen erachtete, aber doch den Weltraum nicht verengen wollte. Deutlich umschriebene Formate gibt es nicht innerhalb dieser Lehren. Man kann immer nur sagen: Kleinwelten, Mittelwelten, wie sie sich denen darstellen, deren Sinn von den irdischen Massen nicht loskommt. Anaxagoras hatte behauptet, die Sonne sei größer als der uns heute so vertraute Pelo=

ponnes. Das war in seinem Sinne eine Erweiterung des Größenbegriffs, in unserem ein Festkleben am alten Diminutiv. Die Welt des Anaxagoras ist ein maßloses Ungeheuer, am Verstand seiner Zeitgenossen gemessen, ein Mikrob für uns, die wir die Strecken nach Lichtjahren beurteilen. Danach ergibt sich ein Weltformat, das nur noch im Zahlensinne Bedeutung hat, das sich an die Zahl heftet, um überhaupt aussprechbar zu werden. Die Anschauungsmöglichkeit entschwindet. Wir lernen und glauben, daß die Firsterne erster Größe durchschnittlich siebzehn Lichtjahre von uns abstehen, die Lichtsekunde zu 300000 Kilometern, also rund 150000 Milliarden Kilometer; und daß diese Unfaßbarkeiten wieder verschwinden gegen die Erstreckung der Milchstraße, für die wir siebentausend Lichtjahre bewilligen müssen. Und auch damit hätten wir erst eine Insel im Universum erfaßt, nicht dieses selbst.

Die Anschauung sucht in ihrer Bedrängnis einen Ausweg und findet ihn in der Vermutung, daß zwar der Raum unendlich sein müsse, nicht aber die Menge und Masse der Weltkörper. Es gibt einen auf Herschel zurückgehenden Scheinbeweis, der diese Vermutung mit optischen Gründen zur Gewißheit erheben möchte. Er wirkt auch optisch ganz überzeugend, rennt aber gegen einen Grundpfeiler der in uns eingebauten Logik. Denn alle Ermeßlichkeit ist Null gegen das Unendliche, und all die Lichtjahre bedrängen uns nicht so schmerzlich wie der Zwang, diese Ganzgroßwelt wiederum auf Null verkümmern zu lassen.

Nein, wir suchen immer noch nach größeren Formaten für die Welt, und wer mit der eigenen Phantasie nicht auskommt, der mag die des Voltaire zu Hilfe rufen.

Der Weise von Ferney schlägt in mehreren Erzählungen

das Thema von der Weltgröße an und, wie zu erwarten, er gibt sich dabei nicht mit Kleinigkeiten ab. Ein Engel tritt als Lehrmeister auf: die Welt mag noch so ausgedehnt sein, mit einer einzigen ist nicht auszukommen; setzen wir also einen hübschen Multiplikator ein und behaupten wir: im Raum sind hunderttausend Millionen von Welten vorhanden, eine immer schöner und besser als die andere; oder rückwärts gerechnet: eine immer toller als die andere; die uns zunächst liegende, die irdische, kommt leider dabei am schlechtesten weg und wird in Voltaires Betrachtung als das „Tollhaus des Universums" bemakelt.

Gleichviel. Unsere vergleichende Studie soll sich ja nur mit den Weltformaten beschäftigen, zwischen denen sie genügende Auswahl versprach. Von einer Abschätzung nach Vortrefflichkeit und Ungüte hat sie sich fernzuhalten. In ihr gilt nur das Relative, das jedes Gut und Böse abwehrt und selbst in der Abschätzung reiner Raumgrößen der letzten Frage nach Richtig oder Falsch aus dem Wege geht.

Die Annäherung

Man könnte es wie ein Märchen anfangen, „Es war einmal", und es kommt auch allerhand Fabelhaftes darin vor. Aber sehr poetisch wird es darin nicht zugehen. Denn die Dinge, die hier eine Annäherung suchen, sind weder Gemeinschaften, die ihren Haß vergessen wollen, noch Menschenkinder, die durch eine geheime Sehnsucht zueinander getrieben werden, sondern zwei vergeistigte Wesen, zwei Begriffe: die Vermutung und die Genauigkeit.

Also es war einmal ein großer Gelehrter, der hieß Michael Psellus, der lebte im elften Jahrhundert, galt viel bei seinen Zeitgenossen und wurde von ihnen mit dem Ehrentitel „Erster der Philosophen" geschmückt. Der hatte es sich in den Kopf gesetzt herauszubekommen, wie sich denn eigentlich der Umring eines Kreises zu seinem Durchmesser verhielte. Und nachdem er lange überlegt und gerechnet hatte, kam er dahinter, das müßte eine Zahl sein zwischen zwei und drei, ungefähr zwei und vier Fünftel, oder noch etwas darüber. Und die gelehrten Zeitgenossen dieses „Ersten der Philosophen" waren sehr erfreut über diesen Fund, ganz überzeugt davon, daß hier Vermutung und Genauigkeit einen schönen Akt der Annäherung vollzogen hätten.

Wenn ein halbwegs intelligenter Knabe mit einem runden Gegenstand spielt, mit einem Kreisel oder Tellerchen, und einen Faden um die Rundung legt, so müßte ihm der Unsinn des großen Psellus klar werden. Er könnte es vom Faden ablesen, daß das Dreifache des Durchmessers noch nicht ausreicht, um den Kreisel oder das Tellerchen ganz zu umspannen.

Es mag fraglich sein, ob Kinder solche Experimente anstellen. Daß die Erwachsenen es vor fast dreitausend Jahren getan haben, erfahren wir aus dem Ersten Buch der Könige bei Beschreibung des herrlichen Waschgefäßes, das unter dem Namen des ehernen Meeres eine Zierde des Salomonischen Tempels bildete: „Und er machte das Meer, gegossen, zehn Ellen von einem Rande bis zum andern, gerundet ringsum, ... und ein Faden von dreißig Ellen umfing es ringsum." Hier sprach also der Faden: die gesuchte Zahl ist genau gleich drei, und die Priester im Tempel Salomos, denen der Begriff der „Annäherung" noch fremd war, mochten das wohl als eine Gewißheit hinnehmen.

Aber den späteren Talmud-Gelehrten stiegen doch Zweifel auf. Sie untersuchten wiederum verschiedene runde Schüsseln mit dem herumgespannten Faden und gelangten zu dem Ergebnis: man muß, um den Umring zu erhalten, den Durchmesser von Rand zu Rand dreimal nehmen und ein „Audew", was in ihrer Sprache bedeutete: und ein kleines bißchen mehr. Das war weder falsch, noch genau, sondern eben nur annähernd richtig. Und bei den weiteren Annäherungen der Folgezeit ergaben sich Wunder.

Man nennt die gesuchte Größe bekanntlich nach einem Forscher, der sie einer weitgehenden Untersuchung unterwarf, die Ludolffsche Zahl oder π. In der Schule lernt man: Eins Komma 14159, und dieser Annäherungsgrad reicht auch für die meisten Erfordernisse des Lebens wie der Technik. Mit jeder weiteren festgestellten Dezimalstelle schärft sich die Genauigkeit naturgemäß sehr erheblich; Ludolf van Ceulen berechnete die Zahl bis zur 35. Dezimale, am Anfang des achtzehnten Jahrhunderts konnte dieses π das Jubelfest der hundertsten Stelle feiern, seit dem Jahre 1844 besitzen wir es, durch den Kopfrechner Dase, bis auf 200 Stellen genau.

Was bedeuten diese Annäherungen? Zunächst das eine, daß eine absolute Genauigkeit bei einem so einfachen Gebilde wie der Kreis niemals zu erzielen ist; dann als zweites die Beruhigung darüber, daß wir den möglichen Fehler bis zu beliebiger Kleinheit vermindern und unter die Schwelle des Bewußtseins hinabbrücken können.

Wir nehmen als Prüfungsmaß die winzige Dicke eines allerfeinsten Damenhaares und fragen: wie groß darf ein Kreisumfang sein, damit die mögliche Ungenauigkeit der Berechnung höchstens so groß ausfällt wie diese Haarfeinheit? Wir operieren mit einem π von nur 15 Stellen und ermitteln: Ein Kreis von der Größe des Erdäquators verträgt diese Probe, multiplizieren wir dessen Durchmesser mit solcher Zahl, so wird die mögliche Ungenauigkeit noch lange nicht das zarte Quermaß eines Blondhaares erreichen.

Wirtschaften wir aber mit der ausgewachsenen Ludolfzahl von 100 oder gar von 200 Stellen, so können wir ganz ins Phantastische hineinsteigen. Der Kreis kann dann so groß oder milliardenfach größer sein als die Milchstraße, als die gesamte sichtbare Sternenwelt: so wird der mögliche Fehler unter die Bazillenkleinheit herabsinken und durch kein Mikroskop der Welt wahrnehmbar gemacht werden können.

Aber ein Fehler bleibt trotzdem zurück, nämlich der Unterschied zwischen dem Errechneten und dem mathematisch als Kreis Vorgestellten. Diese Annäherung kann niemals bis zur völligen Berührung getrieben werden.

Die Naturbetrachtung schlägt ähnliche Wege ein, wenn sie sich Zielen nähert, die sie vorläufig für erreichbar hält, um späterhin inne zu werden, daß die sogenannte Genauigkeit und Sicherheit im letzten Grunde nur eine sehr gesteigerte Annäherung bedeutet.

Wir befinden uns am Ufer eines mäßig großen Binnensees; kein Windhauch kräuselt die Oberfläche, kein Boot durchfurcht sie, der Vergleich mit einem Planspiegel drängt sich auf, und wir können von dieser Fläche mit ruhigem Gewissen als von einer vollkommenen Ebene sprechen. Kein Naturgesetz wird uns Lügen strafen, wenn wir an dieser „Ebene" festhalten und sie den sonstigen Erscheinungen des gewöhnlichen Lebens einordnen.

Aber diese Ebene bietet uns nur eine Richtigkeit in erster Annäherung. Eine gesteigerte Aufmerksamkeit nötigt uns sofort, den Wasserspiegel als Teil einer schwachgebogenen Kugelfläche anzuerkennen. Denn der See gehört zur irdischen Globusfigur und ist ihrer Krümmung unterworfen. In dieser zweiten Annäherung werden gewisse Beobachtungen erst ermöglicht und verständlich, die auf Grundlage der ersten zu Widersprüchen führen müßten.

Diese zweite Annäherung könnte ausreichen, wenn unser Planet wirklich eine Kugel wäre. Wir wissen aber, daß die Erde mit ihrer polaren Abplattung von der Kugelform abweicht und die Gestalt eines Rotationsellipsoides zeigt. Auch hiervon muß unser Binnensee Notiz nehmen, ganz unabhängig von seiner Größe oder Kleinheit. Er darf im Flüssigkeitsspiegel nur wiederholen, was die Allgemeinfigur vorschreibt, und so ergibt sich als dritte Annäherung: der See wölbt sich als Teil einer ellipsoidischen Fläche.

Und noch immer sind wir nicht bei der genauesten Genauigkeit angelangt. Denn wir müssen weiterhin noch die atomistische Struktur des Wassers in Betracht ziehen. Unser geistiges Auge nimmt heute schon vorweg, was dem körperlichen noch entgeht, nämlich eine Atomlagerung an der Oberschicht, die den stetigen Zusammenhang der Fläche überhaupt aufhebt. Wir wissen nicht, was diese vierte Annäherung uns bieten wird; wir können in ihr nur eine Anschauungsform mutmaßen, der gegenüber die vorhergehenden, Ebene, Kugel, Ellipsoid als Vorläufigkeiten zu gelten haben, als kurzgefaßte, ungenaue Bezeichnungen für höchst verwickelte Gebilde.

Die uns bekannten Naturgesetze verhalten sich fortgesetzter Prüfung gegenüber wie jener Seespiegel. So wie sie ermittelt wurden und zuerst in die Lehrbücher übergingen, beanspruchen sie in der Regel nur den Wert einer ersten Annäherung. Bei verschärfter Prüfung werden weitere Annäherungen erforderlich, das will sagen: das Gesetz in seiner bekannten Form hält nicht dicht, zeigt Lücken, durch die gewisse Ausnahmen schlüpfen können, ist überhaupt nur Interimsgesetz, vorbehaltlich weiterer Paragraphen, die erst eine gesteigerte Genauigkeit ermöglichen sollen.

Solche Gesetze stehen vor der verschärften Frage wie nicht ganz taktfeste Zeugen vor Gericht. Man kann ihnen die Eidfähigkeit nicht absprechen, denn sie sprechen die Wahrheit; nur nicht die volle Wahrheit; sie verschweigen Einzelheiten, nicht in der Absicht, einen Irrtum hervorzurufen, aber ohne die innere Kraft, jeden Irrtum auszuschließen. Als derartige bedingte Gesetze haben sich zumal die Gasgesetze erwiesen, wie sie von Dalton, Mariotte, Gay-Lussac formuliert wurden; ferner das Wärmegesetz von Dulong und Petit, die Gesetze der Leitfähigkeiten von Wiedemann-Franz und Lorenz, im weiteren überhaupt die mechanischen Gesetze, sobald rasche Bewegungen kleinster Massen in Frage kommen. Es sind, wie man wohl heute in anderem Zusammenhange sagt, Mantelgesetze, mit Mänteln, die in Ewigkeiten zu halten schienen, deren Nähte aber doch allmählich auseinanderplatzen.

Sogar Newtons Gleichungen als Ausdruck der klassischen Schwerkraftslehre haben daran glauben müssen. Sie sind „erste Annäherungen" geworden, seitdem der gewaltige Forscher Albert Einstein mit seiner eigenen Gravitationstheorie eine weitere Annäherung gefunden und damit vormals undurchdringliche Rätsel am Himmelsbogen wie durch einen Zauber entschleiert hat.

Und über das Gebiet der Physik hinaus wird der große Begriff seine große Macht äußern, wenn er in die Gebiete des reinen Erkennens, der Ethik und Ästhetik übergreift, wenn wir in den gültigen Gesetzen des Denkens und Empfindens über das Zunächst=Wahre vorschreiten werden zu verborgenen Wahrheiten, nach dem Prinzip der Annäherung, welches nicht rechthaberisch umstößt, sondern verfeinert, neue Möglichkeiten erschließt. Ja selbst das sicherste vom Sicheren, die Mathematik, wird sich der Betrachtungsart der Annäherung nicht verschließen dürfen, nicht nur in Zahlen — diese Arbeit besorgt sie ja selbst seit Urzeiten — sondern in ihren grundlegenden Lehren. Die Anfänge hierzu liegen vor, weitere Wege hat Vaihinger in seiner herrlichen „Philosophie des Als Ob" gewiesen. Dann könnte sich der Kreis einmal völlig schließen, anscheinend in einem fehlerlosen Zirkel, — denn was sollte genauer sein als das Genaueste? —, und doch mit einem neuen gewaltigen Ausblick auf die Relativität jeder Erkenntnis.

Das Heraklitische „Alles fließt" wäre dann zu ergänzen in einem „Alles wankt, ohne zu stürzen". Auf beweglichen Unterbauten erster und zweiter Annäherungen werden dritte und vierte errichtet, ohne Sorge um die Tragfähigkeit. Es hat sich gezeigt, man kommt höher, wenn man aufwärts baut, als wenn man nur immer an alten Fundamenten mauert und in die Breite arbeitet. Und vielleicht läßt sich auf diese Weise, über alle Zweifel hinweg, einmal ein fester Punkt gewinnen, der Punkt, den der Mechaniker Archimedes ersehnte, um die Erde, und den die Erkenntnis erstrebt, um den Irrtum aus den Angeln zu heben.

Der Alpdruck

Das Wörtchen „vielleicht" müßte am Anfang und am Ende der Betrachtung stehen. Ist dies alles, was wir schaudernd und bewundernd hören, schauen und fühlen, was uns durchbebt und erhebt, vielleicht nur ein Traum? Steckt hinter der tausendmal gebrauchten Sprachwendung „man faßt sich an den Kopf" vielleicht mehr als eine symbolische Bewegung? vielleicht der ernsthafte Versuch, einen Alpdruck abzuschütteln, der aller Wirklichkeit zum Trotz doch nur traumhaft vorhanden wäre?

Dies Wörtchen „vielleicht" hieß ursprünglich im Mittelhochdeutschen so viel wie „sehr leicht" und bezeichnete einen gewissen, nicht unbeträchtlichen Grad der Wahrscheinlichkeit. Es verlor den Wahrscheinlichkeitswert, um nur eine lose Möglichkeit anzudeuten, die der schweifende Gedanke für die Dauer einer Sekunde berührt. Nicht auf länger. Wir glauben an die Wirklichkeitswelt, wir halten an der Gegenständlichkeit des wachen Zustandes fest und sind uns des spielerischen Gegensatzes bewußt, wenn uns trotzdem einmal der Gedanke durchzuckt: vielleicht ist es doch nur ein Traum?

Bis uns dann einmal der Eigensinn überfällt und uns nötigt, der flüchtigen Frage halt zu gebieten. Vielleicht entsinnen wir uns dabei, daß heute gewisse Denkmöglichkeiten vorhanden sind, die bei den Urvätern nicht einmal als huſchende Schatten vorhanden waren. Wir benken daran, daß die Schwerkraft in der Natur verſchwinden, daß die Gerad= linigkeit des Lichtſtrahls aufhören könnte. Solche „vielleicht" hat es früher nicht gegeben. Aus allen Ecken der neueſten Naturwiſſenſchaft ſtrömen uns die Unmöglichkeiten entgegen, die plötzlich das Geſicht der Möglichkeit, ja der Wahrſchein= lichkeit annehmen. Man darf das Undenkbare nicht mehr ab= lehnen. Das ſcholaſtiſche, ehedem ſo widerſinnige: „Credo quia absurdum" hat angefangen, wiſſenſchaftlichen Grad zu gewinnen.

Alſo die ſcheinbar ſo törichte und ſonſt nie ſtandhaltende Traumfrage erhält den Geſtellungsbefehl, ſoll gemuſtert und unterſucht werden. Zunächſt muß ſie ſich entkleiden, und wenn ſie die Gewandung abgeworfen hat, ſteht das nackte „Ich" vor uns, das Bewußtſein der eigenen Perſönlichkeit. Weder Ariſtoteles, noch Kant, noch Fichte haben an ihm ge= zweifelt. Aber von neueren, ſehr bedeutenden Philoſophen iſt dem ſicher begrenzten „Ich" ſcharf zugeſetzt worden, ſo ſcharf, ſo erfolgreich, daß man allen Ernſtes behaupten darf: in abſehbarer Zeit wird dieſes „Ich" als wiſſenſchaftliche Beſtimmtheit ausgeſpielt haben.

Vorläufig exiſtiert es noch, erfreut ſich aller bürgerlichen Rechte, wird von ſich ſelbſt anerkannt und ſpinnt ſeine Er= innerungen in einem regelmäßigen Wechſel zwiſchen Schlaf und Wachen. Solange der Schlaf vorhält, alſo etwa in einem Drittel des Lebens — ſo ſagen wir im Wachen —, verſagt die Kontrolle des richtigen Denkens. Die Hauptbeſtimmungen nach Raum, Zeit und Urſächlichkeit ſind aufgehoben. Wo= her wiſſen wir das? Weil der Moment des Aufwachens ein= tritt, in dem ſich die verlorenen Denkfunktionen wieder pünkt= lich zur Stelle melden.

Aber während wir diesen sicheren Schluß ziehen, schließt ein Drittel der Menschheit anders. Die fünfhundert Millionen Menschen, die eben jetzt schlafen, sind, sofern sie träumen, vom Gegenteil fest überzeugt. Jeder von ihnen hat sein eigenes „Ich", und dieses träumende Ich zweifelt nicht im geringsten an seiner Gegenständlichkeit, an der Richtigkeit seiner Raum= und Zeitorientierung, an seinen Verknüpfungen von Ursache und Wirkungen, kurz an der Wahrheit und Wirklichkeit seiner Erlebnisse.

Es ist durchaus kein waghalsiger Gedanke, anzunehmen, daß die physiologische Natur der Menschen sich verändern könnte. Stellen wir uns ein stetig wachsendes Schlafbedürfnis vor, so müssen wir Menschen für möglich halten, die 16, 20, 23 Stunden am Tage schlafen. Und bei weiterem Verfolg bis ins Extrem landen wir, ohne in Sinnwidrigkeit zu verfallen, bei einer veränderten Welt: auf einen Menschen, der wacht und richtig denkt, kämen zur gleichen Zeit tausend irrende Träumer. Auf diesem Punkte beginnt die Regel der Wahrscheinlichkeit ein Wörtchen mitzureden: Warum soll die Meinung des Einen als Kontrollinstanz ausschlaggebend sein gegen den Widerspruch der tausend? Liegt nicht allzeit das Normale, das Gültige bei der großen Anzahl? Als das Entscheidende muß doch die überwiegende Regel angesprochen werden, nicht die vereinzelte Ausnahme.

Wie immer steht der Einwand bereit: auch jene Tausend werden aufwachen und erkennen, daß sie in Visionen versponnen waren. Erkennen — das heißt eine Überzeugung gewinnen, mit einer Deutlichkeit, die dieser Minute angehört. Aber in der Vorminute, oder in der nächsten Stunde herrscht eine andere Deutlichkeit, und der logische Zirkelschluß ist fertig: wir erkennen dies, weil es wahr ist, und es ist wahr, weil wir es so erkennen. Der Rechtsstreit ist niemals zu schlichten; denn erstens ist der Richterstuhl unbesetzt, und zweitens fehlt immer die eine Partei, während die andere deklamiert und ihren Standpunkt vertritt; bis sie wiederum verschwindet und die Gegenpartei mit genau derselben Beredsamkeit das Gegenteil behauptet. Und um die Unmöglichkeit dieses Prozesses zu vollenden: beide Parteien sind innerlich und äußerlich identisch, aber antipodisch entgegengesetzt, sie erblicken sich nie, sie können immer nur eines: zeugenlos, gegenstandslos, beweislos gegeneinander in die Luft schwören!

Das Traum=Ich ist seiner Sache ganz sicher. Sein Krieg zeigt dieselbe Grausamkeit wie der der Wachenden, sein Frieden übertrifft vielleicht an Holdseligkeit jedes Idyll, das wir in glücklichen Zeiten jemals erlebten. Ich, der ich jetzt und hier schreibe, habe mir oft genug im Traum die Frage vorgelegt: träumst du vielleicht? Ja, ich verfuhr noch gründlicher: alle Argumente aus Schriften und eigenem wachen Denken standen mir zur Verfügung mitsamt allen Erwägungen nach Möglichkeit und Wahrscheinlichkeit, und sorgsam untersuchte ich — um etwa auf einen bestimmten Traumfall zu kommen: du befindest dich hier vor dem Dogenpalast in Venedig; wäre es nicht denkbar, daß du dich in nächster Minute in deinem Berliner Bettlager entdecktest? Und mit der größten Bestimmtheit entschied ich: Nein! so etwas mag im Anschluß an einen Traum passieren, aber nicht hier, nicht in der Wirklichkeit; wie könnte ich ein geträumtes Venedig mit diesem gegenständlichen verwechseln? mit diesem wirklichen Dogenpalast? Lächerlich, auch nur eine Sekunde an seiner Realität und an meinem Aufenthalt vor ihm zu zweifeln. Ja, in der verflossenen Nacht, als ich im Hotel Garibaldi lag und schlief, da habe ich geträumt, und in der nächsten Nacht werde ich wahrscheinlich wieder träumen, irgendwelches konfuse Zeug, das von der Klarheit dieser Gegenwart himmelweit entfernt ist.

Der Kellner des Café Quadri auf dem Markusplatz bringt mir eine Schale Kaffee, eine höchst positive Tasse mit gar nicht fortzuleugnendem Inhalt. Neben mir sitzt Goethe, der mir Bruchstücke aus seiner italienischen Reise erzählt.

Blitzartig durchfährt mich ein Zweifel. Lebt denn Goethe noch? Eigentlich sollte er tot sein. Ach ja, richtig, er ist ja in Weimar gestorben, und in Weimar ist er auch tot und begraben. Aber hier in Venedig ist er lebendig, sonst würde er ja nicht neben mir sitzen und Kaffee trinken.

Merkwürdig bleibt es trotz alledem! Wie kam ich eigentlich mitten im Kriege ins italienische Feindesland? Ich finde hierfür die ganz glaubhafte Erklärung: einmal ist ja der Krieg schon seit zehn Jahren vorbei, dann war ja auch der Krieg niemals wirklich, sondern nur geträumt, und schließlich gehört ja Venedig auch gar nicht zu Italien. Ich weiß ja ganz genau, wie ich hierher gefahren bin: mit dem Hapagschiff Imperator von Curhaven nach Luzern, und dicht daneben liegt doch Venedig am Vierwaldstätter See. In der Traumlogik hat das alles seine Richtigkeit.

Es ist auch ganz in der Ordnung, daß der Markusdom da drüben gar nicht aussieht wie der Markusdom, sondern wie der Bahnhof von Basel. Das muß so sein und ist immer so gewesen. Baedeker macht doch ausdrücklich darauf aufmerksam. Die ganze Architektur des Platzes mit den Prokuratien zur Seite erhält dadurch erst ihren stilrichtigen Abschluß. Und gleichzeitig liefert mir das Bauwerk den vollkommenen Beweis für die Tatsache des Wachens: Auf dem Ferngleis der Markuskirche bin ich ja angekommen, ich habe ja sogar noch

Handgepäck drüben beim Bischof. Das ist also die volle Wirklichkeit ohne einen Schimmer von Traumphantasie.

Immerhin, um den Beweis ganz schlüssig zu machen, bringe ich selbst das Gespräch auf diese Frage: Sagen Sie, Herr von Goethe, halten Sie in der Angelegenheit von Schlafen und Wachen eine Täuschung überhaupt für möglich? Halten Sie es für denkbar, daß ich jetzt nur träume, während ich mit Ihnen in Venedig diese Frage erörtere?

Goethe zog eine Reihe beschriebener Blätter aus der Tasche, breitete sie aus und verwies mich auf den Inhalt. Da würde ich alles finden, was ich zu erfahren wünschte. Ich konnte aber die Zeilen und die Worte nicht zusammenbringen. Gleichzeitig begann das Glockenspiel von San Marco zu läuten und setzte sich automatisch in das Spiel meiner Weckeruhr fort. Eine Sekunde später entdeckte ich mich wirklich auf meiner Berliner Bettmatratze.

Also doch geträumt?! und welche Intelligenz bürgt dafür, daß nicht wenige Minuten darauf ein neues „Also doch" die neue Wirklichkeit durchschneidet?

Ich knipste das Licht an und versuchte mit müden Augen zu lesen. Was da gerade auf dem Nachttische lag: es war ein Band Calderon, und ich geriet an die Stellen: „Nichts Ewiges kann das Glück uns geben, denn flücht'ger Traum ist Menschenleben, und selbst die Träume sind ein Traum", — — „da doch auf dieser Welt, Clotald, nur alle träumen, die da leben!"

Calderon, Grillparzer und viele andere Dichter bis zu Strindberg, Widmann und Gerhart Hauptmann haben diesen Gedanken in Ernst und Laune behandelt, mit ihm gespielt, neue intelligible Welten aus ihm gebaut. Ja, man kann wohl behaupten, daß keines Dichters Schaffen ihm völlig auszuweichen vermochte, denn er begreift in sich die äußerst letzte aller letzten Fragen. Der Metaphysiker landet ihr gegenüber beim Verzicht. Die Lehre von einer Traumhaftigkeit der Wirklichkeitswelt ist in keiner Weise logisch zu widerlegen, so formt Mauthner den Verzicht unter der vollen Wucht des großen Fragezeichens. Wir schließen mit einer Waghalsigkeit, die in keinem andern Denkakt ihresgleichen findet, aus dem einzigen uns bekannten Falle, aus unserer eigenen Existenz, auf die ganze Welt, und werden immer wieder darauf gestoßen, daß selbst dieses uns einzig wirklich Bekannte in zwei gegensätzlichen Erscheinungen auseinanderklafft. Das große „Ignorabimus" des Du Bois-Reymond steht nirgends so drohend aufgerichtet wie in der Frage: Träumen wir, oder wachen wir?

Unser Anfangswort „Vielleicht" neigt sich ihr gegenüber stark auf die Seite der Sinnlosigkeit, denn kein Wahrscheinlichkeitsgrad, man setze ihn beliebig groß oder klein an, will auf die Frage passen. Ein Philosoph des achtzehnten Jahrhunderts hat gesagt: was nur wahrscheinlich richtig ist, das ist ganz bestimmt falsch. Wie falsch ist dann erst das, was sprachlich auf ein Vielleicht hinausläuft, nämlich die Frage selbst. Sie ist falsch gestellt, in sich sinnlos, ohne daß wir die geringste Möglichkeit besäßen, ihr aus dem Wege zu gehen oder sie in andere Fassung zu bringen. Nichts als den Ausdruck der Denkverlegenheit bedeutet dieses Vielleicht. Und wenn einer von uns bisweilen in schreckhaftem Erstaunen von einem Zweifel übermannt ward: vielleicht träume ich nur diesen Krieg? — so konnte er mit derselben Berechtigung von der Traumüberzeugung ausgehen und fragen: Vielleicht ist dieser Krieg trotz alledem eine Wirklichkeit?

Die Hemmung und die Förderung

Ein Boot fährt bei starkem Strom auf dem Rhein von Bonn nach Köln. Maschinenkräfte sind nicht vorhanden, das Fahrzeug läßt sich treiben. Der Bootsherr verfügt über gutes Meßwerkzeug und über ein rechtwinkliges Segel von einfachster Spannungsform. Alleiniger Zweck der Reise ist die Feststellung eines Zusammenhanges, der auf den ersten Blick gar nichts Besonderes zu bieten scheint, der sich indessen bei schärferer Beobachtung als höchst merkwürdig, man könnte sagen als wunderbar erweisen wird.

Der Bootsherr macht die Reise dreimal, jedesmal in der nämlichen Richtung von Bonn nach Köln. Zuerst überläßt er sich bei Windstille ausschließlich der Triebkraft des Wassers. Beim zweitenmal setzt ein mäßiger Südwind ein, der das Segel bläht und die Fahrt beschleunigt. Bei der dritten Fahrt legt sich Nordwind in das Segel und wirkt der Fahrtrichtung entgegen, verzögernd.

Strom- und Windstärke sind, absolut genommen, nach Ausweis der Messungen dieselben geblieben, nur daß sich der Wind abwechselnd in positivem und in negativem Sinne eingesetzt hat. Daraus folgt, oder sagen wir gleich: scheint zu folgen, daß das Boot mit dem Winde genau soviel Geschwindigkeit gewinnt, als es gegen den Wind verliert. Das wäre an der Dauer der einzelnen Reisen mit Sicherheit fest=

zustellen. Die erste Fahrt, die segellose, müßte nach Zeit gemessen zweifellos den Mittelwert zwischen den beiden anderen ergeben.

Das ist eigentlich so selbstverständlich, daß manche gar nicht begreifen werden, weshalb es überhaupt zur Erörterung gestellt wird. Und diese Manchen werden sehr erstaunt sein, zu erfahren, daß es bei aller Selbstverständlichkeit falsch ist. Unser Bootsherr stellt nämlich durch außerordentlich scharfe Zeitvergleichung fest: Der Gegenwind wirkt stärker als der Förderwind; bei sonst ganz gleichen Kräfteverhältnissen überwiegt die Hemmung!

Die hierbei auftretenden Größenunterschiede sind freilich sehr klein. Aber selbst dort, wo sie sich der einfachsten Beobachtung entziehen, sind sie sicher vorhanden und der Berechnung zugänglich. Und so winzig sie auch erscheinen mögen, so gewaltig ist die Rolle, die ihnen die neueste Wissenschaft im Getriebe des Erkennens zugewiesen hat. In dem Übergewicht der Hemmung liegt zuerst ein scheinbarer Widersinn, der wiederum in seinem tiefsten Grunde den Schlüssel zu den größten, vielleicht zu den letzten Geheimnissen der Natur birgt. Schwere Abenteuer des Gedanken- und Sachexperimentes liegen auf diesem Wege, dessen Windungen schließlich zur neuen Relativitätstheorie führen.

Der Verlockung, diesen Weg zu beschreiten, widerstehen wir einstweilen, um uns lediglich mit dem Prinzip der überwiegenden Hemmung zu beschäftigen. Denn um ein Prinzip handelt es sich hier, nicht um das zufällige Ergebnis einer Bootfahrt auf dem Rhein. Die Natur entwickelt hier keine besonderen Launen, sondern befolgt eine Regel, unbekümmert darum, ob diese Regel bei erster Wahrnehmung einleuchte oder nicht. Der Beobachter könnte seinen Versuch mehrfach abändern, z. B. mit Maschinenkraft die nämliche Strecke flußabwärts und flußaufwärts fahren, dann würde die Wasserströmung je nach der Richtung helfend oder aufhaltend einsetzen. Und ein Kontrollversuch könnte am Ufergelände stattfinden, im Auto, mit dem Winde und gegen ihn. Immer bleibt die Tatsache bestehen, daß die Mitwirkung von der Gegenwirkung übertroffen wird, daß die Hemmung stärker ausfällt als die Förderung.

Dieses seltsame Mißverhältnis bleibt natürlich nicht auf Schiff und Auto beschränkt; es setzt sich vielmehr überall durch, wo ein Für und Gegen, ein Hin- und Her-Effekt auftritt, nicht nur bei Bewegungen, sondern allgemein. Der Kern der Erscheinung läßt sich mit bloßer Wortbetrachtung nicht recht an die Oberfläche bringen, sehr bequem aber mit einigen Zahlen, die sich ganz einfach aus einem Vorgang der Alltäglichkeit ergeben. Ich entnehme sie mit einer durch die Zeitumstände gebotenen Sachveränderung einem von Dr. Hans Witte aufgestellten Beispiel in dessen Werk: Raum und Zeit im Lichte der neueren Physik.

Ein Raucher bezieht allwöchentlich 120 Zigaretten, und zwar 60 Stück vom Händler A und 60 Stück vom Händler B. Der Preis ist bei beiden Verkäufern der nämliche, 10 Pfennig für je 5 Zigaretten. Eines Tages schlägt A seinen Preis auf und verabfolgt nur noch 4 Zigaretten für 10 Pfennig, während B um genau ebensoviel billiger liefert, nämlich 6 Zigaretten für 10 Pfennig. Für den Raucher gleicht sich dies anscheinend vollkommen aus, er unterliegt einer Hin- und Herwirkung von gleichen Abmessungen.

Aber seine Rechnung stimmt nicht. Er hat nach der Preisveränderung an den Händler A für je 60 Stück 1,50 Mark zu zahlen, an B für ebensoviel 1 Mark, zusammen also

2,50 Mark; während er seinen früheren Bedarf in der Woche mit 2,40 Mark zu decken vermochte.

Das Beispiel entbehrt der Feinheit, es verdeutlicht aber an einem grobkörnigen Vorgang, daß in dem Hin und Her noch etwas anderes zum Ausdruck kommt als der zu allererst wahrgenommene Grabunterschied. Setzt man statt der beiden Händler den Hemmungswind und den Förderwind, so verfeinert und vertieft sich die Aufgabe schon merklich, und die Schwierigkeit, den Zusammenhang zu erkennen, wächst in gleichem Verhältnis. Geht man in der Analogie noch weiter, indem man den atmosphärischen Wind durch den strömenden Äther, das Schiff durch einen Lichtstrahl ersetzt, so ergeben sich die wunderbarsten Probleme, die in letzter Ausfolgerung zu einem neuen physikalischen Weltbild führen.

Der ungleiche Widerstreit zwischen Hemmung und Förderung kann aber vielleicht auch in ganz anderen Betrachtungen Bedeutung gewinnen; nämlich außerhalb der meßbaren physikalischen Kräfte im Bereiche der Motive, die unser Tun und Streben beeinflussen. Nur lose Andeutungen können nach dieser Richtung gegeben werden, denn wir nähern uns hier einem unerforschten Gebiet und sind, weit entfernt von irgendwelcher Gewißheit, auf dämmernde Ahnungen angewiesen.

Thomas Buckle bemerkt in seinem berühmten Zivilisationswerk, daß jede große Reform nicht darin bestanden habe, etwas Neues zu tun, sondern etwas Altes außer Kraft zu setzen; „die wertvollsten Gesetze sind die Abschaffungen früherer Gesetze gewesen, und die besten Gesetze, die gegeben worden sind, waren die, welche alte Gesetze aufhoben." Buckle bringt zum Beweise gewisse alte Religions-, Korn- und Wuchergesetze, deren Väter mit Motiven in förderndem Sinne arbeiteten, da ja andernfalls ihr Paragraphenbau als augenscheinlich und unbedingt zweckwidrig gar nicht hätte zustande kommen können. Buckle sieht die Hemmungen und erkennt sie durchweg als überwiegend. Ja, er geht noch weiter: er nähert sich bereits jener naturgesetzlichen Wertung, daß schon bei anscheinend ganz gleicher Verteilung die Hemmung den Ausschlag gibt. Möglich, ja wahrscheinlich, daß er die Folgerungen übertreibt, wie fast jeder Erkenner und Vorahner eines neuen Prinzipes. Dies zu untersuchen, würde meine Zuständigkeit überschreiten. Ich greife nur Buckles Grundmeinung als eine Tatsache heraus und als einen Beleg dafür, daß ein bedeutender Kopf geneigt war, den Gegengründen unter allen Umständen ein stärkeres Gewicht zuzusprechen als den Gründen.

Leider kann man beide nicht auf der Präzisionswage abwägen, ebensowenig wie andere Motive. Könnte man etwa Dank und Undank mit der Wage messen, so würde sich bei Übertragbarkeit des Hemmungsgesetzes auf seelische Vorgänge folgendes ergeben: beim Widerstreit der Beweggründe und bei anscheinend gleichem Kräftespiel setzt sich der Undank sinnfälliger durch, dem fördernden Dank fehlt ein Kraftmoment, das dem Undank als einer Hemmung zur Verfügung steht; nicht die Verteilung der Anfangsmotive ist das Entscheidende, sondern jenes tückische mechanische Gesetz, das aus dem Gleichgewicht der Ursachen noch ein Ungleichgewicht der Wirkungen herauszuholen versteht.

Befragen wir die Lehrmeisterin Natur, so gibt sie uns eine Antwort, die zwar den Sinn des Gesetzes nicht enträtselt, aber seine Macht mit beredten Zeichen anerkennt. In zahllosen Mengen verstreut sie ihre Keime zur Förde-

rung der Art= und Gattungserhaltung, mit einer maßlosen
Freigebigkeit, die ihr oft genug von Naturforschern den Titel
einer Verschwenderin eingetragen hat. Sie will damit aus=
drücken, daß die Hemmung — die Gefahr im Kampf ums
Dasein — nur dann wettgemacht werden kann, wenn die
Förderung mit einer alle Begriffe übersteigenden Wucht ein=
setzt. Und da die Natur eine gute Rechnerin ist, so verfährt
sie dabei progressivisch, in einer sprunghaft ansteigenden
Reihe. Sie verleiht einem einzigen Karpfen eine so ungeheure
Eiermitgift, daß schon lange vor der zehnten Geschlechts=
folge der Nachwuchs das Gewicht der Erdmasse übertreffen
müßte, selbst wenn zwischendurch Trillionen in Gefahren
zugrunde gingen. Und mit einem Hinweis auf den tatsäch=
lichen Bestand erläutert sie uns, daß ein einfaches, klar zu
überblickendes Verhältnis zwischen Hemmung und Förderung
nicht besteht. Nur den Verdacht gilt es zu schärfen gegen
jede mögliche Hemmung, und der Vorsorge jedes erdenkliche
Größenmaß zu gewähren; es kann niemals hoch genug ge=
griffen werden und wird erst dann zweckentsprechend aus=
fallen, wenn es in erster Anlage aussieht wie eine Über=
treibung. Und aus dem Beispiele der Natur, die Hemmun=
gen schuf, um sie mit allem Aufgebot der Verschwendung zu
bekämpfen, läßt sich vielleicht jene verwickelte Regel in ganz
einfacher Form ableiten. Es ist mehr als eine wortspielerische
Selbstverständlichkeit, wenn man behauptet: Nichts ist der
Förderung so bedürftig, wie die Förderung.

Gedanke, Blitz und Chronometer

Das Fünfzig-Jahr-Jubiläum, ehedem nicht üblich, ist mit gesteigerter Metronomisierung des Lebens ein anerkanntes Recht aller Menschen geworden, die etwas geleistet haben und sich feiern lassen wollen. Dieses Menschenrecht soll hier für eine Entdeckung in Anspruch genommen werden, die trotz ihrer Größe und Wichtigkeit im Sturm unserer Tage leicht übersehen werden könnte.

Vor ziemlich genau fünfzig Jahren ist man nämlich dem Gedanken auf die Sprünge gekommen.

Er hatte sich bis dahin, seit Urbeginn der Welt, mit dem Blitz messen dürfen, anerkanntermaßen und sprichwörtlich. Da gab es gar nichts zu diskutieren und zu beweisen. Es war von allem, was einleuchtet, das Selbstverständlichste. Dichter wie Philosophen rühmten den Gedanken wegen seiner Schnelligkeit, und der gesunde Menschenverstand gab seinen Segen dazu. Der Gedanke war das schnellste aller Dinge, er hielt, modern gesprochen, den Rekord. Und er muß sehr erstaunt gewesen sein, als ihm vor fünfzig Jahren einige bedeutende Forscher mit dem Chronometer in der Hand ein recht saumseliges Tempo nachwiesen.

Wahrscheinlich wird sich auch heute noch bei der großen Mehrzahl der Leser ein starker Widerspruch melden: Was soll das heißen? das Hoheitsrecht der absoluten Geschwindigkeit soll bei unserem Gedanken angetastet werden? Aber der braucht doch überhaupt keine Zeit! eigentlich müßte sich der Blitz noch geschmeichelt fühlen, wenn man ihn zum Vergleich heranzieht. Der ist eine elektrische Entladung und kann auf dem durcheilten Wege gemessen werden. Wer aber sollte den Gedanken messen?

Die Antwort lautet schlicht und sachlich: das Experiment. Der Gedanke mußte sich auf den Leidensweg begeben; er wurde, wie es in der alten Folterordnung heißt, „peinlich befragt". Und die Männer, die dem wissenschaftlichen Inquisitionsamt vorstanden, waren, mit Einrechnung der Vorläufer: Bessel, Pouillet, Helmholtz, Donders, Hirsch, de Jaager. Noch vor achtzig Jahren hatte der hochgelobte Meister der Physiologie Johannes Müller die Ansicht vertreten: Wir werden wohl niemals die Mittel gewinnen, um die Geschwindigkeit der Nervenwirkung zu ermitteln. Ein Menschenalter darauf war dieses „Unmöglich" — mit so vielen anderen — verschwunden, die Zeit zwischen Nervenreiz und Signal war ermittelt, der Gedanke vom Anlaß bis zum Ausbruch nach der Uhr kontrolliert. Und es ergab sich dabei, daß der Gedanke vordem ganz ungeheuerlich überschätzt worden war. Seine unendliche Raschheit schrumpfte auf ein sehr bescheidenes Maß zusammen: 30 bis 60 Meter in der Sekunde, — das war alles!

Wie hätten jene Forscher ihre Funde erst ausgebeutet, wäre ihnen bekannt gewesen, was wir heute durch unseren Carl Ludwig Schleich aus seinem „Schaltwerk der Gedanken" erfahren haben: daß das Gehirn sich selbst unter die Lupe zu nehmen vermag, daß die eine Hälfte des Gehirns die andere in jedem Momente beobachten kann!

In einem abschließenden Vortrage führte damals, vor

einem halben Jahrhundert, der Physiologe Professor von Wittich ungefähr folgendes aus: die Vorgänge im Gehirn zwischen Bewußtsein und Wollen unterliegen zwar erheblichen persönlichen wie zeitlichen Schwankungen, sie brauchen aber jedenfalls Zeit, und diese ist meßbar. Eine Kanonenkugel legt in derselben Zeit, die zwischen unserer Empfindung und der ihr folgenden Willensäußerung verfließt, etwa 300 Fuß, ein Adler 20 Fuß, das englische Rennpferd und die Lokomotive 14 Fuß zurück. Der Gedanke blitzt nicht mehr, denn selbst im Höchstmaß seiner Beschleunigung wird er von den Schwingen des Adlers weit überholt.

Die Schlußkette ist hier noch nicht vollständig; das fehlende chronometrische Zwischenglied ergibt sich aus einer Mitteilung von Donders aus derselben Zeit: Danach ist der Gedanke je nach den mitspielenden Organen auf drei verschiedene Zeitmaße angewiesen. Sie betragen für die Sinneswerkzeuge: Gefühl, Gehör und Gesicht ungefähr je ein siebentel, ein sechstel und ein fünftel Sekunde.

Übertragen wir dies auf irgendein Beispiel aus dem täglichen Leben. Jemand erhält einen unvermuteten Schlag. Augenblicklich durchzuckt ihn ein Gedanke: du mußt dich wehren; oder ausbiegen; oder die Flucht ergreifen; oder widerschlagen. Aber blitzartig geht dieses Zucken nicht vor sich; der Gedanke braucht ein siebentel Sekunde, um fertig zu werden, um die kleine Strecke von der Ursprungsstelle des Reizes bis zur Auslösung einer Bewegung zu überwinden.

Ich muß gestehen, daß ich die Angaben von Donders und von Wittich zahlenmäßig nicht ganz in Übereinstimmung zu bringen vermag. Rechnen wir indes dreißig Meter Nervenleitung für die Sekunde, so gewinnen wir einen ziemlich sicheren Anhalt zum Vergleich der Geschwindigkeiten, immer vorausgesetzt, daß wir das, was in den Erregungsleitungen vorgeht, ohne weiteres als das Maß für das Tempo des Gedankens ansetzen dürfen.

Mit diesem nicht unerheblichen Vorbehalt würden wir leicht feststellen können, wie sich der Gedanke zur elektrischen Welle verhält. Er müßte seine Geschwindigkeit verzehnmillionfachen, um mit dem Blitz in Wettbewerb treten zu können. Im natürlichen Verlauf der Dinge würde der menschliche Gedanke, wenn auch nicht vom Adler, so doch von der Schwalbe eingeholt und von jedem Infanteriegeschoß weitaus übertroffen werden; er stünde der Bewegung einer Gartenschnecke, ja selbst der Unmerklichkeit im Wachstum eines Grashalmes immer noch sehr viel näher als dem Blitz, den er vormals zu überflügeln vermeinte.

Welch ein Abschwung, welch jähe Entthronung des Erhabensten im Geiste, das zu all seinen anderen Vollkommenheiten auch die idealen Siebenmeilenstiefeln brauchte, und dem nun ganz gewöhnliche Fußgängersohlen zugewiesen werden!

Aber ist es denn auch wirklich der „Gedanke", der sich diese ungeheuerliche Bremsung gefallen lassen muß? Oder treibt hier eine Vertauschung der Begriffe ihr Unwesen, die eine Bedingung des Gedankens, einen molekularen Vorgang im Organismus, als den Gedanken selbst anspricht?

Niemals war diese Frage brennender als heute, wo der auf den Augenblick gestellte Gedanke über weitgespannte Schicksale unterscheidet. Wenn wir uns den Feldherrn vorstellen, der nach einem empfangenen Sinneseindruck den Gedanken formt, oder den Mann am Steuer, dessen Bewegungsimpulse in der Hand vom Gedanken regiert werden, so erscheint es uns ebenso kleinlich wie unmöglich, daß hier

Maße zugrunde liegen sollen, nach fünftel oder siebentel Sekunden. Der Blitz soll wieder in seine Rechte treten!

Und das geschieht. Was die Physiologie erforschte, bleibt davon ganz unberührt. Sie maß nur das Meßbare, das Zeitintervall zwischen dem Reiz und der vollendeten Wahrnehmung. Und wir brauchen nur das Experiment anders zu gestalten, um zu völlig anderen Ergebnissen zu gelangen.

Wir denken an zwei Versuchspersonen, die über hundert Meilen hinweg ein Ferngespräch halten. Wo ist die Begrenzung ihrer Nerven? an ihrer Haut, in ihren Ohren, in ihrem Hirn oder Rückenmark? ganz gewiß nicht. Solange die Verbindung besteht, bilden sie eine Einheit, der Telephondraht gehört jetzt zu ihrem Nervensystem. Lassen wir es selbst gelten, daß der Hörer den Bruchteil einer Sekunde konsumiert, so ist es doch der weit abgelegene Gedanke, der den seinen hervorruft, und wenn dessen Echo zum Sprecher zurückströmt, so erlebt dieser in sich Gedankenphasen, deren Wandel alle Adler- und Geschoßflüge weit hinter sich läßt. Denn der Sprecher denkt im Hörer, der Hörer im Sprecher, und in die Geschwindigkeitsberechnung muß ein Nerv von hundert Meilen Länge eingesetzt werden.

Wir brauchen aber gar nicht zwei Versuchspersonen, eine einzige genügt vollkommen. Diese eine soll ihren Gedanken in einem ganz bestimmten Vorstellungskreis schweifen lassen.

Ich denke an einen Leuchtturm mit Drehfeuer. Der Kreis, den der Lichtbalken beschreibt, kann schon mit heutigen Mitteln bis zu 100 Kilometer Radius ausgedehnt werden. Die Technik der Zukunft wird ihn erweitern, sagen wir bis zu 1000 Kilometer Durchmesser, oder über 3000 Kilometer Kreisumfang. Der Scheinwerfer werde von einer Rotiermaschine getrieben, die 200 Umdrehungen in der Sekunde macht. In dieser Annahme steckt kein Widersinn, nur ein technisches Problem. Ist es gelöst, so erhalten wir ein Drehfeuer, dessen leuchtendes Ende mit einer Schnelligkeit von 600000 Sekunden=Kilometer über die Fläche saust. Das ist „Über=Lichtgeschwindigkeit"! Nun macht mein Gedanke folgenden Weg: er denkt an die Ergebnisse der neuesten Physik, nach denen die Über=Lichtgeschwindigkeit als eine Unmöglichkeit erwiesen wird; wohlverstanden: bei bewegten Körpern. Hier entdeckt er aber plötzlich, daß sie sehr wohl durch eine Maschine zur Erscheinung gebracht werden kann. Und wenn dieser selbe Gedanke dem leuchtenden Strahl=Ende nachgeht — und das ist ihm ein leichtes —, so erreicht er selbst das Zeitmaß des Vorgestellten, also mehr als die Lichtgeschwindigkeit, das heißt, er überflügelt nunmehr den Blitz und überhaupt alles, was im Weltall unter den Begriff der Bewegung fällt.

Das eine ist als Gedankenexperiment ebenso zulässig, wie das andere als Versuch in der Arbeitsstätte des Nervenforschers, das eine ergibt eine philosophische Richtigkeit, wie das andere die physiologische. Beide Richtigkeiten bestehen widerspruchslos nebeneinander, weil die Begriffsfassung des „Gedankens" in beiden Fällen eine andere ist.

Dem Physiologen ist er ein Bewußtwerden nach voraufgegangenem Reiz, dem Philosophen ein selbständiges Spiel innerer Kräfte, dessen Ablauf niemals nach dem Chronometer beurteilt werden kann.

So hat also der große Johannes Müller mit seiner zuvor genannten Ansage falsch prophezeit; aber er hätte nur ein einziges Wort zu verändern brauchen, um in alle Ewigkeit Recht zu behalten; man setze in seinem Spruch statt „Nervenwirkung": „Gedankenablauf", und man erhält die un=

meßbare, weil unermeßlich große Geschwindigkeit, die aller Zeiten und Räume spottet. Wie es übrigens schon ein gewisser Kantianer namens Schiller in beträchtlicher Wortschönheit ausgesprochen hat, nicht der schönen Worte wegen, sondern um das Denken als eine Angelegenheit des Weltgeistes vom Zwange der Kontrolle zu entbinden:

„Hoch über der Zeit und dem Raume webt lebendig der höchste Gedanke!"

Der unsterbliche Cajus

Der Sinn des Daseins und der Sinn des Todes, urewige und in unsern Tagen mit besonderem Nachdruck geübte Themen, münden letzten Endes in den allbekannten Schulfall der Logik: Alle Menschen müssen sterben; Cajus ist ein Mensch; folglich muß Cajus sterben. Nichts ist einleuchtender. Der unbedingt sterbliche Cajus hat in diesem Gedankenschema — sonst nirgends — die Unsterblichkeit errungen. Aber wie? wäre nicht doch noch ein anderer Cajus denkbar, ein wirklich unsterblicher, auf einen erhöhten Sinn des Daseins gestellter, der sich jener Formel zu entziehen wüßte? Die Frage scheint absurd, ist aber dennoch einer theoretischen Behandlung nicht ganz unzugänglich. Und es darf uns, um einer sehr fernen Lösung zuzustreben, auf einige Umwege nicht ankommen.

Zunächst soll der logische Bestand jenes Schulsatzes an einem klassischen Beispiel erschüttert werden. Unser Umweg führt uns nach Florenz, wo im Jahre 1639 auf dem Gartendache des herzoglichen Palastes eine Bewässerungsanlage hergestellt werden sollte. Ein vortreffliches Saugrohr wurde angelegt, die Maschine funktionierte nach allen Regeln der Kunst, und man erwartete das Erfließen des Wassers mit selbstverständlicher Bestimmtheit. Damals hätte sich zwischen Galilei und seinem genialen Schüler Torricelli fol=

gende Unterhaltung ereignen können. Denn Meister Galilei war tatsächlich berufen worden, um in der herzoglichen Anlage nach dem Rechten zu sehen.

Galilei. Heute wollen wir einmal untersuchen, inwieweit der Denkzwang über uns Gewalt hat. Nicht wahr, lieber Evangelista: alle Wassersäulen müssen steigen, wenn die Luft über ihnen hinweggepumpt wird; alle Wassersäulen steigen dem Saugkolben unbedingt nach. Dieses florentiner Gebilde ist eine Wassersäule, — folglich?

Torricelli. Folglich muß sie steigen; folglich muß sie dem Kolben unbedingt nachsteigen.

Galilei. Mit mathematischer Bestimmtheit, sollte man annehmen. Und dennoch! es gelingt nicht, diesen Dachgarten zu bewässern. Das Wasser weigert sich, heraufzukommen. Hier läßt uns also die Logik im Stich. Es liegt doch genau wie bei dem berühmten Cajus, der sterben muß, weil alle Menschen sterben müssen. Unsere Florentiner Wassersäule ist der Cajus: sie müßte! aber sie tut es nicht.

Torricelli. Mit Verlaub, Meister: Wenn wir hier vor dem Unbegreiflichen stehen, so erfließt für uns zwar kein Wasser, aber ein neuer Beweis. Nämlich der, daß der Obersatz falsch war. Richtig hätte er gelautet: alle bisher beobachteten Wassersäulen stiegen bei Luftfortnahme bis zu beliebiger Höhe. Diese Florentiner Säule wird heute zum erstenmal beobachtet. Sie hat also keine Veranlassung, unsere, wenn auch noch so sichere Erwartung zu bestätigen. Sie stellt den allerersten Ausnahmefall vor; insofern sie bei zehn Meter Höhe stehen bleibt. Wir erkennen hier einen Sonderfall und müssen sagen: der Obersatz gilt nur bis zu einer gewissen Grenze.

Galilei. Aber, liebster Torricelli, was wird benn dann

aus unserm Cajus? Dann könnte doch auch der einen Sonderfall darstellen?

Torricelli. Selbstverständlich. Das Sterbenmüssen gilt wie das Steigenmüssen des Wassers nur bis zu einer gewissen, endlichen Grenze. Cajus könnte ewig leben. Nehmen wir an, daß bis heute eine Billion Menschen existiert haben. Nehmen wir ferner an, daß unter ihnen sich nicht ein einziger befand, der dem Tode entging: so ergibt sich für Cajus eine Todeswahrscheinlichkeit von einer Billion dividiert durch Billion plus eins. Das ist allerdings ein sehr hoher Grad der Möglichkeit, aber keineswegs eine Gewißheit. Mit anderen Worten: der Obersatz war falsch, und er war es schon deshalb, weil wir nach alter akademischer Gewohnheit von allen Menschen sprechen, während doch Leute wie Cajus, die doch auch Menschen sozusagen sind, noch gar nicht untersucht werden konnten.

Dieses Gespräch hat nicht stattgefunden, wenigstens nicht in dieser Form. Da wir es aber einmal konstruieren, so denken wir uns einen dritten Teilnehmer hinzu, einen Professor der Physiologie von der Universität Bologna, Amtsgenossen jener Physiker. Der wird etwa ergänzt haben:

Torricelli hat unrecht. Daß der einzelne Mensch, den wir nach Dozentensitte Cajus nennen, wirklich sterben muß, ist nicht nur eine sehr hohe Wahrscheinlichkeit, sondern direkt eine Gewißheit. Und hierfür habe ich einen unwiderleglichen Beweis. Der Mensch ist ein Organismus von bestimmter Lebensfähigkeit, die an einen Ablauf in der Zeit gebunden bleibt. Nun könnte man allenfalls sagen, es wäre vielleicht möglich, diesen organischen Ablauf zu unterbrechen und später wieder einsetzen zu lassen; so wie man eine abgelaufene Uhr nach sehr vielen Jahren wieder in Bewegung zu setzen vermag. Das wäre aber nur ein Scheineinwand. Denn wenn die organischen Funktionen erst einmal restlos aufgehört haben, so können sie nie wieder in Tätigkeit gesetzt werden. Das sagt uns nicht nur die physiologische Erfahrung, sondern die Logik selbst, die den Tod ja gar nicht anders definiert, als durch das Erlöschen der organischen Funktionen. Wenn aber kein einziger Organismus über jene Grenze hinweg erhalten werden kann, so gilt dies auch vom Menschen; was zu beweisen war.

Diese Bekundung wird zu Protokoll genommen und einem späteren Forscher vorgelegt. Der könnte nun wiederum fortfahren:

Der Beweis des alten Professors erscheint vollkommen geschlossen, und dennoch hat er ein Loch; er war richtig im siebzehnten Jahrhundert und wurde falsch im neunzehnten. Mit großem Bedacht hat der Herr von Bologna einen drohenden Einwand vorweggenommen, um ihn sofort zu widerlegen: nämlich den der Stillegung organischer Funktionen. Sie ist für ihn ganz identisch mit dem Tode. Wir wissen aber heute, was er noch nicht wissen konnte, daß gewisse organische Tätigkeiten vollkommen stillgelegt und für irgendwelche spätere Wiederauflebung aufgespart werden können; sozusagen in einem unbegrenzt langen Zwischentode. Wird dies aber auch nur für einen einzigen Organismus klar erwiesen, dann öffnet sich in jenem Beweis eine Lücke, ein Ausnahmefall schiebt sich dazwischen, und nichts hindert Herrn Cajus, mit dem Ausnahmefall ebenfalls durchzuschlüpfen, das heißt auf eine mögliche körperliche Unsterblichkeit Anspruch zu erheben.

Dieser von uns so genannte „Zwischentod" ist keine Fabel, sondern ein erlebtes Ereignis. Er kann beispielsweise, wie aus den Berichten John Franklins, des Polforschers, hervorgeht, durch Unterkühlung hervorgerufen werden. Fische, die aus dem Wasser an die grönländische Luftkälte gebracht wurden, erstarrten zu einer so festen Eismasse, daß man sie mit der Axt in splitternde Stücke zerschlagen konnte und daß selbst ihre Eingeweide bloß einen festen gefrorenen Klumpen darstellten. Kein Zweifel, daß das Leben in ihnen vollständig erloschen war, daß keine Wechselwirkung von Zelle zu Zelle stattfand; denn solche Wirkung ist an die Verschiebbarkeit flüssiger Teile gebunden. Dessenungeachtet gelang es Franklin, einige der gefrorenen Fische, die er in unzerschlagenem Zustande am Feuer auftaute, wieder lebendig zu machen. Ein Karpfen, der sechsunddreißig Stunden in absoluter Froststarre gelegen hatte als durchaus kristallinisch durchsetztes Gebilde, erholte sich so vollkommen in der Schmelze, daß er sich mit großer Kraft umherwerfen konnte. Als Ellis an der Hudsonbay überwinterte, fand er einen völlig zusammengefrorenen Klumpen schwarzer Stechfliegen; dem Feuer genähert, lebten sie wieder auf. Er berichtete ferner, daß man dort häufig an den Seeufern Frösche findet, die genau so fest wie das Eis selbst gefroren seien, und sich dennoch bis zu unzweifelhafter Lebensäußerung wieder auftauen ließen.

Im Zuge unserer Betrachtung kann es als nebensächlich gelten, daß einzelne Forscher diesen augenfälligen Tatsachen gewisse Einschränkungen entgegensetzen. So ermittelte Hunter experimentell die Notwendigkeit eines bestimmten Gefriertempos: der Frosttod muß plötzlich einsetzen, damit sich aus der radikalen Erstarrung wieder Leben entwickeln könne. Es sei deshalb unmöglich, etwa einen im Polareise ganz unverdorben aufbewahrten Elefanten der Vorwelt wieder zu

lebendigem Dasein aufzutauen. Aber selbst dieser Zweifler
kann nicht umhin, den Zwischentod als solchen für erwiesen
anzunehmen. Er selbst erwähnt die Beobachtung an Krö=
ten, also an Tieren, deren natürliche Lebensdauer sich kaum
über vierzig Jahre erstreckt; man hat aber Kröten mitten
in Felsen eingeschlossen gefunden, wo sie Jahrhunderte,
vielleicht Jahrtausende eingeschlossen gewesen waren, und
die dann doch, aus ihrem steinigen Kerker befreit, lebend
umherhüpften.

Die Liste könnte noch erheblich verlängert werden, wenn
man die niedersten Organismen in den Betrachtungskreis ein=
bezieht, Wesen, bei denen die absolute Vertrocknung noch
nicht den Beginn eines zweiten, dritten Lebens versperrt.
Was wir als erwiesen vor uns haben, ist die Einschaltung
eines Zwischenzustands, der den landläufigen Begriff der
Lebenseinheit aufhebt. Die Einheit des Individuums bleibt
trotzdem erhalten. Hier erschließt sich mithin die Lücke in der
gewöhnlichen Auffassung vom Ablauf organischer Erscheinun=
gen und von der statistisch ermittelten Lebensdauer. Ist der
Stillstand auch nur in einem einzigen Fall zuverlässig er=
mittelt, so wird der Schulfall erschüttert: Alle steinhart ge=
frorenen Fische sind tot; dieser Karpfen ist ein steinhart ge=
frorener Fisch; folglich? — Die Franklinsche Tatsache ver=
bietet den Schluß. Alle Kröten müssen vor ihrem fünfzig=
sten Jahr sterben; dieses im Felsen eingeschlossene Indi=
viduum ist eine Kröte; folglich? — Wiederum fährt die ver=
einzelte Beobachtung störrisch zwischen Ober= und Untersatz;
genauer gesprochen: sie zerstört die Hauptansage. Die Kröte
muß gar nicht sterben; wenn Jahrhunderte und Jahrtau=
sende des Überlebens möglich sind, warum nicht auch Jahr=
millionen? Und wenn sich bei Kröte, Fisch und Insekt Aus=

nahmen einstellen können, warum nicht auch bei Menschen? Der ganze, nunmehr in Zweifel gerückte Vorbeweis bezog sich ja ganz allgemein auf Organismen, nicht auf den Menschen als Sonderwesen, und hätte auch gar nicht anders geführt werden können. Alle Menschen müssen — heißt wirklich nichts anderes als: Alle Organismen müssen; und das ergibt nur eine vorläufige, aber nicht unbedingte Richtigkeit innerhalb gewisser Erfahrungsgrenzen.

Cajus hat also Aussichten. Nicht dadurch, daß es gelingen könnte, ihn mit Überlebenserfolg auf Eis zu legen, oder in einen Felsen einzuschließen. Die Bedingungen, die erforderlich wären, um für ihn den Zwischentod, den Stillstand der Lebensfunktionen zu erzwingen, und ihm später den Neubeginn des irdischen Lebens zu eröffnen, sind uns unbekannt. Sie brauchen auch gar nicht zu existieren. Nur der Denkzwang, der sie für unmöglich erklärt, muß fallen. Dieser Denkzwang ist jener Eisesstarre vergleichbar. Er kann aufgetaut werden und für die Fortsetzung in einem neuen Denken die Möglichkeit bieten.

Klingt sehr abenteuerlich, das weiß ich. Deshalb möchte ich mich doch, anstatt mich ganz ungeschützt jedem Angriff preiszugeben, unter den Fittich einer der größten Autoritäten flüchten. Helmholtz, der sich mit jenem Problem nachdrücklich beschäftigt hat, sagt: „Ich kann Jemandem, der gegen mich behauptet, daß unter Anwendung gewisser Mittel das Leben des Menschen unbestimmt lange erhalten bleiben würde, zwar den äußersten Grad der Ungläubigkeit entgegensetzen, aber keinen absoluten Widerspruch." Mit andern Worten: der unsterbliche Cajus ist vorstellbar, und ein logischer Grund gegen seine Erscheinung in irgendwelcher Wirklichkeit ist nicht vorhanden.

Das Relativitätsproblem

Probleme sind nicht dazu da, um gelöst, sondern um erörtert zu werden. In den meisten Fällen kann der Denkkrüppel, genannt homo sapiens, schon froh sein, wenn es ihm gelingt, das Problem halbwegs anschaulich zu formulieren. Gilt dies von jedem Problem höherer Ordnung, so besonders von dem größten und schwierigsten, das sich bis heute dem Intellekt entgegengeworfen hat. Seit wenigen Jahren rüttelt es an den Grundfesten menschlichen Denkens; keine der organisierten, eingewurzelten Vorstellungen hält ihm stand. Mit einem Gemisch von Erstaunen und Verzweiflung steht das Gehirn vor den Trümmern seiner ältesten, besten Besitztümer. Keine Gedankenrevolution früherer Zeiten, auch nicht die Tat des Kopernikus, die Elementartheorie Lavoisiers, das Gesetz von der Erhaltung der Kraft, der Darwinismus, kann sich ihr an grundstürzender Gewalt vergleichen. Pulverisiert, in Atome aufgelöst, erscheinen plötzlich die sichersten Pfeiler aller Selbstverständlichkeiten, und aus dem gestaltlosen Chaos steigt eine neue Denkform empor, unfaßbar und dennoch zwingend: das Prinzip der Relativität.

Mit den alten billigen Einsichten vom „Relativen" hat dieses Prinzip wenig mehr gemeinsam als den Namen, wenn es sich auch im Kern mit ihnen decken mag. Es greift so mächtig über sie hinaus, daß der geläufige Relativitätsbegriff in ihm drinsteckt, wie ein einziger Protoplasmakern im wei=

ten Gewebe, nur noch mikroskopisch erkennbar. Die alte Relativität genügte für philosophische Feierstunden und vertrug sich am letzten Ende ganz leidlich mit allen physikalischen Denknotwendigkeiten, wie sie sich im Laufe der Jahrhunderte herausgebildet hatten. Denn diese zeigten ausnahmslos einen schönen Gleichlauf mit dem Intuitiven, Vorausgeahnten, waren in den Denkformen alter Wahrheitsucher längst vorgebildet, bevor sie noch physikalisch bewiesen wurden. Von dieser Verträglichkeit ist die neue Relativität weit entfernt. Ihr Ansturm legt Bresche in das Gesetz von der Beständigkeit der Massen, von der Gleichheit des Gleichen, in die Gültigkeit der Newtonschen Regeln, selbst in die geometrischen Grundanschauungen. Ja noch mehr. Sie will uns zwingen, eine geradezu okkulte Vorstellung, nämlich die Vierdimensionalität, in unsere Einsicht aufzunehmen. Und sie zwingt uns hierzu mit einem Werkzeug, das sie sich eben erst aus unserem geistigen Besitzstand herausgebrochen hat, mit der mathematischen Diktatur. Wir selbst werden relativ in dieser Relativität. Wir fühlen uns von einem Circulus vitiosus umklammert und sehen keinen Ausweg. Widerspruchsvolles müssen wir als widerspruchslos anerkennen, klar Erwiesenes bezweifeln, wenn nicht als unmöglich ablehnen. Populär gesprochen: das Gehirn dreht sich im Kreise, und zwei entgegengesetzte Vorstellungen aneinandergespießt wie die Figuren in Dantes Hölle, wälzen sich im infernalischen Feuer. Kein Loskommen möglich und keine Vereinigung. Nur eine grenzenlose Qual, eine Hoffnungslosigkeit, die das einzig Absolute bleibt in dieser neuen Welt der Relativitäten.

Ruf und Widerruf liegen hier eng beieinander, gepaart wie Schall und Gegenschall, jedem Anruf antwortet ein widersprechendes Echo. Der Weg geht über die Leichen von Begriffen neuen blitzenden Einsichten entgegen, die, kaum gewonnen, schon wieder als Begriffsleichen zu Boden sinken. Auch die hier vorliegenden Betrachtungen werden sich von diesem Fluch nicht befreien können. Sie werden tief in die Gänge einer sezessionistischen Philosophie hineinführen, in denen die Anschaulichkeit versagt, die Sprachmöglichkeit erlahmt. Ich kann dem Leser, der mir folgen will, auch nicht etwa einen Ariadnefaden versprechen, ja ich möchte mit ihm ausdrücklich verabreden, daß der Zuspruch „Weiter!" in keinem Punkte ein Vorwärts oder ein Rückwärts bedeutet. Denn das Labyrinth, in das wir uns begeben, besitzt nicht zwei Dimensionen, wie das kretische, nicht drei, wie die Analysis des Raumes, sondern vier. Die Zeit, als Veränderliche, wird ihren Anspruch anmelden, in die Geometrie unseres Weges aufgenommen zu werden. Immerhin dürfte mein Begleiter mehrfach in eine Art von Parsifal-Stimmung geraten: „Ich schreite kaum, doch wähn' ich mich schon weit," und ich werde ihm mit Gurnemanz zu antworten haben: „Du siehst, mein Sohn, zum Raum wird hier die Zeit!"

*

Eine annähernd exakte Darstellung des Relativitätsprinzips ohne mathematische Hochspannung ist zurzeit unmöglich, wird vielleicht immer unmöglich bleiben. Es wäre eine Aufgabe, um faßliche Vergleiche heranzuziehen, wie etwa: die Weltgeschichte auf eine bequeme Gedächtnisformel zu bringen, die Keplerschen Gesetze aus dem kleinen Einmaleins zu beweisen, den Spinoza als Pantomime aufzuführen oder die Neunte Symphonie für eine Soloflöte einzurichten. Allenfalls ließen sich aus der strengen Forschung einige letzte Dinge so herausschälen, daß auch dem Fernerstehenden ein dämmernder Prospekt eröffnet wird; ein verschwimmender Horizont, der ihm durch Nebelschleier hindurch großartige Ahnungen erweckt. Ich will versuchen — und bin mir der Unzulänglichkeit des Versuches bewußt — einige wenige Forschungslinien lose nachzuzeichnen, einige Ergebnisse aus den wichtigsten Dokumenten herauszuziehen. Und da der Mensch auch intellektuell genommen immer nur einen Hals zu brechen hat, so will ich auch vor der noch größeren Waghalsigkeit nicht zurückschrecken, an diese Darstellung einige erkenntnistheoretische Betrachtungen zu knüpfen, für die ich die verantwortliche Zeichnung einstweilen allein zu tragen habe. Sollte die Frage nach meiner Berechtigung hierfür auftauchen, so bleibt mir mangels einer anderen Antwort nur die Zuflucht zu der Auskunft: diese Frage darf nicht gestellt werden. Denn, wie schon mehrfach gesagt wurde und noch öfter zu wiederholen sein wird, wir gelangen hier in ein Gebiet der Relativitäten, in dem uns überhaupt alle Maßstäbe, also auch der des zuständigen Beurteilers und berechtigten Folgerers verlassen müssen. Für die Berechtigung spreche einstweilen nur das eine, daß meines Wissens noch keiner von den Großen im Reiche der Relativität zum Volke der Nichtmathematiker herabgestiegen ist, und daß es folglich eines Nichtzünftigen bedarf, um ihre Worte in die Weite zu tragen. Der Große bleibt in seiner unnahbaren Höhe, weil er ganz mit Recht befürchtet, seine Lehre könnte in ihrer Projektion auf eine Popularfläche Verschiebungen und Verkrümmungen erleiden. Der Nichtzünftige überwindet solche Bedenklichkeiten, er hofft sogar, daß der Verlust an Exaktheit sich mit irgendeinem Gewinn an Einsichten ausgleichen wird. Es gibt Brücken der Erkenntnis, die unter dem schweren Tritt des strengen Forschers zusammenbrechen müßten, während sie dem leichter dahinschreitenden zum anderen Ufer verhelfen.

*

Der für die Masse weithin kenntliche Nimbus, den nur ein langer Zeitablauf zu weben vermag, strahlt noch nicht um die Genies der neuen Geistesrevolutionen, um Hendrik Antoon Lorentz, Albert Einstein, Max Planck, Hermann Minkowski. Zudem wählt die Gegenwart ihre Prestigemenschen lieber unter den Kampfhelden, Politikern und Künstlern, als unter den bedeutenden Physikern und Mathematikern. Sollte aber dereinst die Epoche der Aufregungen und Erschütterungen von einem Zeitalter des reinen Intellekts abgelöst werden, dann werden jene Namen mit der nämlichen Andacht ausgesprochen werden, mit denen man heute in Stunden stiller Besinnung einen Galilei, Descartes, Huyghens, Laplace, Gauß oder Helmholtz nennt. Bis zu Einstein, Lorentz und Minkowski vorzubringen ist vorerst noch ziemlich schwierig. Sie haben ihre Schriften vergittert, wie ihre Vorgänger die Akademie zu Athen, mit der Warnungstafel „Medeis Ageometretos eisito...: Kein Nichtmathematiker soll hier hinein!" Am humansten, am nachgiebigsten den Bedenken gegenüber, verfährt eigentlich noch Henri Poincaré, und unter den Büchern mit sieben Siegeln, die er sonst zu schreiben pflegte, ist seine Schrift über „Die neue Mechanik" noch das offenste. Anstatt von vornherein mit dem Geschütz unheimlicher Differentialgleichungen vorzurücken, vermenschlicht er die Aufgabe durch Einführung jenes Beobachters „Lumen", der uns zuerst von Camille Flammarion vorgestellt worden ist. Mit diesem Lumen, „wie ich ihn sehe", wollen wir uns zunächst ein wenig beschäftigen.

Herr Lumen ist eine ziemlich phantastische Erscheinung: ein Reisender, dem eine ganz absonderliche Bewegungsgeschwindigkeit zur Verfügung steht und der folglich die Ereignisse anders sieht, als wir an der Scholle haftenden Menschenkinder. Sein Reisetempo übertrifft das des Lichtstrahles. Während das Licht, das heißt jeder optische Vorgang, in jeder Sekunde 300000 Kilometer zurücklegt, zeigt sein Schnelligkeitsmesser 400000, er überrennt also im ersten Anlaufe das Licht und alle Botschaften, die sich vom Tatort irgendeines Ereignisses in den Weltenraum fortpflanzen*).

---

*) Dieser fabelhaften, aber für die Wissenschaft so einträglichen Schnellfahrt wird auch im Archiv für systematische Philosophie von 1911 und in dem „Buch der 1000 Wunder" (Verlag von Albert Langen, München) gedacht. Sie bildet den Eingang einer Betrachtungsreihe, worin die von Einstein über die spezielle hinausgefolgerte „Allgemeine Relativitätstheorie" ihr Banner aufgepflanzt hat. Unter ihrem Einfluß hat die für abgeschlossen gehaltene, klassische Gravitationslehre die staunenswerteste Erweiterung erfahren. Ein vordem nie für lösbar gehaltenes Rätsel in der Laufbahn des Merkur entschleierte sich vor der überlegenen Betrachtung und Berechnung der Allgemeinen Relativität. An der Weltgültigkeit dieser Lehre ist somit nicht zu zweifeln, so ungeheuerliche Denkschwierigkeiten sie auch nach anderer Seite heraufbeschwört. Wenn irgendwo, so wird es sich hier in einer ferneren Zukunft zu erweisen haben, ob der als unmöglich vorgestellte „Sprung über den Schatten" trotz alledem ausführbar sein kann. Vielleicht wird dabei mehr zu überspringen sein, als wir heute ahnen: Flächen, die eine vormalige Philosophie mit Licht zu übergießen schien und die sich doch in der künftigen Betrachtung als Schattenfelder erweisen werden! Was sich vorläufig erst als eine Relativität in Raum und Zeit auf streng physikalischer Grundlage offenbart hat, wird dereinst in eine Relativität aller Denkformen übergreifen und in eine gegen alle Überlieferung zu ertrotzende Metaphysik. Erst in dieser kaum vorzufühlenden Lehre können

Dieser Ausbund an Eile nimmt seinen Ausgangspunkt auf der Erde und verläßt den Planeten am Schluß eines denkwürdigen historischen Ereignisses, sagen wir: der Schlacht von Sedan. Er erlebt also noch in nächster Nähe die Tatsachen des 1. Septembers von 1870, er sieht um halb sieben nachmittags die Übergabe des napoleonischen Degens und überblickt ein weites, mit Toten und Verwundeten übersätes Schlachtfeld. Mit der ersten Sekunde seiner Schnellfahrt von der Erde hinweg in den Weltenraum hinein überholt er alle Lichtstrahlen, die in der nämlichen Sekunde von Sedan ausgegangen sind, und noch dazu die letzten aus der vorigen Sekunde. Nach einer Stunde besitzt er bereits einen Vorsprung von 20 Minuten den blutigen Tatsachen gegenüber, und ehe der zweite Tag vergangen ist, wird sich dieser Vorsprung so stark erweitert haben, daß er nunmehr nicht das Ende, sondern den Anfang der Schlacht wahrnimmt — vorausgesetzt, daß die Güte seines Auges oder Teleskopes für diese Weitschau ausreicht, ein ganz nebensächlicher Vorbehalt, der im Rahmen unserer Erörterung gar keine Rolle spielt. Denn einem Weltenbummler, den wir mit 400000 Kilometer pro Sekunde ausstatten, werden wir unbedenklich auch eine entsprechende Scharfsichtigkeit zubilligen. Bei so weitgegriffenen Prämissen darf es auf ein Mehr oder Weniger nicht ankommen.

Wir haben also festgestellt, daß Herr Lumen am 1. September 1870 das Ende und nach etwa zwei Tagen den Anfang der Schlacht gesehen hat. Bloß gesehen? Nein, auch erlebt. Denn an welchen anderen Daten sollte er die Tat-

---
die Unstimmigkeiten der Erkenntnis verschwinden, wie schon jetzt in der von Einstein begründeten die Unstimmigkeit eines Planetenlaufes verschwand, um der Begreiflichkeit Platz zu machen.

sachen messen, wenn nicht am Augenschein? Herr Lumen ist
kein Historiker. Wir haben ihn nach unserem Willen erschaf=
fen als einen intelligenten, scharfsichtigen und schnellbewegten
Homunkulus, der sich sein Urteil durchaus auf Grund seiner
Erfahrungen bilden soll, wie wir anderen es auch tun. Und
Lumens Erfahrungen sind rein optische. Nicht der geringste
Zweifel kann in ihm aufsteigen, daß der Aufmarsch der Heere
zur Schlacht von Sedan s p ä t e r erfolgt ist als die Kapitu=
lation der französischen Armee.

Was aber hat unser Lumen in der Zwischenzeit gesehen?
Offenbar die Vorgänge in u m g e k e h r t e r R e i h e n f o l g e,
wie in einem verkehrt abgerollten Kinematographen darge=
stellt; nur daß wir im Vitaskop den menschlichen Trick durch=
schauen, weil wir das „wirkliche" Ereignis kennen, das
heißt das Ergebnis, wie wir es sonst „g e s e h e n" haben;
während Lumen den umgekehrten Vorgang als den einzig
tatsächlichen anerkennen muß, weil er außer dem einmal Ge=
sehenen gar keinen anderen Maßstab besitzt, an dem er es
messen kann. Seine eigene Bewegung und Wahrnehmung
sind stetige Funktionen der Zeit; ebenso stetig und lückenlos
ist das, was er als Schlachtentwicklung erkennt: das Auf=
stehen der Toten und Verwundeten, ihre Einordnung in die
Regimenter und Bataillone, die vom Ziel rohreinwärts flie=
genden Kanonenkugeln, die rückwärts zum Kampfbeginn
marschierenden Truppen — und bei Fortsetzung seiner Wel=
tentour der Milchstraße entgegen: die Schlacht von Wörth
vor der Kriegserklärung; die Kriegserklärung vor der Em=
ser Depesche; Napoleon im Glanz seines Imperiums zu Pa=
ris lange nach dem Akt seiner Gefangennehmung bei Sedan.

So sieht er die Dinge, so begreift er sie. Und wenn auch
seine Auffassung der geläufigen schnurstracks widerspricht,

in einem Punkte dürfte sie ihr nahekommen, nämlich in der alten biologischen Verzierfrage, ob das Ei früher vorhanden war oder die Henne; seine Verlegenheit, diese Frage nach dem Augenschein zu beantworten, wird mit der unsrigen, von einer Interferenz abgesehen, so ziemlich übereinstimmen. Unser Lumen=Versuch läßt sich aber auch noch anders anordnen. Man kann ihn als ruhend vorstellen und die Erde von ihm fortbewegt; man kann als zeitlichen Ausgangspunkt statt des Schlusses der Schlacht deren Anfang wählen. Auch die Bewegung selbst läßt sich verlegen, geradlinig oder gekrümmt, mit einem Anfangspunkt weit von uns im Weltenraume. Und schließlich sei auch noch das Tempo veränderlich, über die immensen 400000 Kilometer hinaus, und anderseits abwärts unter die Lichtleistung für minder bringliche Fälle. Das ergibt eine Menge von Kombinationen, die dem Lumen sehr verschiedene Weltbilder liefern. Eine dieser Anordnungen würde zur Folge haben, daß er immer nur den Anfang der Schlacht erblickt, eine militärische Erstarrung ohne tätige Auflösung, tagelang, jahrelang, durch beliebige Zeiten; oder auch die Völkerwanderung als eine ewige Ruhe der Völker. Orientiert sich Lumen nach einem solchen Prospekt, so steht die Zeit für ihn still. Soll aber die Allerweltsuhr Sonne dem Lumen als Chronometer gelten, so läßt sich auch eine Bewegung konstruieren, die ihm die Sonne ans Firmament nagelt. Auch diese Orientierung ginge ihm also verloren, und Lumen könnte alt werden, ohne daß er mit der Denkform der Zeit, die nur am Weiser einer wahrgenommenen Veränderung Existenz erhält, Bekanntschaft gemacht hätte. Eine weitere Anordnung würde ihm die Entwicklung des Kriegsbildes bei Sedan zwar als vorhanden, aber sehr verlangsamt zeigen; als eine

Schlacht, die sich, nach unserem Zeitmaß gerechnet, über Jahrtausende erstreckt, worin mit Geschossen geschleudert wird, die im Schneckentempo durch die Luft gleiten und dem Krieger, nachdem sie ihn getroffen haben, noch eine Gnadenfrist mehrerer Stunden gewähren, bevor sie ihn durchbohren. Kennt Lumen den „wirklichen" Hergang, so wie wir ihn kennen, das heißt auf Grund unserer Erfahrungen genau zu kennen glauben, so wird er den Schlüssel zu all diesen Absonderlichkeiten seiner persönlichen Erlebnisse bei den Bewegungen suchen, denen er selbst oder ein System von Massenpunkten ausgesetzt ist. Kennt er ihn nicht — und dies war unsere Voraussetzung —, so erhält er Ansichten, Erlebnisse, Erfahrungen, die uns fremd sind, vor allem eine von der unsrigen völlig verschiedene Weltmetromisierung, die bis zum Stillstand der Zeit, ja, bis zur völligen Umkehrung der Zeit führen kann.

Er wird aber auch zu einer ganz anderen Vorstellung von der Kausalität gelangen, falls ihn sein Denkapparat überhaupt zwingt, Folge mit Grund zu verknüpfen, zwischen den in der Zeit gelagerten Dingen nicht nur ein Vorher und Nachher, sondern auch einen Erkenntnisgrund zu suchen. Wenn er erst alle Schlachten von Sedan und Wörth bis Marathon in verkehrter Anordnung erblickte, nie eine Schlacht anders sah als in umgekehrter Reihenfolge, so wird sich auch seine Denkform hinsichtlich der Kausalität, relativ zur unseren, umkehren: unsere Ursache wird seine Wirkung werden, unsere Folge sein Grund. Sieg und Niederlage verwandeln sich für ihn zur Vorbedingung des Zwistes; und auf Grund seiner stetig eingeübten Erfahrung wird er ohne das geringste Bedenken dazu gelangen, sein Nacheinander, seine beim Schwanz aufgezäumte Kausalität für die erschöpfende „Erklärung" der Geschehnisse zu erachten; in schönster Übereinstimmung mit jenem Meister, von dem Martin Luther sang:

> Das ist der beste Meister Klügle,
> Der das Roß am Hintern zäumen kann
> Und rücklings reitet seine Bahn,
> Seiner Sackpfeifen Hall
> Ist der allerbeste Schall!

Aber die Sackpfeife dieses Lumens bläst ja falsch! ruft der sichere Mitbürger; das alles sind ja optische Täuschungen! Wir wissen ja, wie's gewesen ist! Natürlich wird der sichere Mitbürger recht behalten — vorläufig; seine Weltbetrachtung bleibt unerschüttert — einstweilen. Denn gewiß, das sind optische Täuschungen, an der Kontrolle unserer Sinne und Werkzeuge, die bekanntlich niemals einer Täuschung unterliegen, höchstens in kleinen Zufälligkeiten, aber niemals bekanntlich im großen. Und die Wagnisse dieses Lumen in Ansehung der Zeit sind nichts anderes als grober philosophischer Unfug, da sich die Zeit kraft der ihr innewohnenden fortlaufenden Tendenz bekanntlich niemals umdrehen läßt. Wie sagte doch der herrliche Dove, der Vater der Meteorologie? „Wenn wir Professoren unsicher sind, eröffnen wir den Satz immer mit dem Wörtchen ‚bekanntlich'."

*

Aber man braucht ja kein Professor zu sein, um den Hergang eines Ereignisses in der Zeitfolge richtig zu beurteilen. Den Extravaganzen Lumens gegenüber lehnt sich schon der gesunde Menschenverstand auf. Wie wollen wir überhaupt mit einem Denkakt vorwärts kommen, wie uns überhaupt irgendwelche Anschauung bilden, wenn wir uns nicht auf das

Bekannte stützen? Wir leben ja in einer Wirklichkeitswelt und besitzen dazu eine Wirklichkeitsphilosophie, die uns mit einem ganzen Arsenal von Beweisen ausrüstet. Und diese Beweise? sie sind auf die Selbstverständlichkeiten der Logik und Mathematik gegründet, auf die Grundsätze, die in ihrer Einfachheit und Durchsichtigkeit keines Beweises fähig oder bedürftig sind. Sind oder erscheinen? Das wird wohl auf dasselbe hinauslaufen. Einen Gott können wir nicht fragen, und wir fühlen hierzu auch gar kein Bedürfnis, wo es sich um etwas so Elementares handelt wie um unsere Zeitanschauung. Jener Abenteurer Lumen mußte eben ganz perversen Bedingungen unterworfen werden, ehe er der Täuschung anheimfiel. Wir anderen werden niemals in seine Lage geraten; wir reisen nicht mit dem Lichtstrahl, nicht gegen den Lichtstrahl, sondern wir halten, mögen wir uns wie immer bewegen, eine sichere Distanz zu den Ereignissen, deren Ablauf im Nacheinander wir als etwas Absolutes erkennen.

Nur daß hier die astronomische Wissenschaft mit einer etwas unbequemen Bemerkung dazwischenfährt. Wir andern, wir Absoluten, reisen nämlich auch ganz unheimlich. Nicht abgetrennt wie jenes Experimentalwesen, sondern als Bestandteile des irdischen Syndikates drehen wir uns um die Erdachse, fliegen wir mit 30 Kilometer pro Sekunde um die Sonne, machen wir schließlich eine Gesellschaftsreise mit, die von dieser gelenkt wird; denn die Sonne bewegt sich mit allen ihren Trabanten in der Richtung zum Sternbild des Herkules. Diese Geschwindigkeiten kommen uns nicht zum Bewußtsein, aber sie existieren. In den Relativitäten zu irdischen Vorgängen spielen sie keine Rolle, aber in unseren Beziehungen zu außerirdischen Phänomenen könnten sie eine Wichtigkeit erlangen, auch in Ansehung der Zeitbeurteilung.

Ob wir vielleicht gar noch rapider sausen als Lumen? Das wäre schon möglich; denn auch der „Herkules" stellt nur ein einstweiliges Richtungsziel der astronomischen Welt vor; er selbst und die ganze Firsterninsel, der er zugehören mag, fliegen nach unbekannten Zielen, mit ihnen nach weiteren unbekannten Punkten im Raume, mit unbekannten Geschwindigkeiten.

Es eröffnet sich mithin neben dem vertrauten „Bekanntlich" ein gar nicht zu übersehendes „Unbekanntlich", und zwischen beiden ist Platz für jene neue Lehre, die sich als das „Prinzip der Relativität" nach und nach entschleiern wird. Vorerst sind wir ihm durch unsere Betrachtungen nur insoweit genähert worden, als ein leiser Zweifel an der Allgemeingültigkeit unseres Zeitbegriffs aufzusteigen beginnt; eine noch unter der Schwelle lagernde Ahnung, daß der inneren Qualität der Zeit ein Abenteuer zustoßen könnte, wenn ein funktioneller Ausdruck der Zeit, nämlich die Geschwindigkeit, über alle Anschaulichkeit hinaus ins Abenteuerliche sich steigert. Daß dadurch unsere ganze alte Mechanik, unser mathematisch-physikalisches Begreifen der Weltvorgänge, aus den Angeln gehoben wird, ist freilich auf diesem Punkte noch nicht einzusehen.

*

Jene besondere, nach unbekanntem Ziel gerichtete Bewegung soll im folgenden zur Unterscheidung von den astronomisch erkennbaren Bewegungen „die Translation" genannt werden. Muß sie denn existieren? Ja, sie muß. Wer die Translation überhaupt in Abrede stellen wollte, würde damit unrettbar einem Widersinn verfallen. Denn im Verhältnis zu den unendlich vielen übergeordneten Bewegungen ist die Ruhe nur der unendlich unwahrscheinliche, also unmögliche Spezialfall. So schließen wir in der Richtung eines Denkzwanges, aber wir können uns damit noch nicht beruhigen. Wir fragen vielmehr: Gibt es denn gar kein Mittel, um diese unbekannte Translation praktisch, sinnfällig erkennbar zu machen?

Damit geraten wir an den springenden Punkt: Ein solches Mittel ist wirklich vorhanden, das Experiment, das uns die Translation augenfällig zeigen müßte, kann angestellt werden, aber es versagt, es liefert ein unbedingt negatives Ergebnis, beweist genau das Gegenteil dessen, was es beweisen sollte. Und hier steigt zwischen dem Experiment und der Logik eine gespenstische Unstimmigkeit empor, die uns eine Zeitlang vor die furchtbare Wahl stellt, entweder an unserem Verstande zu zweifeln oder an der Möglichkeit einer durchgreifenden Physik.

Jenes negativ entscheidende Experiment gründet sich auf folgende Überlegungen: Eine von der Sonne ausgesandte Botschaft braucht ungefähr acht Minuten, um die Erde zu erreichen. Findet nun eine Translation statt, und ist diese so beschaffen, daß sie die Richtung „Erde nach Sonne" verfolgt, so fliegen wir dieser Botschaft entgegen, müßten sie somit schneller erreichen als im entgegengesetzten Fall, wenn sich nämlich die Erde von der Sonne entfernt und diese ihr im gleichen Abstande nachfolgt; denn dieser Vorgang würde eine Verzögerung in der Empfangnahme der Botschaft bewirken. Mit anderen Worten: die optischen Phänomene, wie sie sich innerhalb des ruhend gedachten Sonnensystems abspielen, müßten gestört werden, wenn zu den uns bekannten Bewegungen innerhalb dieses Systems noch eine übergeordnete Bewegung, die Translation, hinzutritt.

Diese Beschleunigungen und Verzögerungen einer Lichtbotschaft lassen sich auf der Erde durch Spiegelvorrichtungen nachahmen, und zwar unter Zuhilfenahme von Lichtinterferenzerscheinungen mit einem so hohen Grade von Genauigkeit, daß jede durch die Translation verursachte Störung sich augenblicklich dem Auge des Forschers verraten müßte. Ein amerikanischer Physiker, Michelson, hat eine Versuchsanordnung erdacht, die jeden Fehler in der Beurteilung des Vorgangs nach menschlichem Ermessen ausschaltet. Derartige Fehler müßten bei allen erdenklichen Variationen des Michelsonschen Spiegelversuches abwechselnd im positiven und im negativen Sinne auftreten und dadurch einander wechselseitig verraten. Allein nichts Derartiges wird beobachtet. Der Versuch erscheint in jedem Fall vollkommen geschlossen, in sich ausgeglichen, fehlerfrei, und liefert mit unumstößlicher Gewißheit das Ergebnis: Die optischen Phänomene bleiben ungestört, ein Einfluß der Translation auf diese Phänomene findet nicht statt.

Hieraus ergab sich für die Forscher die peinlichste Zwangslage, und ihr Gewissen wurde in die denkbar grausamste Alternative eingeklemmt. Es galt die Wahl zu treffen zwischen zwei Unfaßbarkeiten: entweder gehorcht die Optik nicht den allgemeinen Gesetzen der Mechanik, oder die Translation muß allem Denkzwang zum Trotz nachträglich doch noch abgelehnt werden.

Der zweite Ausweg erschien noch ungangbarer als der erste. Lieber wollte man noch ein vorerst unheilbares Zerwürfnis zwischen der Optik und Mechanik vermuten, als sich der gänzlich absurden Vorstellung unterwerfen, ein Teil des Weltganzen verharre im Stillstand.

Aber dabei konnte es doch nicht bleiben. Denn auch die

mechanische Denkweise ist ja im naturwissenschaftlichen Menschen eingewurzelt, und wenn diese sich plötzlich mit gewissen optischen Tatsachen in unlösbaren Widerspruch setzt, so bleibt am letzten Ende aller Enden wirklich nichts anderes übrig, als ein Geheimnis in eben dieser mechanischen Denkweise zu vermuten und alles daranzusetzen, um diesem schrecklichen Rätsel auf die Spur zu kommen.

Und hier meldete sich als rettender Engel mit hilfreichem Drang oder als rettender Satan mit versteckter Spekulation auf die arme Seele das „Relativitätsprinzip". Das Prinzip, das in seinen Folgerungen die alte Mechanik umwirft. Es besagt: Die Weltgeschehnisse sind nur dann zu begreifen, wenn man sich entschließt, den Geschwindigkeitsbegriff und den Zeitbegriff radikal umzugestalten. Die Frage nach der „wirklichen" Geschwindigkeit ist physikalisch sinnlos und ebenso die Frage nach der „wirklichen" Zeit, die zur Wahrnehmung einer Lichtbotschaft erforderlich ist; beide Fragen erwachsen erst dann zu einer Verständlichkeit, wenn sie einander durchbringen, dergestalt, „daß eine Zeitangabe in der Physik erst dann einen bestimmten Sinn hat, wenn sie auf den Geschwindigkeitszustand eines bestimmten Beobachters bezogen wird."

Noch schärfer erscheint das Prinzip in A. Einsteins klassischer Abhandlung „Zur Elektrodynamik bewegter Körper", die freilich in den Schwierigkeiten des Ausdrucks, ja, des Gedankens gemildert, verdünnt, verzuckert werden muß, um für einen größeren Kreis als Erkenntnisquelle genießbar zu werden. Auch mit diesem Vorbehalt kann ich beim besten Willen dem Leser die Kletterei über einen vereisten Grat nicht ersparen. Möge ihn die Hoffnung auf eine Aussicht allerersten Ranges mit der nötigen Tapferkeit stärken!

*

Also nicht wortwörtlich nach Einstein, aber annähernd sinngetreu nach diesem Bahnbrecher sei folgendes definiert:

„Die Gesetze, nach denen sich die Zustände der physikalischen Systeme ändern, sind unabhängig davon, auf welches von zwei zueinander in gleichförmiger Translation befindlichen Systemen diese Zustandsänderung bezogen wird."

„Jeder Lichtstrahl bewegt sich im ‚ruhenden' System mit bestimmter gleichbleibender Geschwindigkeit, unabhängig davon, ob dieser Lichtstrahl von einem ruhenden oder bewegten Körper entsandt wird. Die Geschwindigkeit drückt sich durch das Verhältnis der Zeitdauer zum Lichtweg aus", wobei zur Bestimmung der Zeitdauer zwei synchrone, das heißt ideal gleichlaufende Uhren vorausgesetzt werden.

In diesen Postulaten, die den Einfluß der Translation ausschalten, dafür aber die absolute Lichtgeschwindigkeit als ein notwendiges Merkmal jeder Erkenntnis einführen, ist das Ergebnis des Michelsonschen Spiegelversuches enthalten; und da dieses Resultat nur in einem Zerwürfnis mit der alten Mechanik als möglich erscheint, so muß dieses Zerwürfnis in der rechnerischen Ausfolgerung irgendwie zutage treten. Es ist unausbleiblich, daß gewisse Anschauungen, die wir als physikalische Denkform für vollkommen natürlich, selbstverständlich und eigentlich der Erörterung entzogen erachten, auf den Kopf gestellt werden, sobald wir sie an dem soeben aufgestellten Relativitätsprinzip messen. Und diese Wirkung stellt sich denn auch beim ersten rechnerischen Anlauf mit einer gar nicht zu überbietenden Heftigkeit ein.

Es gibt nichts Elementareres als die Streckenmessung. Stellen wir uns einen starren, dünnen, geradlinigen Stab vor, aus unveränderlichem harten Metall, der sich in der Richtung seiner eigenen Ausdehnung fortbewegt. Seine

Länge soll von zwei Beobachtern gemessen werden. Der eine mißt, selbst in Ruhe befindlich, nach dem optischen Verfahren, während der andere die Bewegung mitmacht und die Stablänge direkt durch Anlegen eines Maßstabes ermittelt. Beide Beobachter arbeiten nach untrüglichen Methoden, nur daß sich bei dem einen, dem ruhenden, der Einfluß des Relativgesetzes geltend machen muß.

Und hier erleben wir die erste Überraschung: Für ein und denselben Stab werden zwei verschiedene Längen festgestellt! Die Bewegung an sich hat seine Länge verändert! Genauer ausgedrückt: Das Verhalten des starren Stabes im bewegten System vom ruhenden beurteilt, zeigt eine Anomalie, die zu allererst kaum eine andere Deutung verträgt als die einer geometrischen Widersinnigkeit.

Was geht eigentlich hier vor? ist die Geometrie umgefallen? schießt die Logik Kobolz? Ist eine feste Strecke nicht mehr identisch mit sich selbst? — Im ersten Moment wollen wir wohl der Bedrängnis entschlüpfen, indem wir uns in den Ausweg einer „optischen Täuschung" zu retten versuchen. Aber nein! hier liegt ein rein rechnerisches, mathematisch vollkommen einwandfreies Ergebnis vor; von einer Verschiebung im Sinne des Falschsehens kann gar keine Rede sein, die Verschiebung ist einzig und allein auf das Konto des Relativitätsprinzipes zu setzen, und da wir dieses einstweilen als unerschütterlich anzunehmen haben — wir müßten denn die Translation als solche leugnen —, so bleibt nur übrig, bis zum Eintritt einer weiteren Erleuchtung an einen Hexenspuk zu glauben, der die Geometrie verwirrt.

*

Die leise Hoffnung des Verängstigten, es könne sich vielleicht nur um einen Gelegenheitsstreik der Geometrie handeln, scheitert bald an noch schlimmeren Offenbarungen. Die Geometrie verkündet einfach den Generalstreik, und die sonst so arbeitswillige alte Mechanik beteiligt sich daran auf ganzer Linie. Beide vereinigt begehen nunmehr die schwersten Exzesse gegen die alte Ordnung der Dinge.

Denn wenn schon eine feste Strecke sich selbst aufgibt, wenn sie kürzer wird mit fortschreitender Bewegung, so geht es einem festen Körper noch grotesker: Ein starrer Körper, der in ruhendem Zustand ausgemessen die Figur einer Kugel hat, gewinnt in bewegtem Zustand — vom ruhenden System aus betrachtet — die Gestalt eines Rotationsellipsoids, er wird nahezu eiförmig. Bei gesteigerter Bewegung schrumpft seine Bewegungsdimension immer mehr zusammen, sobald er die Lichtgeschwindigkeit erreicht, geht seine Körperhaftigkeit vollständig verloren; er verwandelt sich in ein flächenhaftes Gebilde, in eine unendlich dünne Kreisoblate, fällt vollständig aus der Stereometrie heraus, wird sozusagen der Schatten seiner selbst.

Und wenn diese Kugel zum Beispiel ein Planet ist, dessen Translation bis zum Lichttempo anschwillt, so saust er fortan in aller Körperlosigkeit durch den Weltenraum als schattenhafte Kreisscheibe. Er selbst kann es nicht merken, ebensowenig seine Bewohner, die allesamt plattgedrückt sind, ohne sich ihrer Plattheit bewußt zu werden. Denn ihre Beobachtungsinstrumente und ihre Sinneswerkzeuge haben gleichzeitig die nämliche Entformung durchgemacht. Nichts könnte ihnen verraten, wie sehr sie sich verändert haben. Ihr Leben und Treiben würde in ihrer eigenen Beurteilung nicht die geringste Abweichung vom gewohnten Typus aufzeigen, nur der draußenstehende Unparteiische würde erkennen, daß sie sich sämtlich in umgekehrte Peter Schlemihle verwandelt haben: in Schatten, die ihre Körper verloren.

Nach dem Zuge dieser Untersuchung wird es wohl klar geworden sein, daß diese fabelhafte Verdünnung nicht etwa auf luftige oder ätherische Widerstände zurückzuführen ist, noch weniger auf etwaige Zentrifugalkräfte. Nein, die Bewegung selbst ist es, die solches Unheil erzeugt, nichts außer ihr; die Bewegung verwüstet die Form. Was wir bis vor kurzem unter der Figur eines Körpers verstanden haben, wird sinnlos vor dem Relativitätsgesetz. Unter seiner Herrschaft wird jede Figur falsch beschrieben, wenn sie nur in Raumdimensionen ihren Ausdruck findet. Die Figur wird vielmehr zu einer Funktion der Geschwindigkeit, also auch der Zeit.

Und die Zeit, die wir bisher nur als eine Bewußtseinsform im Nacheinander der Ereignisse kannten, erhebt sich plötzlich zu einem Machtfaktor in der beschreibenden Geometrie: In den Dreibund von Länge, Breite und Höhe tritt sie als vierte Koordinate mit allen Rechten einer formbestimmenden Dimension.

*

Längst haben wir alle Anschaulichkeit hinter uns werfen müssen. In der Euklidischen Wissenschaft bleibt selbst bei den gefährlichsten Spekulationen, bei den äußersten Schwierigkeiten der Flächendurchbringung, noch ein Rest von Anschaulichkeit für einen, der sich im Raum leidlich gut zu orientieren versteht. Aber hier sitzt plötzlich in der rechnerischen Entwicklung ein Dämon in Gestalt einer veränderlichen

Zeitgröße, die zugleich Zeit und Raum sein soll, ein Gespenst, das sich mit der Lichtkonstanten verkuppelt, zu Null zusammenschrumpft, zu Unendlich auswächst, das rechnerische Monstrositäten hervorzaubert und mit ihnen jeder anschaulichen Möglichkeit ins Gesicht schlägt.

Und der nämliche Dämon übt seine Gewalt, wenn wir nunmehr die **Masse** als solche in die Relativität einbeziehen; wenn wir eine bewegte Kugel, einen bewegten Planeten, nicht nach ihrer Form, sondern nach ihrem materiellen Inhalt befragen. Eine Masse wird durch die Kraft charakterisiert, die erforderlich ist, um sie in Bewegung zu setzen, aufzuhalten oder aus ihrer Bahn abzulenken. In der alten Mechanik wurde die Masse durch die Kraft in einfacher Proportionalität beschleunigt, in der neuen Mechanik, die sich auf das Relativitätsprinzip gründet, wird die Kraft selbst vergewaltigt. Je länger sie auf den Körper bei starker Bewegung einwirkt, desto geringer wird ihre beschleunigende Leistung. Und da die Masse nicht anders zu definieren ist als durch den Widerstand, den sie der Kraft bietet, so springt uns nunmehr eine weitere Unerhörtheit in unser schon genügend verbutztes Gesicht. Die Rechnung ergibt klipp und klar:

Die Masse eines Körpers **wächst** mit erhöhter Geschwindigkeit; sie wird **unendlich groß**, wenn sie in ihrer Bewegung die Lichtgeschwindigkeit erreicht. Eine Flintenkugel, die diese Geschwindigkeit erzielt, wird dadurch unendlich schwerer als alle Erden, Sonnen und Siriusse zusammengenommen. Alle Gewalten der Welt sind nicht mehr vermögend, ihr eine Beschleunigung zu erteilen.

Wir haben somit unsere Vorstellung von der Konstanz der Materie, von der Beständigkeit einer Schwere, eines

Gewichtes, einer dem Gefühl zugänglichen Körperlichkeit, mit Stumpf und Wurzel auszureißen. Wir haben uns der neuen Vorstellung zu unterwerfen, daß eine körperliche Masse die Identität mit sich selbst verliert, wenn sie zu anderen Geschwindigkeiten übergeht.

Wir müssen uns aber auch mit einem Widerspruch abfinden, der alles Vorausgegangene an Extravaganz überbietet: Jener Werwolf der Geschwindigkeit, der im Relativitätsprinzip nistet, schlägt seine Krallen zugleich nach der Figur und nach der Substanz. Mit ein und demselben Griff verdünnt er die Form und verdickt er die Masse. Untersuchen wir die Figur einer Kugel, so finden wir bei immenser Beschleunigung eine Kreisoblate; untersuchen wir die Materie, so ergibt sich eine über alle Begriffe gesteigerte Massigkeit. Die Kugel bewegt sich, und der Verstand steht still. Denn was er findet, ist der Gipfel aller Denk=Abenteuer ein jeder Kraft überlegenes Nichts, ein Schatten von unendlicher Schwere!

Aber rechnerisch, mathematisch=physikalisch ist alles in schönster Ordnung, und du könntest eher mit deinen Fingern aus den Alpen das Matterhorn herausbrechen, als irgendein Beweisglied aus den Gleichungen, in denen sich jene Erstaunlichkeiten ausdrücken.

In diesen Gleichungen wird das Denken zukünftiger Geschlechter die allein gültige Orientierung finden. — Falls das Relativitätsprinzip lückenlos richtig ist und in ihm allein alle Wahrheit beschlossen liegt.

Aber wie denn? Kann es denn noch eine richtigere Richtigkeit geben als die mathematische? Die Fragestellung ist bedenklich. Sie rührt an eines der tiefsten Geheimnisse, das selbst als Problem dem Worte kaum zugänglich ist. Und auch dies Problem ist nicht dazu da, um gelöst, sondern nur um — höchstens — erörtert zu werden.

Also ich meine — und ich bitte, die Ich-Form zu entschuldigen, da ich kein anderes Mittel weiß, um diese Meinung vorzutragen —, daß die mathematischen Wahrheiten nur bedingungsweise die letzten Wahrheiten sind. Man fängt an, sich von dem Glauben loszumachen, daß die mathematischen Einsichten auf reinen Denkformen a priori ruhen, man läßt zu, daß ihnen vielmehr ein gewisser Satz von Erfahrungen zugrunde liegt, selbst den analytischen Urteilen von Hume und den Vérités éternelles von Leibniz. Große mathematische Geister, wie Gauß, Mach, Poincaré, Helmholtz haben diese Ansicht vertreten. Und da mir dies einleuchtet, so meine ich: die Mathematik kann anfangen unschlüssig zu werden, wo eine Welt von Erfahrungen eine Welt von neuen Fragen aufmacht.

Aus einer erkenntnistheoretischen Ecke könnten Motive hervorbrechen, die mit den mathematischen Motiven zusammen in eine andere Welt hineinführen, jenseits von Richtig und Falsch.

*

Sehen wir uns daraufhin doch einmal das neue Relativitätsprinzip an. In einer mathematisch unanfechtbaren Weise beweist es uns, daß die Lichtgeschwindigkeit die größte aller möglichen Geschwindigkeiten im Universum sein muß. Weil, wenn es eine noch größere gäbe, der mit ihr bewegte Körper eine über Unendlich gesteigerte Masse gewinnen, somit zu einer Sinnlosigkeit entarten würde.

Diese Sinnlosigkeit wird abgelehnt zugunsten eines Grundgesetzes der neuen Mechanik, welches eben besagt, daß die Lichtgeschwindigkeit das absolute Maximum darstellt. Da meldet sich des Zweiflers Frage: ist denn die aus diesem Grundgesetz abgeleitete, mit ihr in der nämlichen Gleichung verquickte andere Unmöglichkeit vom unendlich dünnen und trotzdem unendlich schweren Körper nur um ein Atom begreiflicher, annehmbarer? Und wenn ich die erste verwerfen soll, welcher Erkenntnisgrund kann mich nötigen, die zweite anzuerkennen? Und wenn ich die zweite annehme, warum nicht auch die erste, die mich in diesen furchtbaren Zirkulus hineingetrieben hat? Zwei Unmöglichkeiten stehen hier gegeneinander, und die Waffen der Mechanik versagen gegen beide. Mitten drin sind wir im Gebiet jenseits von Richtung und Falsch, jeder Versuch, sich in ihm zu orientieren, auch mit den sonst untrüglichen Werkzeugen der Mathematik, ist in diesem Anlauf nichts als der Sprung über den eigenen Schatten, die Jagd nach dem Spiegelbilde hinter dem Spiegel, das Emporziehen der Leiter, auf der man steht!

Dasselbe Spiel gewahren wir, wenn wir den Anfang der Relativitätserkenntnis mit dem Ende vergleichen. Den Anfang gewannen wir aus dem Begriff der „Translation", die wir annehmen sollten und mußten, weil das Gegenteil, eine partielle Ruhe im Weltganzen, unausdenkbar erscheint. Und am Ende grinst uns die Verkündigung an, daß jenes Geschöpf Lumen nicht möglich ist, daß die Lichtschnelligkeit das Maximum aller Geschwindigkeiten darstellt; die absolute Höchstgrenze. Also eine scharfbegrenzte Konstante als ein Absolutes in einer gänzlich auf das Relative gestellten Lehre, in der alles und jedes auf das Unendliche hindrängt! Im Verhältnis zu den Räumen des Weltalls ist das Lichttempo eine Null; und wenn kein Körper, kein Planet, keine Sonne in ihrer kosmischen Wanderung dies Tempo, dies relative Null, überschreiten darf, — ja dann säße ich ja wieder genau auf derselben Unausdenkbarkeit, die eben durch die Annahme einer Translation herausgeschafft werden sollte! Denn ebensogut, wie ich mich am Ende mit einem endlichen Maximum befreunden soll, könnte ich mich ja im Anfang schon mit einem geringeren Maximum versöhnen, und wenn ich am Schluß zur Überwindung eines Denkzwanges getrieben werde, warum nicht schon im Anfang? Betäube ich diesen Denkzwang aber schon früher, so verwandelt sich die ganze Translation aus einer Notwendigkeit in eine Willkür, und jede ihrer Folgerungen ist von vornherein mit dem Zeichen der Unzuverlässigkeit behaftet. Also auch so gesehen erscheint diese Kette angeblicher Unumstößlichkeiten als eine mythische Schlange, die sich in den Schwanz beißt und mit ihren Giftzähnen vorn ihren Giftstachel hinten auffressen will.

*

Denkzwänge vorn und hinten, doppelte Widersprüche an allen Enden! Doppelt, weil sie nicht nur aller Erfahrung und Anschaulichkeit widersprechen — darüber wäre auf Momente hinwegzukommen —, sondern weil jeder zugleich seine Prämisse verhöhnt und seiner Folgerung spottet. Kann es jemals gelingen, die geheime Quelle des tiefstliegenden Widerspruchs aufzudecken? Sollte vielleicht irgendeine Weltgleichung existieren, aus der sich herausrechnen ließe, daß nicht nur alle Beschleunigungsmöglichkeit, sondern auch die mathematische Denkweise an Grenzen gebunden ist?

Man greife es an wie man wolle, überall gerät der Intellekt an Abgründe, vor denen er zurückschaudert. Da, wo sich das vierdimensionale Chaos auftut, ist es eigentlich noch am gemütlichsten. Die Zeit als vierte Koordinate widerspricht zwar jeder anschaulichen Vorstellung, läßt sich nicht begrei=

fen, aber doch traumhaft erahnen, wie die Unsterblichkeit, wie die Auferstehung. Auch die alte Mechanik hat mit ihr im Sinne einer gewissen Vierdimensionalität gerechnet und damit praktisch beweisbare Ergebnisse gewonnen. Aber schon diese alte Mechanik hat erfahren, daß das Durchhalten eines mechanisch-mathematischen Prinzips bis ins Extrem nicht ausführbar ist. So ließ sich das Gravitationsprinzip nicht bis zur molekularen Annäherung durchfolgern, weil hier Unendlichkeitswerte auftreten müßten, die der Denkmöglichkeit widerstreiten. Aber die neue, die Relativitätsmechanik, die zum großen Teil außerhalb der Erfahrung arbeitet, schreckt vor solchen Unendlichkeitswerten nicht zurück, und verkündet ihre transzendenten Ergebnisse mit aller Sicherheit, denn ihre Position ist mathematisch uneinnehmbar.

Vielleicht aber erkenntnistheoretisch doch angreifbar.

Den ersten Sturm wird sie gewiß abschlagen. Ja, ich zweifle gar nicht daran, daß sie ihre Stellung auf eine weite Zeitspanne hinaus noch mehr und mehr befestigen wird. Denn sie besitzt außer ihrer mathematischen Festung noch eine Hilfstruppe im freien Felde, die sich vorläufig mit jedem Tage vergrößert.

Diese Truppe, die bisher nur Siege zu verzeichnen hat, marschiert unter der Flagge der Elektronentheorie. Ihre Führer, vor allen der Leydener Nobelpreisträger Antoon Lorentz, schworen nicht von Anbeginn zur Relativitätslehre; allein mit ihren Leistungen gerieten sie in den relativen Wirbel, aus dem es kein Entrinnen gibt. Nur mit flüchtigstem Seitenblick auf die Zusammenhänge darf hier die Frage gestreift werden, was die beiden Disziplinen veranlaßte, einander zu begegnen, ja ineinander aufzugehen.

Die seltsamen Tänze elektrischer, magnetischer Teilchen

konnten nämlich zwar mit vollkommener Genauigkeit be=
schrieben, allein durchaus nicht mechanisch begriffen werden.
Die Aufgabe ihrer Beschreibung wurde durch die sogenannten
Hertz=Maxwellschen Differentialgleichungen restlos gelöst,
aber eben diese Gleichungen leben in unversöhnlicher Feind=
schaft zur alten Mechanik. Will man ihnen überhaupt die
Möglichkeit zur Mechanik öffnen, so sieht man sich auf den
einzigen Weg angewiesen, nämlich die alte Tür zu vermau=
ern und das neue Tor zur Relativität vierdimensional auf=
zusperren. Unternimmt man dies, so verwandelt sich die
Feindschaft mit einem Schlage in herzlichste Sympathie, und
die Bewegungsphänomene der Elektrizität, des Magnetis=
mus, weiterhin der Optik, werden verständlich — was man
ebenso in diesen geheimnisvollen Gebieten „verständlich"
zu nennen beliebt.

Mit diesem Vermögen, in die Wirrnis der Elektronen eine
mechanische Ordnung hineinzubringen, spielt das Relativi=
tätsprinzip seinen allerschärfsten Trumpf aus. Er erscheint
den großen Physikern so unübertrumpfbar, daß sie es darauf=
hin wagen, die ganze Naturwissenschaft auf die eine Karte zu
setzen: Da es nicht möglich ist, die elektrischen Phänomene
altmechanisch zu erklären, so wollen sie nunmehr die mechani=
schen elektrisch erklären, das heißt alles Weltgeschehen in
einen Wirbel von Elektronen auflösen. Und das ist nur mög=
lich, wenn alle Vorgänge in ein reines Vakuum verlegt wer=
den, wenn dem Träger aller Bewegungen, dem Äther, jede
materielle Eigenschaft abgesprochen wird.

Wiederum geraten wir hier in einen Zirkelschluß; denn die
neue Mechanik erscheint am Anfang und am Ende der Gedan=
kenreihe, sie tritt als Frage auf, um sich selbst als Antwort
zu fordern.

Stern und Kern der eigentlich mechanischen Naturauffassung ist das Energieprinzip, das Gesetz von der Erhaltung der Kraft, wie es lange vorgeahnt, von Robert Mayer fundamentiert, von Clausius, Joule und Helmholtz nach allen Richtungen ausgebaut wurde. Und wenn die Entdeckung dieses Prinzips aufs innigste mit der Frage zusammenfiel: Welche Beziehungen müssen zwischen den Naturkräften bestehen, wenn es unmöglich sein soll, ein Perpetuum mobile zu bauen? so erhebt sich nunmehr eine Frage, die Planck in die Worte faßt: Welche Beziehungen müssen zwischen den Naturkräften bestehen, wenn es unmöglich sein soll, an dem Lichtäther irgendwelche stoffliche Eigenschaften nachzuweisen?

Die erste Frage wird in weitestem Sinne durch die allgemein-mechanische, die zweite durch die neumechanische, relativistische Naturauffassung beantwortet. Und hierin scheint, an alter Schullogik gemessen, abermals ein höchst gefährliches, mit geheimen Trugschlüssen hantierendes Doppelspiel sein Wesen zu treiben.

Denn die neue Beantwortung der zweiten Frage führt unmittelbar zur Relativitätstheorie, zur neuen Mechanik, zur Aufhebung der Massenkonstanz und damit auch zur Aufhebung der alten Energievorstellung, da die Masse nur energetisch begriffen werden kann. Ist die neue Beantwortung der zweiten Frage richtig, so stellt also die frühere Beantwortung der ersten Frage einen Irrtum dar. Dann liegen in deren Bereich drei Möglichkeiten vor: entweder war ihre Voraussetzung falsch, dann gäbe es ein Perpetuum mobile; oder die mathematisch-physikalische Ausfolgerung war ungenau, oder schließlich: die Fragestellung war verfehlt. Da nun aber die zweite Frage haarscharf so aufgebaut ist wie die erste, so unterliegt sie durchaus den nämlichen drei Eventualitäten, von denen jede zu einer Ungenauigkeit führen kann und im Grenzfall führen muß. Unsere eigene Voraussetzung lautete in dieser Gedankenreihe: „Wenn die neue Beantwortung der zweiten Frage **richtig ist**", — unser Schluß, „dann muß oder kann das Ergebnis **falsch** sein." Der Widerspruch kann nicht mehr übertroffen werden. Über die Schlange, die sich in den Schwanz beißt, sind wir hier weit hinaus: diese Schlange beißt sich in ihren eigenen Kopf!

Wir müssen alles, was an Erkenntnistheoretischem in uns gegenwärtig lebt, umstülpen, neuordnen, wenn wir uns mit dem Relativitätsprinzip befreunden wollen. Bleibt es siegreich, setzt es sich im Laufe langer Zeiten als Denkform durch, dann erscheint die Umwandlung erkenntnistheoretischer Einsichten die unausbleibliche Folge.

Von diesen Folgen lassen sich einige als grundstürzend schon heute voraussehen, nämlich:

Es ist möglich, von falschen Prämissen durch exakte Folgerung zu richtigen Resultaten zu gelangen.

Es ist ebenso möglich, von richtigen Prämissen durch exakte Schlüsse bei falschen Resultaten zu landen.

Auf praktischem Gebiete sind derartige Fälle bereits in vereinzelten Proben vorgebildet. Das Kant-Laplacesche Weltsystem bietet hierfür ein Beispiel. Die Voraussetzungen Kants sind teilweis als unrichtig längst erwiesen, seine Schlüsse — mit Einschränkung zu verstehen —, waren korrekt, sein Ergebnis gilt nach heutiger Auffassung noch als gültig.

*

Wird sich nun das neue Prinzip durchsetzen? Die genialen Wortführer der Sache sind dessen in ihrer Beweisführung ganz sicher, es darf anderseits nicht verschwiegen werden, daß sie einige leise Zweifel hindurchschimmern lassen, sobald sie, was doch gar nicht zu vermeiden ist, die Frage der Anschaulichkeit streifen. Ja, zuweilen regt sich bei einigen im Gewissensgrund eine kontrastierende Stimme, die nach Erlösung ruft. In ihren physikalischen Schwüren steckt unter der Schwelle der Hörbarkeit die reservatio mentalis: Wir arbeiten mit einer Hypothese, zu der uns gewisse Notwendigkeiten zwingen, weil wir keine bessere Hypothese besitzen.

Aber jene Schwüre treten heute dennoch mit dem Anspruch der Beweiskräftigkeit auf. Vor allem soll der Analogieschluß als durchgreifend anerkannt werden: Der Menschheit Denken hat sich schon einmal vor vierhundert Jahren von der Anschaulichkeit losgerungen, damals, als es galt, die Existenz der Antipoden zu begreifen und den Erdplaneten, die uns bekannte unendliche Welt menschlicher Ereignisse, als eine Winzigkeit im Weltall zu erkennen. Die Gravitationslehre, das kopernikanische System, die Keplerschen Gesetze haben die antike Anschaulichkeit ausgerottet und das Denken zunächst mit einer Unbegreiflichkeit überrumpelt, die sich allmählich zu einer neuen, höheren, auf kosmische Orientierung bezogenen Anschaulichkeit organisierte. Auf einer erhöhten Stufe der Forschung reicht auch diese zweite Anschaulichkeit nicht mehr aus. Und genau so wie vor vierhundert Jahren ein ganz neues Denken Platz greifen mußte, so geraten wir heute an die harte Notwendigkeit, uns zu einer dritten Anschaulichkeit zu erziehen. Galileis „eppur si muove!" gewinnt eine neue Bedeutung: Was sich bewegt und in der Bewegung verändert, ist nicht nur die Erde, sondern der innere Charakter der Zeit. Fürs erste meutert die Gehirngewohnheit mit aller Hartnäckigkeit gegen die gewaltsame Zumutung. Aber diesen Prozeß der Denkträgheit kennen wir ja schon aus der Geschichte. Und wir wissen, daß sie mit dem Siege der großen Idee über die ererbte Anschauung enden muß. In unserem Falle: Aus einer alten und veralteten Anschaulichkeit wird eine neue hervorwachsen, die mit ihrem unvergleichlich weiter gespannten Horizont das Prinzip der Relativität als eine Verständlichkeit, vielleicht sogar einmal als eine Selbstverständlichkeit umfassen wird.

Aber wiederum könnte der Zweifler sagen: dieser Analogieschluß hinkt auf beiden Beinen, auf dem einen, weil das Gleichnis mit der kopernikanischen Lehre nicht stimmt, auf dem andern, weil der Horizont sich nicht erweitert, sondern verengt. Das System des Kopernikus war nicht nur auf Erfahrung errichtet, nicht nur vorausgeahnt, vorausgedacht von hellen Köpfen des Altertums, sondern es brauchte nur ausgesprochen zu werden, um sofort den Schlüssel zu einer Welt sonst unerklärlicher Erscheinungen zu bilden. Wer seinen einzigen radikalen Denkakt erfaßt hatte, der spürte, daß er damit aus einer Welt der Absurditäten in eine Welt der Begreiflichkeiten gedieh. Tausend Unklarheiten verschwanden, eine kosmische Durchsichtigkeit tat sich auf. Bietet sich hier wirklich die genügende Parallele mit der neuen Lehre, an deren Anfang und Ende lauter Denkverzweiflungen stehen? die das Gehirn in zwei Teile zersägt, von denen der eine mathematisch befiehlt und der andere erkenntnistheoretisch den Gehorsam verweigert? aus deren gärenden Schoß mystisch verlarvte Ungeheuer aufsteigen?

Nein, diese Parallele versagt durchaus. Nichts im Relativitätsprinzip kündigt sich dem reinen Erlösungsbedürfnis als befreiende Offenbarung an, als Heilsbotschaft, alles in ihr klingt ihm nach mathematischer Scholastik. Und es wird den Verdacht nicht los, daß es, anstatt unseren Standpunkt zu erhöhen, uns eigentlich in den Anthropomorphismus zurückwirft. Das kopernikanische Lehrsystem, welches den geozentrischen Standpunkt als kleinlich erkannt und die heliozentrische Betrachtung geöffnet hat, befriedigte eine uralte Sehnsucht nach der Unendlichkeit; war doch schon der erste Sonnenanbeter der erste Kopernikaner! Die Relativitätslehre mündet bei der Lichtkonstanten, bei einer Endlichkeit, jenseits deren die Welt mit bretternen Formeln vernagelt wird. Was sind denn jene fatalen 300000 Kilometer in der Sekunde? Eine auf irdische Ausmaße bezogene Verhältniszahl! Der Erdäquator siebenundeinhalbmal genommen. Eine Strecke, die jeder Schiffskapitän, jeder Lokomotivführer praktisch erleben kann. Und die soll eine Begriffsgrenze darstellen, wo es sich um die letzte Einsicht in das Weltganze handelt? Das erinnert doch wirklich an jene talmudische oder hindostanische Weisheit, die das Längenmaß ihres persönlichen Gottes nach soundso vielen Meilen bezifferte! Alles Außermenschliche, Relative, Transzendente der neuen Lehre kann nicht darüber hinweghelfen, daß in ihrem Grunde ein Mensch sitzt, ein „Beobachter", der vom ruhenden System aus das bewegte beurteilen will und sich hierbei auf Lichtsignale, Lichtwahrnehmungen verläßt, der von der Qualität eines bestimmten Empfindungsorgans, also von sich selbst, nicht loskommt. Aus der kopernikanischen Lehre kann der Mensch vollkommen herausgehoben werden, sie bleibt trotzdem bestehen. Das Relativitätsprinzip ist von der bestimmten Beurteilung des bestimmten Beobachters nicht abzutrennen; es bleibt verbunden mit einer anthropomorphen Grundanschauung, die das Licht vermenschlicht; ja, vielleicht liegt das Geheimnis all der Ungeheuerlichkeiten, die wir im

Verfolg der Relativität durchzumachen hatten, einzig in dem Lichtbegriff selbst, der als das Postulat eines Zufallssinnes einfach sinnlos wird, sobald man den organischen Grund dieses Sinnes fortdenkt.

Jenseits von Richtig und Falsch! zu einer anderen Formel ist nicht zu gelangen. Sie wird das letzte Wort der Verzweiflung bleiben überall da, wo wir das Gehirn zu Funktionen zwingen wollen, denen dieser Zellenklumpen nicht gewachsen ist und denen auch das Überhirn künftiger Generationen nicht gewachsen sein wird. Nicht weil es als erschließendes Instrument nicht zureicht, sondern weil das zu Erschließende gar nicht existiert. Der Wahrheitssucher wird niemals ein Wahrheitsfinder werden, denn er sucht etwas nicht Vorhandenes. Die Wahrheit, definiert als die Übereinstimmung der Vorstellung mit der Wirklichkeit, ist im besten Falle eine anthropomorphe Tautologie, da eine begreifliche Wirklichkeit eo ipso mit der Vorstellung kongruierend zusammenfällt. Wer aber darüber hinaus fragen will, fragt sinnlos. Und trotzdem bleibt es unbestreitbar, daß in der Welt der Erscheinungen die Relativitätslehre als Erforschungsmittel unerhört Großartiges vollbracht hat! Wie eine Gottesgewalt kam sie über den Denkmenschen, erhellend und blendend, verwirrend und erleuchtend, mit Blitzschlägen, die Pforten der Physik aufsprengten und Säulen der Erkenntnistheorie an der Wurzel trafen! Vielleicht steht sie so außerhalb aller ererbten und erworbenen Denkgewohnheit, daß ihr gegenüber nicht einmal die Verstandesformen des Glaubens und des Zweifels auftreten dürfen!

*

Man gestatte mir eine Lehre aufzustellen, die ich vorläufig nur in Form eines Gleichnisses auszusprechen vermag: Jede

Wahrheitsfrage ist ein Komplex von Konstanten und Unbekannten, die sich in einer Gleichung zusammenfinden. Die Konstanten der Algebra treten hier als Begriffe und Worte auf, die Lösung der Gleichung wäre die Wahrheitsfindung. Wird dieses zugegeben, so folgt alles weitere mit unbedingter Sicherheit. Die Lösung stellt sich dar als ein Ausdruck aus eben jenen Konstanten, aus den Worten und Begriffen gebildet, die in der Gleichung steckten; an Stelle der Unbekannten eingesetzt, befriedigt er die Gleichung, liefert er die Wahrheitsantwort.

Nehmen wir einmal den einfachsten Fall: eine lineare Gleichung mit einer Unbekannten. Wir wissen, daß diese eine Lösung, und zwar nur eine einzige Lösung zuläßt. Hat also die Begriffsfrage diese einfache Form, so werden wir eine unzweideutige Wahrheit als Auflösung herausrechnen, nämlich eine solche, deren tautologischen Charakter wir unschwer erkennen.

Bei Gleichungen höheren Grades hört die Eindeutigkeit auf. Eine reine quadratische Gleichung verträgt zwei Lösungen, die einander im Zahlenwert gleich, aber im Vorzeichen entgegengesetzt sind; die Plus-Größe und die zugeordnete Minus-Größe befriedigen mit derselben Bestimmtheit die Forderung der Gleichung. Aus dem Algebraischen ins Begriffliche übertragen, bedeutet dies: Wenn wir unserem Intellekt eine einfache Begriffsgleichung von quadratischer Natur aufgeben, so erhalten wir zwei Antworten, die einander direkt widersprechen, zwei schnurstracks gegensätzliche Lösungen, welche die Gleichung restlos befriedigen, mithin zwei Wahrheiten, die einander verneinen und nichtsdestoweniger volle Wahrheiten bedeuten. Und ein großes Welträtsel entschleiert sich auf einmal vor unseren Augen. Denn diese Auflösungspaare treten ja in unserer Philosophie tatsächlich als Antwortpaare im Sinne der Antinomien auf; sie heißen: Notwendigkeit und Zufall, freier Wille und Willensunfreiheit, Monismus und Dualismus, Theismus und Atheismus, Schöpfung und Urzeugung, Teleologie und Zweckleugnung, Ewigkeit und Zeitgrenze, bis zu allen persönlichen Lehrmeinungen, die sich kontradiktorisch um die Begriffe Gott und Teufel gruppieren. Und wir erkennen: fast alle landläufigen Fragen der Schulphilosophie sind ihrem Wesen nach quadratische Gleichungen, die gleichzeitig eine positive und eine negative Wurzel liefern; was die Weltweisheit seit altersher als eine wahre Crux mit sich herumgeschleppt hat, nämlich die Unvereinbarkeit polar entgegengesetzter Entscheidungen, fügt sich plötzlich als ein algebraisches Ergebnis zwanglos zusammen; der Zufall erfüllt die Gleichung ebenso vortrefflich wie die Notwendigkeit, die Freiheit ebenso restlos wie die Unfreiheit, jede richtige Lösung fordert ihr Spiegelbild mit entgegengesetztem Vorzeichen als die zweite Lösung einer und derselben fragenden Gleichung.

Aber auch hier gelangen wir nicht über die Tautologien hinaus, nur daß sie als solche etwas schwerer zu durchschauen sind. Das Gebiet der Tautologie überhaupt verlassen wir erst mit denjenigen Gleichungen, die mit realen Größen nicht mehr zu bewältigen sind und zu imaginären, komplexen Lösungen führen. Schon bei gewissen quadratischen Gleichungen kann dieser Fall eintreten, bei allen reinen Gleichungen vom dritten Grade aufwärts ist er unausbleiblich. Nehmen wir etwa eine Gleichung fünften Grades, so muß sie zwar nach Cauchy, Gauß und Hermite fünf Wurzeln besitzen, aber diese sind rein algebraisch nicht mehr darstellbar, nur noch in elliptischen Transzendenten, und damit entfällt die Möglichkeit, eine derartige Gleichung ins begriffliche Gebiet hinein zu verfolgen. Selbst wenn wir uns anstatt an unseren eigenen Intellekt, an den Weltgeist als an den Beherrscher der Laplaceschen Weltformel wenden dürften, so müßte er antworten: die Erkenntnisgleichung, die du mir vorlegst, ist fünften Grades, hat also keine aus Worten oder Begriffen darstellbare Wurzel. Das, was du in diesem Falle suchst, die Wahrheit, ist nur noch ein imaginäres Phantom; die Frage nach dieser Wahrheit ist in sich selbst sinnlos.

Ich bin tief durchdrungen davon, daß jede Wahrheitsfrage höherer Ordnung, jede, die schon ihrer Fassung nach die einfach tautologische Beantwortung abwehrt, im tiefsten Kern eine solche Begriffsgleichung einschließt; wenn nicht gar noch die weitere Unlösbarkeit hinzutritt, daß in der Fragegleichung von Anfang an mehrere Unbekannte stecken. Armes Menschenhirn! Du stellst da eine Frage auf etwa in der Fassung der Kantischen: „Wie sind synthetische Urteile a priori möglich?" Und darauf willst du eine Antwort haben! Die algebraische Lösung einer Gleichung mindestens fünften Grades mit mehreren Variabeln! Appellierten wir zuvor von der Mathematik an die Erkenntnistheorie, so müssen wir jetzt den Erkenntnistheoretiker an den Mathematiker verweisen; der wird ihm einen Bescheid geben, dessen Inhalt aus der Formelsprache in klares Deutsch übersetzt lauten müßte: Das, was du für eine Frage hältst, ist eine grammatische Verkettung von Unfaßbarkeiten mit einem Fragezeichen dahinter; erwarte keine mögliche Antwort auf ein unmögliches Etwas, das sich für eine Frage ausgibt!*)

---
*) Ohne Algebra, rein erkenntnistheoretisch, gelangt Fritz Mauthner in seiner Sprachkritik zu ähnlichen Ergebnissen, die

Und so gesehen erscheint auch die Frage, die dem Relativitätsprinzip zugrunde liegt, als eine Unauflöslichkeit. Die Gleichungen, die von den großen Relativisten im vierdimensionalen Koordinatensystem entwickelt werden — Wunderwerke in ihrer Art —, ranken sich doch nur an der Außenseite herum. Im Kern steckt eine andere, viel kompliziertere Gleichung, die Antwort haben will auf die allgemeinste Frage nach den Zusammenhängen der Weltgeschehnisse. Die Wahrheit, die diese Frage sucht, existiert nicht, oder sie liegt jenseits von Richtig und Falsch, sie kann sich nie wahrhaft und einleuchtend aus all den Widersprüchen herausschälen, die wir erschauernd durchmessen haben. Wenn wir schon im Bann des Denkzwanges die Frage aufwerfen: Was ist Wahrheit? so folgen wir wenigstens dem Beispiel des Pilatus, der hinausging, ohne die Antwort abzuwarten.

„Vorausgesetzt, daß die Wahrheit ein Weib ist" — so beginnt Friedrich Nietzsche die Vorrede zu seinem Jenseits, um darauf den Verdacht zu gründen, daß alle Philosophen, sofern sie Dogmatiker waren, sich schlecht auf Weiber verstanden. Mein Verdacht geht weiter. Ich fürchte, daß die Wahrheit weder ein Weib, noch ein Mann, noch überhaupt irgend etwas ist außer der Wurzel einer transzendenten Gleichung und daß alle Bemühungen der Philosophen wie der Physiker hier nichts anderes umwarben als ein reines Vakuum. Bis eine neue Philosophie, von der wir heute noch nichts wissen, vielleicht eine Relativitätsphilosophie, in diesem Vakuum die Ansätze und Keime begrifflicher Ersatzbarkeiten aufspüren wird. Eine Preisaufgabe, die die Urenkel der Forscher von heute beschäftigen möge!

---

er freilich schöner und eindringlicher vorträgt, als ich sie darzustellen vermag.

Die Heimat der Größen

Es ist nicht so leicht, Namen zu nennen und zu treffen, wenn es darauf ankommt, in einem beliebigen Felde die Ewigkeitsgrößen zu erfassen. Wo die scharfe Berechnung fehlt, wo der Augenschein und die Momentempfindung entscheidet, unterliegen wir ausnahmslos der Täuschung, die uns eine Sonne vorspiegelt, wo nur ein Meteor verglimmt, und die uns ein Pünktchen übersehen läßt, wo tatsächlich eine Sonne leuchtet. Oft ist es versucht worden, in einem bestimmten Gebiete die Koryphäen zu kränzen; und fast immer haben die folgenden Jahrzehnte die getroffene Auswahl beanstandet, verworfen, wenn nicht verhöhnt und verlacht. Vor Menschenaltern wurde ein Dichter mit dem Vergleich gefeiert:

Traun, ein Schiller und ein Goethe, ja ein Opitz wär' vonnöten,
Um den Maßstab zu bezeichnen für die Größe des Poeten!

Und diesen Opitzen begegnen wir durchweg, wo wir alte Wertschätzungen aus unserem eigenen Gesichtswinkel messen. Vierzehn Jahre währte der Bau der großen Pariser Oper, und so lange hatten die Kommissionen und Fachausschüsse Zeit, sich die Größen zu überlegen, die für den Prachtbau in Skulpturen verewigt werden sollten, als Matadore der Oper überhaupt. Das Resultat war: kein Weber, kein Wagner, kein Verdi; Mozart und Meyerbeer nur als Büsten, Rameau und Spontini in Kolossalfigur, und am Eingang zu den vornehmsten Plätzen, besonders auffallend: „Niedermayer", ein Musiker, dessen Name längst ausgetilgt ist bis auf die Chronistenspur, bis auf die verblaßte Erinnerung an einige sehr unbedeutende Opern und sehr bedeutende Operndurchfälle.

Ähnliche Opitzereien und Niedermayereien pflegen sich einzuschleichen, wenn Volk gegen Volk in irgendeinem Betracht der Kunst, Wissenschaft und Kultur gewogen werden sollen. Der sichere Punkt, von dem aus die Gruppierung der Größen klar zu überblicken wäre, ist nicht auffindbar. Aber wenn es auch im ganz großen Bereich unmöglich ist, aus der Enge der Vorurteile herauszukommen, persönliches und nationales Falschsehen zu überwinden, so erscheint wenigstens für die Wissenschaft der Ansatz, der tastende Versuch einer Methode gegeben; die eben als Methode vor der bloßen Meinung den Vorzug aufweist, das persönliche Urteil auszuschalten. An die Stelle egozentrischer und heimatlich betonter Gründe tritt eine Art von Berechnung. Diese von de Candolle erfundene, von dem Astronomen Pikkering ausgebaute Methode fußt auf dem Grundgedanken: Es werden aus allen Nationen diejenigen Gelehrten herausgehoben, die von mindestens zwei großen auswärtigen Akademien als Mitglieder gewählt worden sind. Unser Ostwald hat die zuletzt von Pickering gewonnenen Ergebnisse prozentual auf die Bevölkerungen berechnet, so daß man aus seiner Tabelle den spezifischen Wissenschaftswert der einzelnen Völker ablesen kann. Danach ergibt sich: in wissenschaftlicher Hinsicht marschiert heute Sachsen an der Spitze aller Län=

der, eine statistische Bestätigung der volkstümlichen Selbsteinschätzung „mir Sachsen sein helle". Ihm folgen zunächst Norwegen und Baden, Schweden, Holland und Bayern, Preußen und England, Dänemark, Württemberg, Frankreich, die Schweiz, Belgien, Italien, Österreich, Vereinigte Staaten und in weitem Abstand davon Rußland. Das absolute Übergewicht, der wissenschaftliche Schwerpunkt sozusagen, ruht mithin in Deutschland.

Die Methode an sich ist zweifellos angreifbar, und zwar gerade in ihrem objektiven Kern. Ihre auf Diplome und Zahlen gestützte Objektivität verleugnet jede subjektive Schätzung, also gerade das, was wir an Geistigkeit in uns aufbringen, wenn wir uns mit Geistesgrößen beschäftigen. Selbst wenn wir zu Unrecht annehmen wollen, daß die Diplome nur nach Verdienst verteilt werden, daß Cliquenwirtschaft, Begünstigung und Versicherung auf Gegenseitigkeit gar keine Rolle spielen — die Geschichte der Akademien beweist das Gegenteil —, so bliebe immer noch die Frage offen, ob ein ganz großer Denker, Forscher und Menschheitsförderer nicht mit dem vielfachen Gewicht des Durchschnittsdiplomierten anzusetzen wäre. Demgegenüber beruft sich die Methode auf das Gesetz der großen Zahl, auf die Wahrscheinlichkeit der wechselseitigen Fehlerkorrektur, so daß schließlich doch eine gewisse Zuverlässigkeit dieser Statistik herauskommen müsse. Das läßt sich hören, selbst dem Einwand gegenüber, daß in dieser Aufmachung ein ungelöster Rest bleibt, ein tiefster Kern, der sich jeder Berechnung verschließt; und um so eher läßt es sich hören, als in der de Candolle-Pickeringschen Regel doch ein erster Ansatz vorliegt, der wissenschaftlichen Gesamtleistung mit Zahl und Maß beizukommen. Sie erfaßt nicht die Gipfel, aber die Hochebene, sie zeigt mit annähernder

Deutlichkeit die Durchschnittshöhen des Gelehrtenstandes in national gesonderten Gruppen.

Dieser fertigen Methode ließe sich aber vielleicht eine unfertige zur Kontrolle gegenüberstellen, eine andere, die nach der subjektiven Seite so weit ginge, wie jene erste mit ihrer gleichmacherischen Unbestechlichkeit nach der objektiven. Man müßte sich von Anfang an auf die andere Seite des Problems stellen, nicht von den Personen und Diplomen, sondern von den Dingen und Erscheinungen ausgehen, um zu ermitteln, welcher Anteil an den großen Errungenschaften auf die Völker entfällt. Eine Aufgabe von enzyklopädischer Weite! Kein einzelner könnte sie lösen, denn jeder einzelne wäre zu klein, und noch weniger eine Akademie, denn durch Hineinziehung einer gelehrten Körperschaft würden wir wieder auf Umwegen bei den Diplomen landen. Wohl aber könnte der einzelne mit dem vollen Bewußtsein der Unzulänglichkeit die Aufgabe vorläufig angreifen und ein für ihn selbst gültiges Ergebnis hineinschreiben in der Hoffnung, daß andere das Experiment wiederholen und durch gehäuften Versuch in Aufrechnung der persönlichen Gleichungen die Fehler allmählich verkleinern.

Eine stattliche Reihe von Vorbehalten wird vorauszuschicken sein. Wir wollen uns verabreden, nur solche Errungenschaften gelten zu lassen, die entweder das Denken und Fühlen der Menschheit nachweislich bestimmt, gerichtet und erweitert oder im Sinne der Kultur einen allseitig anerkannten Fortschritt bewirkt haben; Kultur in modernem Sinn verstanden, nach den Bedürfnissen der Masse gewertet, ohne Rücksicht auf etwaige Kulturschäden, die sich dem einsam wandelnden Philosophen unter der Decke des Fortschritts entschleiern.

Um einigen Halt in einer Zeitbegrenzung zu finden, beschränken wir die Betrachtung auf die Neuzeit. Bei einem Zu=

rückgreifen auf entlegenere Epochen würde die Aufgabe selbst — Verteilung nach Gegenwartsvölkern — sinnlos werden. Wir müssen versuchen, unser Auge gegen das Genie in gewisser Weise einseitig abzublenden. Bei den Willensgenies, den großen Politikern, den Schlachtengewinnern, ist die Wirkung nicht abtrennbar von zahllosen anderen Faktoren, die ihnen die Tat ermöglichten, von den Spannkräften, die sie vorfanden, von den Punkten, auf die sie das Schicksal stellte, vom Zufall. Der gewaltige Eroberer wäre, wie schon Friedrich der Große wußte und sagte, unter anderen Verhältnissen ein gewaltiger Räuber geworden; der große Physiker, Erfinder, Philosoph bleibt unter allen Umständen er selbst, seine Tat wurzelt in nichts anderem als in seinem eigenen Gehirn. Wenn wir der Schlacht von Lepanto einen entscheidenden Einfluß auf die Gestaltung Europas zuschreiben, so gebührt dieser Ruhm der Schlacht nicht dem Don Juan d'Austria, der sie gewann; aber die Darwinsche Theorie gehört dem Darwin und die analytische Geometrie dem Descartes. Weiterhin wird besondere Vorsicht den Meistern der Kunst gegenüber zu wahren sein. Die zwingende Künstlerschaft und die hohe Rangstellung des Künstlers reicht noch nicht aus, um unsere Voraussetzung zu erfüllen. Wir werden vielmehr — wenn auch nicht mit der Haftung für Wahrheit, so doch mit dem Vorsatz der Wahrhaftigkeit — zu prüfen haben, ob der Mann in seiner Kunst ein Pfadfinder und Bahnbrecher gewesen ist. Die abgetrennten Werke und die Liebe, die wir ihnen entgegentragen, bieten uns hier keine Wertsicherheit; entscheidend bleibt vielmehr, daß der Mann nicht nur am Ende, sondern am Anfang einer Entwickelung gestanden hat. Mit vielen herrlichen Künstlern werden noch zahlreiche andere Personen von zweifelloser Genialität aus der Bildtafel fallen, denn wie gesagt, wir gehen nicht von den Namen aus, sondern von den Dingen und Erscheinungen; und da diese, dem Problem entsprechend, möglichst weit abgesteckt werden müssen, so bleiben für die Betrachtung nur die Leuchttürme der Erkenntnis und die Eckpfeiler der Kultur bestehen.

Mit diesen Vorbehalten und noch manch anderer reservatio mentalis wollen wir nunmehr Umschau halten.

Kein Erkenntnisgrund erreicht für die Menschheit an Breite und Festigkeit so gewaltige Maße wie das kopernikanische Weltsystem. In ihm ist alles Denken der Neuzeit verankert. Nicht die anatomische Struktur, sondern die Befreiung aus dem Kerker der geozentrischen Anschauung hat dem Menschen den aufrechten Gang gegeben, der ihm den Welthorizont eröffnete. Betrachten wir dieses System in seinen Begründungen und Ausstrahlungen, so erscheint es untrennbar von der Gravitationslehre, von den Fallgesetzen, von den Einsichten in die Planetenbewegungen. Und fassen wir zusammen, was sich hier als theoria motus corporum celestium bietet, so haben wir an die Spitze unserer Statistik vier Urhebernamen zu setzen: Kopernikus, Newton, Galilei, Kepler.

Ihnen zunächst steht die Reihe der Forscher, durch welche die weitesten Probleme der Mechanik, der Körperbewegung überhaupt, beantwortet wurden. Sie sind die Baumeister der Fundamente für die exakte Naturwissenschaft, die Verwirklicher der archimedeischen Forderung: „Gib mir, worauf ich stehe!" Von ihren Sätzen aus ist die Erkenntniswelt wirklich bewegt worden, bewegt um die festen Punkte mechanischer Prinzipien, die in dem von der Erhaltung der lebendigen Kräfte gipfeln. Nennen wir die Koryphäen, wie sie sich unserm Blick darbieten: Huyghens, Jakob Bernoulli, d'Alembert, Lagrange, Laplace, Hamilton, Carnot, Euler, Foucault, Robert Mayer, Clausius, Joule und Helmholtz. Gauß gehört auch in diese Reihe und in geringem Abstande von ihm die Praktiker der Himmelskunde: Herschel, Cassini, Römer, Halley, Lalande, Argelander, Bessel, Leverrier, Schiaparelli. Allein da in dieser Aufmachung jede Größe nur als Einheit zählt, so wollen wir den Gauß lieber als princeps der Mathematiker buchen. Und um die Doppelzählung für Newton zu vermeiden, seien alle Ehren der Differentialrechnung auf Leibniz gehäuft, der ja auch ohnehin in diesem Register einen Platz behaupten müßte. Die analytische Geometrie, die Schwester der Differentialrechnung und mit dieser verbündet die eigentliche Großmacht und erfolgreichste Wundertäterin im Bereiche des reinen Denkens, findet ihren persönlichen Exponenten in René Descartes. Die Nobelgarde der reinen Algebraisten, Funktionentheoretiker und Zahlentheoretiker, vertreten durch Fermat, Cauchy, Hermite, Legendre, Riemann, Abel, Jacobi, Weierstraß, wird in diesem Zusammenhange außer Berechnung bleiben müssen, denn wir haben hier nicht das Register der Weltberühmtheiten zu entwerfen, sondern diejenigen herauszugreifen, deren Leistungen die weitesten Wellenringe gezogen haben. Und an den Unterschied zwischen Tiefe und Weite müssen wir uns beständig erinnern, wenn unser Programm mit der internationalen Betonung seinen Sinn behalten soll. Erlangen die Heilswahrheiten der nicht=euklidischen und der vierdimensionalen Geometrie einmal bestimmenden Einfluß auf das mathematische Denken überhaupt, dann wird der Statistiker der Zukunft die Riemann, Minkowski, Poincaré als vollwertige Einheiten nachzutragen haben.

In den exakten Naturwissenschaften gebührt der Vortritt den Männern, die als Entdecker und Gesetzesfinder die Erfahrung der Menschheit bereichert, den Überblick über das empirisch Gegebene erweitert und in der Erscheinungen Flucht die ruhenden Pole als Elemente der Erkenntnis aufgezeigt haben. Die klassischen Mechaniker hatten wir als eine wesentlich mathematisch gerichtete Ordnung bereits vorweggenommen. Von der Plattform jener Universalmenschen gesehen, könnten die bahnbrechenden Vertreter der Optik, der Elektrizität, der kinetischen Gastheorie beinahe als Spezialisten erscheinen. Aber in dieser Welt ist die Feinmechanik von der Großmechanik gar nicht zu trennen. Es ist Geist vom Geiste des Galilei, der sie alle durchweht, gleichviel, ob wir ihnen die Gasgesetze, die Spektralanalyse, die Wunder der Polarisation oder die elektrischen Kraftlinien verdanken. Jeder wird zur Sonne, wenn wir uns ihm nähern, zum Beherrscher eines Systems. Unmöglich wäre es, sie homerisch zu besingen, schwierig genug bleibt die Anwendung des homerischen Leitmotives „Andra moi ennepe". Odysseus bei Odysseus steht in dieser Ruhmesallee der Scharfsinnigen, und die Perspektive, die der einzelne Betrachter gewinnt, wird niemals für einen wirklichen Gesamtüberblick ausreichen. Wagen wir es trotzdem, ohne die Absicht, eine Rangordnung einzuhalten, in der Fülle der Gesichte die leuchtendsten zu bezeichnen:

Als Galileis Nachbar und zeitlich mit ihm verbunden, eröffne Torricelli die Reihe. Er und Otto v. Guericke haben der Menschheit zuerst für das Rätsel des Luftmeeres, in dem sie lebt, den experimentellen Schlüssel geliefert. Als die erste Pforte erschlossen war, öffneten Gay Lussac, Boyle, Mariotte, Dalton und Avogabro die Geheimfächer zur Gastheorie.

Über die atmosphärischen Engen hinaus führte die Analyse des Lichtes in den sublimen Forschungen, die sich an die Namen Frauenhofer, Kirchhoff und Bunsen, Maxwell, Crookes, Boltzmann knüpfen, an Young, Fresnel, Brabley, Tyndall, Malus (Polarisation), an Thompson, Arago, Biot, Snellius; eine lange Liste, die wir an dieser Stelle, nicht durch Newton, Huyghens, Euler verlängern dürfen, da wir Doppelzählungen zu vermeiden haben.

Im elektrisch-magnetischen Felde sind die Außenforts durch Volta, Oerstedt, Gilbert, Ohm, Weber, Faraday, Ampère, Röntgen, Becquerel, Hertz, Nernst besetzt. Letzten Endes sind die Fragen der Elektrizität von denen der Optik wie der neuen Mechanik überhaupt nicht mehr zu sondern, sie strecken vielmehr ihre Antennen gemeinsam in jenes rätselhafte Gebiet des Relativitätsprinzips, das den allerfeinsten und verwegensten Geistern der Gegenwart zum Tummelplatz dient. Wer diesen im freien Äther vollzogenen Übungen jemals mit stockendem Atem nahegekommen ist, der ahnt in ihnen unermessene Zukunftswerte. Hier, in einer vierdimensionalen Welt, schufen und wirken noch heute: Lorentz, Einstein, Planck, Wien. Auf der Verzweigung zwischen Physik, Physiologie und Erkenntniskritik erheben sich Du Bois-Reymond, Zöllner und Ernst Mach zu monumentaler Höhe.

Wer lediglich das Zeitmaß ins Auge faßt, mit dem die moderne Naturwissenschaft zur Ausnützung der Naturkräfte geführt hat, wird auf einen Einteilungsgrund stoßen, der die Tat des Lavoisier an die Wegscheide zwischen Alt und Neu stellt. Nun läßt sich aber die Kulturgeschichte in keinem Betracht einen haarscharfen Trennungsstrich gefallen, und wer Lavoisier sagt, wird Priestley und Scheele dazu sagen müssen. Jedenfalls gewährt dieser Einteilungsgrund nach chemischen Gesichtspunkten den Vorteil, eine Reihe der hervorragendsten Errungenschaften als nahezu im Zeitraum eines Jahrhunderts eingespannt zu erblicken. In dichter Folge stehen hier die Großmeister des Faches: Davy, Berzelius, Liebig, Wöhler, Gerhardt, Ramsay, Berthelot, Moissan, Berthollet; weiterhin van 't Hoff, Mendelejew, v. Baeyer, Fischer, Frau Curie und Wilhelm Ostwald, der selbst ein Buch über große Männer geschrieben hat und zu diesen längst gehörte, bevor noch der Nobelpreis ihm diese Rangstellung urkundlich bescheinigte.

Vom benachbarten Flügel unserer Walhalla leuchtet die Figur Charles Darwins als Mittelpunkt einer Gruppe, deren Arbeitsgebiet die Organismen vom Protoplasma, von der Zelle, durch alle Zwischenstufen der Entwickelung bis zur höchstorganisierten Gestaltung umfaßt. Wehte uns aus den Werkstätten der Physiker und Chemiker eine durch Maß, Zahl und mathematische Abstraktion erkältete Luft entgegen, so gelangen wir hier an Persönlichkeiten, die uns die Engberührung unserer eigenen Körperlichkeit mit dem Weltganzen gelehrt haben. Mögen diese Biologen und Morphologen bis in die volle Anthropologie übergreifen oder die unendlichen Wege der durch Strahlungsdruck geschleuderten Keimstäubchen verfolgen, mögen sie im Schoß der Mutter Erde wühlen und uns die Grenzgebiete der belebten und unbelebten Natur aufzeigen oder in menschlichen Kapillargefäßen die Gesetze des Heils und Unheils erforschen, — die Schlußformel dieses ganzen Kongresses bleibt für uns: tua res agitur! So gesehen, gehören Schwann, Schleiden, Virchow, die Meister der Zellentheorie, Vesalius, Harvey, Boerhave, Leeuwenhoek, Haller, Owen, v. Bär, Claude Bernard und Johannes Müller, die Exponenten der modernen Ana=

tomie und Physiologie, Lyell, Wallace, Oken, Lamarck und Haeckel als Werkführer am Bau der Evolutionslehre, in denselben Größenkonzern. Linné, Buffon und Cuvier dürfen hier nicht übergangen werden, wenn wir auch mit ihnen in ein gefährliches Gedränge zwischen Wahr und Falsch geraten; sie gehören zum historischen Bilde, teilweise antithetisch, aber doch unentbehrlich. Auch zwei Dichter grüßen uns aus dieser Gemeinschaft: Goethe, ein Vorahner Darwinscher Gedanken, und Chamisso, der Entdecker des Generationswechsels; ihnen zunächst drei Gestalten von kosmischer Prägung, weit auseinanderliegend und doch durch einen gewissen Einschlag schweifender Phantasie verbunden: Fontenelle, Humboldt, Svante Arrhenius.

Von Harvey und Boerhave aus gewinnen wir leicht den Anschluß an die Samariter der Menschheit, deren Stammbaum bis auf Galenus zurückreicht, die wir aber im Rahmen dieser Betrachtung nur bis Paracelsus zurückverfolgen dürfen. Unbekümmert um die Selektionsergebnisse im struggle for life und ohne Rücksicht auf die Hinaufpflanzung reichen sie uns die Hand als praktische Helfer im Kampf ums Dasein. Unter den Leidensverkürzern und Lebensverlängerern behaupten in Ansehung der von ihnen geschaffenen Methode die sichtbarsten Plätze: Jenner, Scarpa, Hufeland, Lister, Dieffenbach, Langenbeck, Billroth, Nelaton, Pasteur, Koch, Roux, Behring, Ehrlich. Als Meister der Anästhesierungskunst kommen Jackson und Simpson in Betracht, von denen eine Abzweigung auf unseren Schleich führt. Albrecht von Graefe, der Begründer der neuen Augenheilkunde, bildet eine Klasse für sich, vielleicht mit Donders einen Doppelstern. Daß Helmholtz auch in dieses Gebiet hineingeleuchtet hat, sei nur betont, um seine Allgegenwart bei jeder Lichtoffenbarung als eine unerschütterliche wissenschaftliche Konstante festzuhalten. Schlage die ewigen Bücher auf, wo du willst, überall findest du die Botschaft, die von einem Pariser Gelehrtenkongreß in die Welt zog: „Dieu parla, que Helmholtz naquît — et la lumière est faite"!

Mehr als eine Brücke führt vom Gestade der Theorie zum Uferland der Praxis. Nachdem wir mit flüchtigem Fuß die Seufzerbrücke der chirurgischen Operationen durchmessen haben, wenden wir uns zum Rialto, der uns den Markt des Lebens öffnet. Was hier die Annalen der Errungenschaften als Fortschritt, als Unterjochung der Naturkräfte, als Menschenglück preisen, stellt sich im Prinzip als die Überwindung von Raum und Zeit dar, dergestalt, daß der Raum verkleinert, die verfügbare Zeit verlängert und das Lebenstempo trotzdem beschleunigt wird; ein Widerspruch in sich, der auf einem universalen Denkfehler beruht, auf einer Gefühlstäuschung, die uns andauernd ein Plus an ersparter Zeit vorspiegelt, wo tatsächlich ein stetig wachsendes Defizit nach Deckung ruft. Das Zeitalter des Dampfes, der treibenden Gase und der elektrisch-motorischen Kräfte, eingeleitet durch Papin, Fulton, Watt, Mongolfier, charakterisiert durch Stephenson, Siemens, Daimler, Lilienthal, Maxim, Wright und Edison, findet seinen Triumph in der Zusammenpressung von Räumen und Tätigkeiten auf ein Minimum, wobei dann folgerichtig ein Maximum freier Zeit herausgequetscht werden müßte. Je weniger hiervon wahrzunehmen ist, desto trotziger beharrt der Kulturmensch auf dem Segen der Arbeitsmaschinen, der Blitzzüge, der Rekorddampfer, der Flugzeuge leichter und schwerer als die Luft, der Telegraphen und Telephone mit und ohne Draht, der Automobile mit und ohne

Zweck. Ergänzen wir also die Liste durch Aufreihung der prominentesten Erfinder: Gauß und Weber, Morse, Hughes, Wheatstone, Gramme, Hefner-Alteneck, Philipp Reis, Graham Bell, Branly, Marconi, Slaby. Durchweg Genies vom Range derer, die das Pulver erfunden haben; und so müßte hier auch der auftreten, der es wirklich erfand, wenn er sich durch klare Zeugnisse ausweisen könnte. Da dies bekanntlich nicht der Fall ist und die persönlichen Ursprünge der Feuerwaffen überhaupt im Nebel liegen, so wollen wir für die ganze Herrlichkeit der organisierten Mordtechnik lediglich den einen in Rechnung stellen, dessen Name nicht nur ein Vernichtungs-, sondern auch ein Friedenssymbol geworden ist: Alfred Nobel. Auf die Postamente ihm zur Seite mögen statt unsicherer Zerstörer sichere Wohltäter steigen: Franklin, der den Blitz zähmte, Salvino d'Armato, der Erfinder der Brillen, Dollond (der Vollender des Fernrohrs), Janssen (Mikroskop), Drebbel und Reaumur (Thermometer), Bessemer (Stahlindustrie), Peter Henlein (Taschenuhren). Scheint einer von ihnen zu klein neben den Gewaltigen des Geistes, deren Gehirnorganisation wir bewundern, so möge uns ein Sinnwort des großen d'Alembert über die Auswahl beruhigen: „Warum sollen wir diejenigen, welche die Spindel, die Hemmungen, die Repetition im Getriebe der Uhr erfanden, nicht ebenso hoch schätzen wie die Männer, welche die Algebra zur Höhe entwickelten?" so fragte dieser Universalist in seinem grundlegenden Diskurs zur Enzyklopädie.

Aber alle diese Erfindungen und alle geographischen Entdeckungen dazu, von Kolumbus, Vasco de Gama, Tasman und Cook, bis zu Livingstone, Stanley, Brazza, Nordenskjöld, Sven Hedin, werden aufgewogen durch die eine Findertat des Gutenberg. Nähme man den Menschen alle mündliche Überlieferung, würfe man sie auf den Stand des frühen Mittelalters zurück und ließe ihnen nichts als den vorhandenen Buchdruck, so würde sich die heutige Kulturwelt in wenigen Jahrzehnten wieder aufbauen. Der bedeutsamste Erkenntnisweg führt nicht durchs Ohr, sondern durchs Auge zum Verstande, und wichtiger als die tönende Sprache bleibt die stumme der fünfundzwanzig Typen in ihrer eindringlichen Beredsamkeit, die auf Beharrung und milliardenfacher Häufung der wirkenden Elemente beruht. Laplaces Weltgleichung als Ansatz für alle Geschehnisse im Universum muß ein Phantom bleiben, aber für alles erworbene Wissen, für die Unendlichkeit der geistigen Differentiale liegt das Integral fertig vor in der Summe der Bibliotheken und in der Weltpresse. Hier, und hier ganz allein, ist ein Vorgang zwischen Menschen, der an kosmische Ereignisse heranreicht: aus Atomen sahen wir eine Welt entstehen!

Eine Welt, deren Achse durch die Pole des Monismus und Dualismus leitet. In unzähligen Erscheinungen auseinanderstrebend, hat sie noch stets die richtenden Kräfte für ihre Flugbahn aus der stillen Kammer gewonnen, in der sinnend der Weise den schaffenden Geist beschleicht. Wohl hat mancher Exakte im Stolz auf blendende Handgreiflichkeiten die Metaphysik und die Philosophie überhaupt mißachtet; von der Brüstung eines Luxusdampfers des Ozeans gespottet, der das Schiff trägt; bis dann wieder unter den Vielzuvielen einer der Vielzuwenigen erscheint, der den stillen Weisen neue Altäre baut.

Im Zuge unserer Erörterung, die ja nur ein Verzeichnis ergeben soll, ist in diesem Pantheon zwischen Göttern und Gegengöttern nicht zu unterscheiden. Materialisten und Idealisten, Empiriker und Transzendente, Systematiker und phi=

losophische Rhapsoden, sofern ihr Denken tiefe Furchen im Geistesleben zog, haben unsere Tabelle zu bevölkern. Und so mögen sie hier friedlich aufmarschieren, die Vorkämpfer und Antagonisten: Bruno, Bacon, Spinoza, Pascal, Hobbes, Locke, Hume, Berkeley, Kant, Bayle trotz Spinoza, Hegel trotz Schopenhauer, Lamettrie, Holbach und Gassendi trotz Leibniz und Lotze; jenseits von Richtig und Falsch, aber diesseits von Flach und Professoral buchen wir: Diderot, Condillac, Shaftesbury, Voltaire, Lange, Nietzsche, Bergson, Fritz Mauthner, den Undiplomierten, den ich unbedenklich den Gewaltigen zuzähle, in derselben Zuversicht, mit der ich Herder, Herbart, Vischer, Fechner, Wundt, Spencer, Ernst Mach und Vaihinger auf diese Tafel schreibe. Minder sicher wäre ich bei August Comte und James, dem Pragmatisten. Aber einen Vielgeschmähten möchte ich mir nicht entgehen lassen, den großen Rüpel unter den Philosophen, Eugen Dühring, denn mit seiner kritischen Geschichte der Prinzipien der Mechanik gehört er der Ewigkeit an. Noch fehlt der Mann, der die Mechanik des historischen Geschehens mit gleicher Genialität zusammengefaßt hätte. Bis er erscheint, mögen Montesquieu, Niebuhr, „der Vater der Geschichte", Mommsen, Guizot, Tocqueville, Winckelmann, Taine, Renan, Strauß und Buckle die Plätze füllen. Wenn ich ihnen noch Max Nordau angliedere, so geschieht dies einfach aus dem Recht der Subjektivität heraus, das für mein Register durchweg als unerläßliche Vorbedingung ausgemacht war.

Was im Hochland der Philosophie Erkenntnis, reine Anschauung, Ahnung, Fernsicht ist, verdichtet sich im Tal der Völker zum Versprechen und zur Agitation. Hier stehen die Männer, welche Thesen anschlagen, Programme verkünden, die Reformatoren, Humanisten, Befreier, Aufklärer und die

Apostel des Glücks für die größtmögliche Anzahl: Luther neben Hutten, Petrarca neben Erasmus, — Rousseau und Mirabeau, Washington und Lafayette, Feuerbach, Fichte und Saint Simon als Protagonisten einer durch Proudhon, Marx, Lassalle und Robbertus gekennzeichneten Szenerie. Umwertung der Werte im Gesellschaftswesen, Emanzipation und Völkerfrieden sind die Parolen, nach denen Adam Smith, Stuart Mill, Wilberforce, Frédéric Passy die großen Egoismen neu orientieren.

Und die Künstler? sie, die uns über peinliche Erdenschwere hinweg zur intelligibeln Welt heben? Nur mit Zagen gehe ich an diesen Katalog, der mir, wie ich ihn auch entwerfe, den Vorwurf eines falsch eingestellten Gesichtswinkels eintragen muß. Gewiß nicht um derentwillen, die genannt werden sollen, als wegen der Köstlichen, die vermöge ihrer Feinheit durch das weitmaschige Netz dieses Planes gleiten. Die Adler werden drin bleiben und die Nachtigallen entflattern. Wie viele sind nicht zu internationaler Bedeutung gediehen in der internationalen Tonkunst, die ganz auf die Neuzeit gestellt, in knapper Spanne dreier Jahrhunderte an Fülle der Genies alles nachgeholt hat, was die Jahrtausende ihr versagten! Den Parnaß kann man mit ihnen dicht besiedeln, nicht aber diese unzarte Liste, die weniger nach Entzückungen fragt als nach fortwirkender Tat, nach Einfluß auf weitere Gestaltungen. Kein Widerspruch kann sich erheben, wenn Bach, Gluck, Mozart, Beethoven und Richard Wagner hier als richtende Prinzipe aufgestellt werden. Wohl aber könnte die Einrede gelten, wenn ich Meyerbeer und Mendelssohn nenne, dagegen Gounod auslasse, wenn ich Johann Strauß und Offenbach festhalte, dagegen Auber, Boieldieu, Lortzing übergehe. Die Einrede könnte und müßte gelten, wenn es sich geradewegs um Kritik der Leistungen handelte. Aber hier befinden wir uns in dem besonderen Fall, daß wir nur **Musikmaterien** wägen dürfen, also nur Empfindungen, die bleiben, unabhängig von den klanglichen Einkleidungen, in denen sie zuerst auftraten. Weber, Schumann, Chopin, Verdi, Rossini, Liszt, Berlioz, Brahms, R. Strauß gehören zu den Erweiterern, zu den Befruchtern, manch einer, dem ich den göttlichen Funken nicht bestreiten möchte, wie Rubinstein, Tschaikowsky, Max Bruch, Saint-Saëns, Bizet, zu den Befruchteten. Man suche nicht weiter nach klangvollen Namen. Nichts wäre mir leichter, als die ganze Ehrenlegion der berühmten Meister hier antreten zu lassen, von Palestrina bis Mascagni. Aber eingekeilt zwischen subjektivem und objektivem Zwang, zwischen persönlicher Neigung und einem vorgesteckten Programm, kann ich über jene Minderzahl nicht hinaus.

Und in noch ärgere Bedrängnis gerate ich bei den bildenden Künsten. Hier wollen mir streng genommen nur ganz wenige einleuchten, in die alle Bedingungen unserer Statistik restlos aufgehen, von Donatello aus gerechnet: Verrocchio, Michelangelo, Raffael, Lionardo, Rembrandt, Valesquez. Jeder Atlas der Kunstgeschichte kann mich mit den Schwergewichten von Bramante, Tizian, Rubens, Frans Hals, Holbein, Dürer und hundert Modernen auf der Stelle erschlagen. Ich müßte stillhalten, denn welcher bildende Künstler wird es mir glauben, daß im Zuge unserer Betrachtung das Differential, das Atom oder die Erfindung der Logarithmen durch Napier wichtiger ist als manche Galerie und Kathedrale?

Ungleich größere Energien strahlen von der schönen Literatur aus, und wo sie strahlen, da finden sie in Millionendrucken einen Multiplikator, der ihnen eine unendliche Angriffsfläche jedem Bildungsbedürfnis gegenüber verschafft. Um die Wunder der Tribuna zu genießen, muß der Kulturgenosse nach Florenz pilgern, aber den Faust und den Hamlet weiß er auswendig, und das Wort ist ihm in jeder Sekunde gegenwärtig. Durch alle Sprachverschiedenheiten hindurch schlägt hier das Weltbürgertum des Gedankens, und genau wie Kopernikus und Galilei sind Dante, Boccaccio, Cervantes, Vega, Calderon, Rabelais, Shakespeare, Molière, Goethe und Schiller Weltpropheten geworden; ihnen zunächst Lessing, Wieland, Byron, Swift, Edgar Poe, Victor Hugo, E. T. A. Hoffmann, Heine, Gobineau, Tolstoi, Ibsen, Zola, Dostojewsky —, um nur diejenigen vom Campo Santo zu nennen, die ich selbst als völlig sichere und fernhin wirkende Originalgrößen empfinde.

Ich selbst. Damit sei am Schluß wie am Anfang betont, daß dieses Register sehr viele Löcher hat, haben muß, aber vielleicht einige weniger als die Diplomliste der Decandolle und Pickering. Wünschenswert wäre es, wenn recht viel abweichende, mit anderen Subjektivurteilen gesättigte Listen aufgestellt würden; es müßte sich dann früher oder später eine Ausgleichsrechnung ergeben, die zwischen den Fehlern hindurch die Querlinie einer gewissen Zuverlässigkeit erreicht.

Das Endergebnis meines Kataloges ist schnell hingeschrieben. Ich ermittle für Deutschland reichlich hundert, für Frankreich und England rund je sechzig Einheiten. In weitem und weitestem Abstande folgen Italien, Niederlande, Skandinavien, Rußland, Vereinigte Staaten, Schweiz, Pyrenäische Halbinsel, die zusammen erst ungefähr fünfzig Punkte ergeben. Die Rechnung wird vielen Nichtdeutschen mißfallen. Aber sie stimmt eigentlich nicht übel zu einigen Komplimenten, die uns die Rivalen über die Grenze geschickt haben. Das Wort vom Volk der Dichter und Denker soll für Germanien gelten, ist aber in England (von Bulwer) gemünzt worden. „Friedrichs Staat, der einzige Staat, der einen geistreichen Kopf ernstlich beschäftigen kann", sagt Mirabeau; „Die germanische Rasse, die höchststehende", sagt Gobineau; „Die deutsche Literatur die erste in Europa", „Die Deutschen, das ist zweifellos, haben seit der Mitte des achtzehnten Jahrhunderts eine größere Anzahl tiefer Denker als irgendein anderes Land, ich könnte vielleicht sagen, als alle anderen Länder zusammengenommen, hervorgebracht", sagt Buckle, der in Angelegenheiten der „Zivilisation" ziemlich gut beschlagen war. Für die obige Bilanz ist es jedenfalls nicht unvorteilhaft, daß die Zahl in der Meinung, die Majorität in der Autorität — und in was für einer Autorität! — Schutz und Deckung findet.

Vom hohen Berge

Zu den Dingen, die in einem Kriege und in seinen Nach=
wirkungen nicht „gestreckt" werden, gehört das Reisen.
Berufene Federn haben erörtert, wie die Verengung des
Reisehorizontes eine Vertiefung des Reisezweckes bewirken
wird, wie wir zahllose Herrlichkeiten des Vaterlandes ent=
decken werden, die wir vordem vernachlässigten, um den
Bädekersternen des Auslands nachzujagen.

Aber jenseits solcher Betrachtungen liegt eine andere, die
vom Reisezweck auf die Reisenotwendigkeit übergreift und
über der Behaglichkeit einer Sommerfrische, über der Se=
henswürdigkeit von unterwegs ein erhöhtes Ziel wahrnimmt.
Auf dem Grunde dieser Betrachtung liegt ein Lebensproblem,
das an die tiefsten Geheimnisse der erlebenden und emp=
findenden Seele rührt. Man kann ihm nur nahekommen,
wenn man zwei Gedankengänge einschlägt, deren Ergebnisse,
scheinbar unabhängig voneinander, dennoch aufeinander
wirken, wie die Pole einer Batterie. Zwischen ihnen wird
plötzlich mit großer Leuchtkraft ein Funke der Erkenntnis
überschlagen.

Wir stellen uns zuerst eine Gebirgsreise vor. Ein Gefühl
der Romantik klingt in uns auf. Die Höhe, als die dritte
Dimension, tritt in unsere Erfahrung, die sich sonst im

Dunſtkreis des Alltags ausſchließlich als ein Gebilde der Fläche entwickelt. Die Bergwelt bricht dieſen Bann. Indem ſie uns die dritte Dimenſion zum Einfühlen, Höhe und Tiefe zum Durchkoſten liefert, löſt ſie in uns die eigene Körperlichkeit, die danach verlangte, ſich aus planimetriſcher Gefangenſchaft zu befreien. Die Welt des Erlebens, die da unten ein Bild war, empfängt Relief, erſcheint uns plötzlich wie ein körperhaftes Kunſtwerk, in deſſen Abmeſſungen wir unſere Leiblichkeit wiedererkennen. Was uns an einem großartigen Bauwerk, an einem himmelſtrebenden Dom im Innerſten ergreift, iſt, auf die Grundformel gebracht, die Überwindung der Schwerkraft. Wenn wir ſelbſt ſteigen, ſelbſt den Bruch mit der drückenden Verordnung der Erdenſchwere vollziehen, durchſtrahlt jene Kunſtempfindung unſeren ganzen Organismus. Wir blicken auf den Flächenmenſchen, wie dieſer auf ſeinen eigenen Schatten. Es iſt das kosmiſche Gefühl der vollendeten Raumerfaſſung, was wir ſonſt mit dichteriſchen Umſchreibungen als Schönheit der Gebirgswelt, als Ausſicht, Rundblick und Panorama preiſen.

In den zweiten Gedankengang biegen wir mit der Frage ein, ob wir denn ein Organ beſitzen, das den Raum unmittelbar zu erfaſſen vermag. Die Antwort ſcheint ſich als ſelbſtverſtändlich zu ergeben: unſere geſamte Leiblichkeit, inſonderheit der Taſtſinn, — und das Auge, — ſo meint man wohl obenhin — ſtellen hierfür die geeigneten Werkzeuge. Aber das wäre ein Trugſchluß, der den Raum als ſolchen mit dem verwechſelt, was ihn erfüllt. Hier aber, wo es ſich wirklich nur um die Dimenſion handelt, verſagen jene Sinne vollſtändig, ſie beſitzen nicht die Fähigkeit, den reinen Raum wahrzunehmen, und wenn ſie dem Verſtand erzäh=

len, was sie davon wahrgenommen haben, so liefern sie ihm nur dürftige Übersetzungen, nicht das Original selbst.

Aber ein anderes Organ — das Ohr — tritt mit einem neuen Anspruch hervor. Es meldet sich mit der seltsamen Behauptung, daß es imstande sei, den Raum sinnlich zu erfassen und ihn dem Menschen originalgetreu zu übermitteln. Wenn du beim Reisen, beim Steigen ein Lustgefühl verspürst, so redet das Ohr zur Persönlichkeit, — wenn du dich in den Raum wirfst und zugleich den Raum als ein Durchflutendes in dich aufnimmst, so liegen die Wurzeln dieser Lust ganz anderswo als du vermutest: nicht im Auge, das dir kinematographische Bilder abrollt, nicht in der Überlegung, die dir Kilometer vorrechnet, sondern im Ohr, als dem einzigen Raum=Organ, das dir die Natur verliehen hat.

Ist der Raum also hörbar? nicht zu ersehen, dafür aber zu erhorchen? Wir werden uns wohl entschließen müssen, dies anzunehmen, seitdem einer der schwierigsten und scharfsinnigsten Tierversuche das Labyrinth im Ohr als den wahren und einzigen Sitz der **Raumempfindung** über jeden Zweifel hinaus aufgezeigt hat. Kein anderes Organ vermag mit ähnlicher Leistung dem Ohr auf seiner Wanderung zu folgen. Und da das Ohr auf der Wanderung auch hört, die Weltgeräusche in sich aufnimmt, so ergänzen wir:

Das Reisen, insonderheit das Reisen zur Höhe, ist ein **symphonisches Erlebnis**. Jenseits der durch grobe Meßwerkzeuge erkundbaren Klänge gibt es ein kosmisches Rauschen, das sich der Tiefe des Gehörs ankündigt und von ihm als eine Raumvorstellung verarbeitet wird. Dem Lichte des Weltalls verwandt ist dieses Weltgetön eine Grundbedingung unseres Daseins. Und unser Trieb, den Ort zu wechseln, uns in die Höhe zu schwingen, ist im letzten Grunde nur die

Sehnsucht nach jenem himmlischen Konzert, das auf den drei Dimensionen des Raumes spielt.

Goethe hat das gewußt und sein Wissen in Hörbildern und Sehklängen niedergelegt: „Die Sonne tönt nach alter Weise" — „Welch Getöse bringt das Licht!" Was seinerzeit Geheimwissen war, könnte dereinst Weltkunde werden: ins Hochgebirge reisen heißt: dem tönenden Lichte zustreben! Unabhängig von Laune, Mode und Zerstreuungsbedürfnis ist es eine Lebensnotwendigkeit, die sich auf einer gewissen Stufe der Organisierung unter allen Umständen durchsetzt.

Sie wird aber dereinst ihre unbesiegliche Kraft nicht nur an Einzelwesen erproben, sondern an Gemeinschaften. Heut fragt der banggestimmte Rest der Weltbürgerlichkeit, ob es wohl überhaupt noch möglich sei, die zersplitterten Scherben der Internationalität, der Weltwissenschaft, der Weltkunst wieder zur Einheit zu fügen. Der hohe Berg weiß die tröstliche Antwort. Nicht für heut, nicht für eine Kriegsbauer, aber für die Friedenszukunft. Die Welt, die Internationalität und der hohe Berg können warten. Er bietet keinen allzu breiten Aufenthalt auf seiner bevorzugten Spitze, desto sicherer weiß er, daß sich auf ihr diejenigen zusammenfinden werden, auf die es ankommt. Und bei ihnen wird ein moderner Zarathustra stehen, mit einer modernen Bergrede, — vorausgesetzt, daß auch Philosophen umlernen können.

Denn Nietzsches Gesandter durfte sprechen: „Wer auf die höchsten Berge steigt, der lacht über alle Trauer-Spiele und Trauer-Ernste." Der neue Zarathustra wird nicht lachen, noch weinen, allenfalls lächeln über die Kurzsichtigen, die sorgenvoll meinen, ein Fluß der Entwickelung ließe sich mit irgendeiner trennenden Schere entzweischneiden; jenem Wanderburschen an Einsicht vergleichbar, der auf dem Reifträger die Elbquelle mit der hohlen Hand aufhielt und dabei rief: Was werden sich die in Hamburg wundern, wenn dort die Elbe ausbleibt!

Der neue Zarathustra wird sagen: Dem Trieb nach Raumerfassung und der Sehnsucht nach dem Klingen des Weltalls gehorchen sie alle, die hier heraufkommen. Die nach alter Weise tönende Sonne hat sie emporgezogen, und die Sonne ist international.

Dieser Franzose, Engländer, Russe, Italiener wollte nicht mehr nach Deutschland; sie werden den Weg dahin wiederfinden, nachdem sie den Weg hier herauf gefunden haben. Eine Stimmung beherrscht sie hier alle. Gleichgültig ist es, ob der Gipfel Pilatus heißt, oder Gornergrat oder sonstwie. Wesentlich, daß er ein Gipfel ist, der über flächenhaftes Getriebe und flächenhaftes Denken hinausragt.

Von den Firnen und Gletschern dort drüben lösen sich Wildbäche, die zu Strömen werden, der großen Flut zueilen, die wiederum verdampft und dem hohen Berge ihren Wolkengruß sendet. Und in den ewigen Kreislauf, der keinen Anfang kennt und kein Ende, der alle Grenzen auslöscht, fühlt sich der Hochwanderer unmittelbar eingesponnen.

Allem Weltgesetzlichen fühlt er sich näher. Er braucht nicht den Wortlaut der Keplerschen Gesetze zu kennen, noch die Himmelsmechanik der Kopernikus, Newton, Kant, Laplace zu verstehen; aber er spürt, daß sich hier das Unbegreifliche mit dem Begriffenen vermengt; und daß Internationales am Werke sein mußte, um das Begriffene zu schaffen, das spürt er auf dem hohen Berge, wo er dem Weltgeist näher ist als in der Tiefe.

Nietzsches Zarathustra durfte sagen: „Ich bin ein Wanderer und ein Bergsteiger; und was mir nun auch noch als

Schicksal und Erlebnis komme, — ein Wandern wird darin sein und ein Bergsteigen: man erlebt endlich nur sich selber."

Unser Höhenmensch weiß und fühlt es anders. Er steigt auf den hohen Berg, erstlich um sich selber, dann aber — und dies wird zur Hauptsache —, um in sich die Menschheit zu erleben!

www.ingramcontent.com/pod-product-compliance
Lightning Source LLC
Chambersburg PA
CBHW051213300426
44116CB00006B/563

www.ingramcontent.com/pod-product-compliance
Lightning Source LLC
Chambersburg PA
CBHW051213300426
44116CB00006B/563